stichpunkt
edition

Originalausgabe

Sollte diese Publikation Links auf Webseiten Dritter enthalten, so übernehmen wir für deren Inhalt keine Haftung, da wir uns diese nicht zu eigen machen, sondern lediglich auf deren Stand zum Zeitpunkt der Erstveröffentlichung verweisen.

Die Bildrechte liegen bei den Autoren, sofern nicht anders angegeben
Dieses Buch ist auch als E-Book erhältlich

1. Auflage
Copyright 2024 © Stichpunkt Media GmbH
Oberhofen 8, 4894 Oberhofen am Irrsee
www.stichpunkt.media

Umschlaggestaltung:
Stichpunkt Media GmbH
Coverbild: Evgenii Bashta

Satz:
Anna Iding

Druck und Bindung:
Neumarkter Druckerei - Neumarkt am Wallersee (AT)
Plureos - Bad Hersfeld
Printed in Germany & Austria

Paperback ISBN   978-3-903479-23-4
eBook ISBN   978-3-903479-24-1

MIX
Papier aus verantwortungsvollen Quellen
Paper from responsible sources
FSC® C105338

DIRK HÜTHER

AUGENHÖHE
Wege zur Selbstermächtigung

Inhaltsverzeichnis

Vorwort 7
Einleitung 9
4 Schritte zu persönlichem Wachstum 15

Teil 1 – Die Selbstkonfrontation 25
Einstieg: Eine kleine Provokation 27
Die Transaktionsanalyse – oder: was ist Augenhöhe 32
a. Das Kind 34
b. Die Eltern 38
c. Der Erwachsene 39

Bestandsaufnahme - Eine Welt ohne Augenhöhe 40
1. Die Prüfung – „Sie sind schlecht" 41
2. Talkshow - „Ich habe ja nur..." 46
3. Schule – „darf ich zur Toilette gehen?" 48
4. Jobsuche - „Bitte, bitte, gib mir einen Job!" 51
4. Der Chef – „Sie bleiben heute länger" 54
6. Höflichkeit - „Das macht man nicht" 57
7. Sollen - „tu was ich Dir sage" 59
8. Migranten, Körpersprache und Eier - 62
9. Sich vom Ergebnis abhängig machen 65
10. Was ist aus Dir geworden? 67
11. Corona 70

2. Die Pflege alter Muster 75
Formelle Asymmetrie 76
Mitreden wollen und die eigene Inkompetenz 86
Wissen ansammeln 90

Konsequenzen - Folgen der nicht Augenhöhe 92
Hilflosigkeit, Überforderung, Wut, Ärger 93
Sorgen 95
Selbstbezogenheit 97

3. Erkenntnisse 100
Die 15 mm und die 11 km 102
Gegenargumentsortierer 108
Gorillas mit Meinungen 110
Wie hat das alles angefangen? 116
Alles Programm – auch Du 118
Fassaden – wer ist das Weichei? 127
Wer hat eigentlich das Problem? 131
Schluss mit dem Selbstbetrug 135
Authentizität – sei nicht nett, sei echt! 138

4. Herrschaftsinstrumente 141
Schule und Bildungssystem 142
Erziehung und Eltern 146
Belohnung und Bestrafung 152
Eltern als Feinde? – der Feind ist überall um uns 157
Schuld und Scham 159
Sprache 163
Verdinglichung 168

Teil 2 – Raus aus dem Schlamassel. 171
Wer bin ich? 174
Übung 1 - Identitätsanker 179
Den Satz weiter entwickeln 189
Der kleine Weg 192
Kopfkino 194
Übuung 2 – die Qualität der Bilder 197
die Heldenreise - innere Bilder verfeinern 203
Die Arbeit mit den Archetypen 210
Sprache verändern 213
Übung 3 -Achtsamkeit 215
Bewertungen - Sprache bewusster einsetzen 219
Im „Jetzt" leben 226
Übung 4 - Was ist wirklich wichtig? 229
Neue Erfahrungen machen 231
Übung 5 - Veränderung würdigen 234
Ändere die Vorstellung von Dir selbst 235
Übung 6 - Alles neu! 237
Die Veränderung stabilisieren 238
Übung 7 - Erzähl es vielen Leuten 239
Auf zu neuen Ufern 240

Teil 3 - Der große Weg 243
Spiritualität und Naturwissenschaft – Hand in Hand 248
Die andere Seite - Religionen 250
Der spirituelle Kern – reines Bewusstsein 255
Hirnfick - Das Ego denkt? Oder wird das Ego gedacht? 258
Das Ego 260
Der innere Beobachter 264
Wie kommt der Wandel in die Welt 267
Was ist Freiheit 275
Medien, Deine geistige Nahrung 277
Informier Dich nicht zu Tode 287

Vorwort

Dieses Buch wurde in seiner ersten Fassung in den Jahren nach 2016 geschrieben. Zuvor war ich immer wieder bei Veranstaltungen darauf angesprochen worden, ob es denn meine Weisheiten und Ergüsse auch als Buch zu kaufen gibt. Irgendwann war ich dadurch so motiviert, dass ich tatsächlich damit anfing, meine Erfahrung als Trainer und Coach aufzuschreiben. Das 2018 fertig gestellte Manuskript habe ich immer wieder in kleineren Auflagen in einer Druckerei in Auftrag gegeben, um auf die Nachfragen bei Veranstaltungen reagieren zu können. Darüber hinaus hat sich das Buch vor allem im Coaching als unglaublich nützlich herausgestellt. Meist habe ich es als PDF zur Verfügung gestellt und als Hausaufgabe zu lesen gegeben. So brauchte ich die reine Vermittlung von manchen Inhalten nicht in den Coaching-Sitzungen vorzunehmen, sondern konnte mit meinen Klienten mehr an der Umsetzung arbeiten. Das war für die Zusammenarbeit sehr effektiv. Ich habe diese erste Version des Buches - gedruckt oder als PDF - sicher an mehrere hundert Menschen weitergegeben und insofern hat es den Zweck erfüllt, für den ich es damals geschrieben habe.

Seitdem haben eine Reihe von Ereignissen dazu geführt, dass ich das ursprüngliche Manuskript noch einmal komplett überarbeitet habe. Vor allem Corona hat manche Phänomene, die ich vorher bereits gesehen hatte, förmlich katalysiert. Im Winter 2021/2022 schrieb ich daher mein Buch „Kommunicorona". Diese Veröffentlichung befasst sich ganz speziell mit der Kommunikation während der Corona-Zeit. Im Anschluss daran bringt der Verlag Ars Vobiscum nun auch die vollständig überarbeitete Neuauflage von „Augenhöhe – Wege zur Selbstermächtigung" heraus, obwohl es eigentlich mein erstes Buch ist.

Die vorliegende Auflage ist aufgrund der gründlichen Überarbeitung zunächst einmal ganz neu und es ist auch mein wesentlich wichtigeres Buch, denn es geht tiefer als

„Kommunicorona". Es ist ein Kondensat all meiner bisherigen Erfahrungen als Trainer und noch mehr als Coach – vor allem auch vor dem Hintergrund von Corona. Ich bin heute der vollen Überzeugung, dass es mehr denn je darum geht, den Weg der Selbstermächtigung zu gehen. Denn eine zum großen Teil selbstermächtigte Bevölkerung hätte den Wahnsinn, der seit 2020 herrscht, niemals mitgemacht. Und mit Corona ist es ja nicht vorbei: Klima und Ukraine Krise sind nur die aktuellen Szenarien für eine düstere Zukunft. Die WHO schraubt bereits an der nächsten Pandemie und was irgendwelchen Reichen und Mächtigen und ihren Lobbyorganisationen noch so alles einfällt, weiß ohnehin kein Mensch.

Genug der Vorrede – ich wünsche Dir sehr viel Spaß beim Lesen und vor allem Einsicht und Erkenntnis, ob heute, morgen, nächste Woche oder erst nächstes Jahr. Wenn Du das hier auf Dich wirken lässt ohne dabei Gegenargumente zu suchen, wird es fast zwangsläufig eine tiefe Wirkung entfalten. Los geht's!

Einleitung

Seit vielen Jahren beschäftige ich mich schon mit dem Thema Augenhöhe und angestoßen wurde das Thema in einer sehr persönlichen Situation. Ich hatte eine Beziehung zu einer Frau, die mich so ziemlich an jede Grenze brachte, die ich in meiner Persönlichkeit hatte. Während einer unserer zahlreichen Konflikte sagte ich einmal zu ihr: „Komm doch mal von Deinem hohen Ross herunter!" Ihre Antwort war nicht nur fürchterlich einfach, sie war spektakulär. Sie sagte nämlich: „Nö – komm Du doch rauf!"

Diese Antwort hallt bis heute nach - 15 Jahre nachdem ich sie bekommen habe - und ich erkenne dieses Prinzip im Alltag sehr häufig wieder: Da gucken Leute ihr halbes Leben lang nach oben und zu anderen hinauf und empfinden diese Leute als arrogant oder überheblich. Doch es gibt gar keine Arroganz. Vielmehr ist die Bewertung „arrogant" in Wirklichkeit gar keine Aussage über den, der damit angeblich beschrieben wird, sondern vielmehr über den, der spricht. Dieses Gefühl, es mit Arroganz zu tun zu haben, liegt einfach daran, dass Selbstbewusstsein von unten eben häufig aussieht wie Überheblichkeit. Für Menschen, die es gewohnt sind immer hoch zu schauen, kann sich daher selbst der Satz: „Schönes Wetter heute" wie ein Angriff oder eine Beleidigung anfühlen. Der Ausweg aus dieser Unterwürfigkeit und der Eintritt in die persönliche Freiheit beginnt damit, sich der eigenen Unterwürfigkeit zu stellen, sie zu akzeptieren und zu überwinden. Es beginnt damit, die Lebenslügen sein zu lassen, damit Du frei wirst und frei entscheidest und dann mit anderen auf Augenhöhe bist. Glaube mir, jetzt bist Du es nicht. Du warst es für eine kurze Zeit in Deinem Leben, doch das ist so lange her, dass Du Dich an keinerlei Details mehr erinnern kannst und noch viel weniger kannst Du Dich an das damalige Gefühl erinnern. Wir alle haben dieses Gefühl soweit aus den Augen verloren, dass wir glauben, dieses ständige hin und her zwischen Unterwürfigkeit und Überlegenheit bedeutet Augenhöhe – das bedeutet es jedoch ganz sicher nicht.

Seit über 23 Jahren Jahren arbeite ich als Coach und Trainer und habe daher beruflich eine Menge mit dem Thema Augenhöhe zu tun, wenn ich z.B. mit einer Gruppe von Führungskräften an deren Kommunikation arbeite. Ich habe auch eine Menge damit zu tun, wenn ich Menschen coache, die beruflich eine neue Orientierung suchen oder einfach nur einen anderen Job. Ich habe in diesen vergangenen Jahren vermutlich mit ein paar Tausend Leuten gearbeitet. Dennoch ist das, was ich schreibe, nur bedingt repräsentativ: Es erhebt nicht den Anspruch, umfassend recherchiert zu sein und aus irgendwelchen Quellen zu belegen. Dieses Buch zum Thema Augenhöhe ist damit also keine wissenschaftliche Arbeit, sondern dies hier ist subjektiv aus meiner Perspektive geschrieben. Du, lieber Leser oder gerne auch liebe Leserin, darfst Dich jedoch auf meine umfangreiche Erfahrung verlassen – ich weiß wovon ich spreche.

Echte Augenhöhe lässt sich nur mit einem „Du" herstellen

Ich pflege eine – nennen wir es mal – saloppe Sprache. Nicht nur in meinen Coaching-Prozessen und Seminaren habe ich ein ziemlich loses Mundwerk und schrecke auch vor Kraftausdrücken nicht zurück, sondern ich schreibe auch so. Meine Schriftsprache liest sich also sehr wie Alltagssprache und ich spreche Dich als Leser auch immer wieder direkt an, ohne jedes Mal Anführungszeichen zu verwenden. Für mich ist das „Du" die natürlichste Ansprache für jeden Menschen. Deshalb sage ich „Du" zu Dir, weil ein „Du" schafft Nähe, das förmliche „Sie" schafft dagegen Distanz.

Mir geht es bei meinem Stil auch um Lesbarkeit: Ich selbst mag Bücher nicht, bei denen ich ein Lexikon verwenden muss oder bei denen die Anzahl von Quellen und Fußnoten am Ende mehr Seiten in Anspruch nehmen als der eigentliche Inhalt. Ich schreibe aus Überzeugung so, als ob Du vor mir sitzt und wir beide uns in einfacher Form unterhalten. Meine bisherigen Leser haben das sehr geschätzt und zum Teil sogar gefeiert – ich hoffe also, diese Form passt auch für Dich. Sie erfüllt für mich vor allem mein Bedürfnis nach Authentizität.

Diese Ebene spielt in meinem Leben eine zentrale Rolle und genau dazu – authentisch zu sein – will ich nicht nur einladen und inspirieren, sondern vor allem es selbst vorleben. Wer mich also zufällig aus Live Veranstaltungen kennt, wird meinen Stil auch in diesem Buch wiederfinden. Die Perspektive auf Authentizität ist es auch, weshalb ich auf jedes Gendern oder Sternchen und m/w/d verzichte - weil ich das nicht nur inhaltlich für ziemlichen Blödsinn halte, sondern es die Menschen schlicht unauthentisch macht und ihnen einen „Stock in den Hintern" schiebt. Ich kann also nur sagen: Ab jetzt fühle Dich bitte angesprochen, auch wenn ich nur das generische Maskulinum verwende. Wer sich deshalb pikiert fühlt, für den ist dieses Buch ohnehin kaum geeignet, denn Du wirst Dich vermutlich auf jeder zweiten Seite aufregen und gar nicht vordringen zu den Teilen, in denen ich darstelle, warum das alleine mit Dir selbst zusammenhängt und nicht mit dem, was ich schreibe.

Ich arbeite auch in Coachings und Workshops (also in realen Situationen) gerne provokativ, weil es die Menschen mit der Nase direkt in ihre Probleme stupst. Diese Arbeitsweise aus dem provokativen Coaching nach Frank Farelli ist sehr wirksam, weil es den Leuten keine Hintertüren aufmacht, sich wieder ihren eigenen Problemen zu entziehen. Ich arbeite einfach gerne so, dass ich die Dinge mit Klarheit anspreche. Mich hat mal ein Beitrag von jemand in „What the bleep do we know" sehr inspiriert, der meinte, es gibt viele Menschen, die brauchen keine jahrelangen Therapien oder Coachings, sondern die brauchen einfach mal jemanden, der ihnen sagt: „Du triffst einfach scheiß Entscheidungen!" - das spiegelt so ungefähr meine Arbeitsweise.

Was dieses Buch leisten kann

Ich kann Dir, lieber Leser, wenn Du offen und selbstkritisch genug bist, mit diesem Buch zunächst nur zu einer oder mehreren Erkenntnissen verhelfen. Das ist sogar recht leicht, wenn Du dieses Buch in der Absicht liest, Dich selbst darin wieder zu finden und zu erkennen. Gelegenheiten für Selbsterkenntnis gibt es genügend. Lies dieses Buch jedoch nicht, um darin Erklärungen zu finden, warum viel eher die Anderen möglicherweise einen an der Waffel haben. Dafür ist dieses Buch nicht gedacht! Ganz wie über dem Eingang zum Orakel von Delphi die Aufforderung stand: „Erkenne Dich selbst", geht es hier um genau dies: Selbsterkenntnis.

Das konkrete Ziel dieses Buches ist, dass Du eine Idee davon bekommst, was Selbstermächtigung ist, wie sie erreichbar ist und was die ersten Schritte sein können, die Du ganz praktisch gehen kannst. Ein wichtiges Teilziel ist, dass Du Dich am Besten vollkommen unabhängig davon machen kannst, was andere über Dich denken und wie Du Deine vielfältigen Abhängigkeiten ablegen kannst - vor allem die Geistigen und zum Teil auch Materielle. Ein weiteres Ziel ist, authentischer zu werden und mit Anderen auch authentischere Beziehungen zu pflegen.

An einigen Stellen werde ich Dir daher empfehlen in die Selbstkonfrontation zu gehen. Das sind zwar manchmal schmerzhafte Momente, doch sie enthalten gleichzeitig auch unheimlich viel Kraft und Energie endlich die lange vermiedene Entscheidung zu treffen, um in die Handlung zu kommen – und letztendlich hast nur Du es in der Hand. Ich will Dir dabei helfen, von den 20.000 Entscheidungen am Tag wenigstens ein paar mit einer neuen Qualität zu treffen. Wenn es aus meiner Sicht etwas gibt, was unsere Leben Reichhaltigkeit verleiht, dann ist es die Möglichkeit Entscheidungen zu treffen, die eine bestimmte Qualität haben. Diese Qualität wiederum hängt eng zusammen damit, wie weit Du Dich bereits selbst erkannt hast – und das ist meine Einladung in diesem Buch an Dich.

In meinen Veranstaltungen erläutere ich den Weg, der nach Innen und zur Selbsterkenntnis führt gerne in vier Schritten:

1. Erkenntnis
2. Entscheidung
3. Handeln
4. Feedback und Reflexion

Diese Schritte durchläuft Jeder, wenn er persönlich wachsen will und sich auf die Reise zur Selbsterkenntnis macht. Du wirst jedoch allein mit dem Buch keinerlei Chance haben, Schritt drei und vier zu machen. Handlung und Reflexion, sowie Feedback funktionieren nicht in der Theorie – nur bis wohin kann ich Dich mitnehmen? Einer der Kernpunkte meiner Coachingarbeit ist es, dass ich immer wieder einen eher provokativen Weg nehme. Darum stelle ich in diesem Buch eine Menge der gängigen Entscheidungen in Frage, ganz im Sinne des Zitats: „Du triffst einfach scheiß Entscheidungen" – darum geht es in diesem Buch, Du selber kannst jedoch dosieren, wie stark Du den Weg der Selbsterkenntnis mit seiner Hilfe gehen willst. Was die Handlung betrifft, will ich Dich nicht ganz im Regen stehen lassen. Ich gebe immer wieder auch praktische Hinweise zum Tun, um aus dem Schlamassel auszubrechen. Allerdings wirst Du nicht darum herum kommen, auch tatsächlich raus zu gehen und Dich auszuprobieren, denn lesen allein reicht dann nicht mehr. Also los geht's!

4 Schritte zu persönlichem Wachstum

Die vier Schritte auf der Reise zur Selbsterkenntnis sind also:
1. Erkenntnis
2. Entscheidung
3. Handeln
4. Feedback und Reflexion

Gehen wir die vier Schritte zunächst mal beispielhaft durch. Wir nehmen dafür ein Thema, dass mir besonders bekannt ist: Kommunikation – und insbesondere die Gelassenheit in der Kommunikation mit anderen. Wenn Du zu den Leuten gehörst, denen es irgendwie nicht gelingen will, erfolgreich mit anderen zu reden oder sich auszutauschen und Du dabei immer wieder vor die Wand läufst, dann kann es sein, dass Dich eines Tages die Erkenntnis ereilt, dies könnte etwas mit Dir selbst zu tun haben und mit der Art, wie Du mit anderen redest.

Damit hast Du bereits den ersten Schritt gemacht: Erkenntnis. Du hast verstanden, dass Du selbst die Quelle Deiner Schwierigkeiten bist und auch nur Du selber etwas daran ändern kannst. Die meisten Menschen bleiben bereits an dieser Stelle auf ihrem Weg hängen, weil sie lieber glauben, sie selbst würden alles „richtig" machen und es wären nur die anderen, die die Dinge falsch verstehen. Wer das glaubt, wird sich nicht weiterentwickeln können und auch nicht erfolgreicher werden – wird also ein ums andere Mal vor die Wand laufen und glauben, das Opfer der Unfähigkeit anderer Leute zu sein.

Schritt 1: Erkenntnis

Du hast erkannt, Du könntest etwas verändern. Leider ist damit der erste Schritt noch lange nicht vollständig gemacht. Die Erkenntnis bezieht sich ja lediglich auf Deine Eigenverantwortung z.B. im miteinander reden. Zumindest ist die Tür jetzt offen und Dein Unterbewusstsein interessiert sich für Dinge, die mit erfolgreicher Kommunikation zusammenhängen. Jetzt erst beginnen die eigentlichen Erkenntnisse – konkrete Erkenntnisse im Hinblick auf das Thema in dem Du Dich weiterentwickeln willst. Du wirst anfangen, Dich intensiver mit dem Thema zu beschäftigen, denn alles was mit uns selbst zu tun hat, weckt Interesse und damit die Neugier auf mehr. Du wirst Dich also inhaltlich mit dem Thema beschäftigen und wirst zunehmend Erkenntnisse darüber haben, was Du im Einzelnen alles ändern kannst. Ein Horizont von Möglichkeiten tut sich damit vor Dir auf. Besonders in dieser Phase kommen Menschen auch zu mir, z.b. in meine Workshops. Auch dort entstehen den ganzen Tag über neue Erkenntnisse, wie die Zusammenhänge der Kommunikation sind und vor allem, wie erfolgreicheres Kommunizieren gehen könnte.

Nun steht der zweite Schritt an, nämlich die Entscheidung, dass Du Deine Kommunikation anhand Deiner neuen Erkenntnisse tatsächlich verändern und was Du dafür tun willst. Ich habe hier jedoch nicht umsonst von der Konditionalform (Du könntest) zum Indikativ (Du willst) gewechselt. Denn im ersten Schritt der Erkenntnis ist die tatsächliche Veränderung zunächst nur eine Möglichkeit, hat also noch keine größere Auswirkung auf das eigene Handeln.

Es gibt eine Menge Leute, die betrachten die Erkenntnisse der Psychologie, der Hirnforschung oder der Kommunikation bloß als eine Art spannende Ansammlung von Wissen über andere Menschen oder die kleinen und großen Sonderbarkeiten des Lebens. Sie wollen hauptsächlich über diese Dinge reden, sich austauschen und aus sicherem Abstand darüber diskutieren. Sie haben an diesem Punkt noch nicht wirklich erkannt, dass sie sich darin auch selbst wiederfinden können. Darum haben sie auch (noch) keine Entscheidung getroffen, diese Erkenntnisse wirklich auf sich selbst beziehen zu wollen.
Es gibt auch viele Menschen, die schon bei mir in einem

Workshop waren und dort zahlreiche hochwertige Methoden und Mittel kennengelernt haben, wie sie z.B. zu einer gelassenen Grundhaltung kommen könnten. Dazu gehören Fragen des eigenen Seins, der eigenen Haltung, wie auch ein Haufen sofort wirksamer Techniken, die im Alltag wirklich helfen können, wenn derjenige sie einfach tut. Das allerdings unterbleibt häufig und diese Menschen fallen recht bald – wie es so schön heißt – in ihre alten Muster zurück. Das ist auch nicht weiter ungewöhnlich. Es liegt schlicht daran, dass sie einfach nicht üben, was sie bei mir gelernt haben. Sie haben zwar das Wissen erworben, jedoch keine Entscheidung getroffen, dass sie es auch wirklich anwenden wollen. Wenn diese Teilnehmer im Workshop darüber reden, was sie ändern, klingt das manchmal so: „Ja, man müsste einfach mehr üben". Siehst Du in diesem Satz irgendeinen Entschluss, sich wirklich auf die Socken zu machen und es tatsächlich zu tun? Siehst Du in diesem Satz irgendeine Eigenverantwortung für die aktuelle Situation? Was glaubst Du, wie erfolgreich jemand ist der sagt: „Man müsste mal mit dem Rauchen aufhören"? Wenn Du z.B. beim Thema Kommunikation die Entscheidung getroffen hast: „Ja, ich will meine Haltung und meine Art mit anderen zu reden wirklich verändern und ich werde dies und jenes dafür tun", dann wirst Du auch etwas dafür tun.

Schritt 2: Entscheidung

Wenn Du also tatsächlich etwas ändern und z.B. gelassener werden oder in Deiner Kommunikation erfolgreicher werden willst, dann wird es Zeit für eine Entscheidung, wie: „Ja, ich habe genug davon mich aufzuregen. Ich will gelassener werden und ich werde etwas dafür tun". Rein sprachlich hört sich der Prozess von der rein theoretischen Möglichkeit bis zur tatsächlichen Umsetzung folgendermaßen an:

- man müsste mal
- ich würde gerne
- ich will

- ich werde
- ich werde und es wird geil

Ohne diesen zweiten Teil auf dem Weg, nämlich Deine Entscheidung, wird herzlich wenig passieren, weil Du erst gar nicht in eine tatsächliche Handlung kommst – und ohne zu Handeln kannst Du nichts wirklich erlernen. Um Dir die Notwendigkeit des Handelns und Übens zu verdeutlichen, werden wir einen kleinen Ausflug in die Lernpsychologie machen.

Exkurs Lernpsychologie

Eine Zeit lang habe ich Seminare und Workshops zum Thema Lernen gegeben und auch konzeptionell bei Bildungsträgern mitgearbeitet, um Menschen in Bildungsprogrammen das Lernen grundsätzlich so leicht wie möglich zu machen – daher ist die Lernpsychologie ein Steckenpferd von mir. Es gibt so unglaublich viele Irrtümer über das Lernen, damit allein könnte ich leicht ein dreitägiges Seminar füllen: Unser Bildungssystem reproduziert, fördert und verankert diese Irrtümer leider in unserem mentalen Betriebssystem als naturgesetzartige Glaubenssätze.

Einer dieser fatalen Irrtümer ist, dass das stundenlange zusammensitzen von mehreren Personen in einem Raum, mit Tischen und Stühlen, in dem eine Person vorne den Leuten Geschichten erzählt, irgendetwas mit lernen zu tun hat. In meinen eigenen Lernseminaren witzle ich gern darüber, wie wohl ein Löwenkind lernt, Antilopen zu jagen. Garantiert nicht durch eine elend lange PowerPointPräsentation seiner Mutter. Obwohl – es ist eine lustige Vorstellung von einer Löwenmutter, die ihren Kindern referiert: „Eine Antilope"... klick, „noch eine Antilope"... klick, „mehrere Antilopen"... klick, „eine Antilope beim Grasen"... klick...

Was für ein Unsinn! Abgesehen vom stark ausgeprägten Instinkt lernt das Löwenjunge das eigentliche Antilopenjagen natürlich nur durch sein praktisches Tun. Schon früh rauft das Junge mit seinen Altersgenossen und eignet sich dabei die wesentlichen körperlichen Fähigkeiten an: Koordination, Gleichgewichtssinn, etc. und den Rest schaut es sich mit der Zeit bei seiner Mutter ab. Danach folgen stetige Versuche – und natürlich Fehler und Irrtum. Bei den eigenen Versuchen ein Tier zu reißen, wird das Löwenjunge vermutlich ein paar Mal keinen Erfolg haben, doch es macht einfach weiter, erweitert mit jedem Versuch seine Erfahrung und wird immer erfolgreicher, bis die Jagd endlich mehr oder weniger verlässlich klappt. Auf diese Art entwickeln sich alle lernfähigen Lebewesen – und so lernen auch wir Menschen.

Ein weiterer großer Irrtum beruht darauf, dass nicht zwischen isolierten Einzelinformationen und „prozeduralem Wissen" unterschieden wird bzw., dass die Wichtigkeit des prozeduralen Wissens nicht erkannt wird und nur deklaratives Lernen von Einzelinformationen passiert. Prozedurales Wissen ist hingegen praktisch nutzbares Handlungswissen, also Wissen über den praktischen Prozess selbst. Dieses Wissen kann nicht theoretisch vermittelt werden, sondern entsteht in uns nur dann, wenn wir den Prozess auch tatsächlich selber vollführen. Sogar unser gesamtes Biosystem trägt dazu bei, das prozedurale Wissen optimal abzuspeichern. Das Hirn schüttet im Zuge der Aktivität bestimmte Botenstoffe aus, die die Herstellung von Verknüpfungen und Vernetzungen im Hirn befördern. Denn prozedurales Wissen heißt eben auch, dass das Wissen im ganzen Körper als echte Erfahrung abgespeichert wird. Tragisch für die Betroffenen in Workshops ist z.B., wenn sie glauben, sie könnten die eigenen Erfahrungen durch intellektuellen Diskurs vorwegnehmen oder ersetzen und dann lieber stundenlang theoretisch darüber diskutieren, anstatt die Erfahrung einfach zu machen. Denn echte Erfahrungen kannst Du nur machen, jedoch niemals herbeireden oder sie Dir anderweitig aneignen, wie durch Bücher lesen, Vorträge anschauen oder darüber philosophieren. Suche Dir lieber – so wie im Beispiel vom Löwenjungen – jemanden, von dem Du abschauen kannst: Du brauchst Vorbilder für

Dein Vorankommen in Deinem Entwicklungsprozess und es hilft enorm, wenn Du Dir Leute suchst, an denen Du Dich orientieren kannst und die Dir als Modell dienen.

Eine weitere wichtige Erfahrung aus vielen Seminaren, Workshops und Trainings ist die Antwort auf die einfache Frage: „Was ist der größte Feind des Lernens?" Der größte Feind ist der Glaube alles Wichtige schon zu wissen oder bereits zu können. Wenn Du glaubst etwas schon zu wissen, kannst Du es ganz bestimmt nicht mehr lernen. Das ist wie in der Geschichte mit der vollen Tasse: Wenn die Tasse voll ist, geht auch nichts mehr rein. Deine Tasse sollte also am Anfang leer sein, bevor Du sie mit etwas aus einem Workshop oder einem Buch befüllst. Wenn Du allerdings zu einem Workshop gehst und dann mit dem Trainer nur darüber diskutierst, ob das was er sagt auch wirklich stimmt, dann kannst Du ganz sicher nicht das Geringste lernen.

Schritt 3: Handlung

Nachdem Du die Entscheidung getroffen hast, dass Du aktiv etwas für Deine Veränderung tun willst, wirst Du unweigerlich damit anfangen Dinge auszuprobieren – also sie einfach mal machen. Wenn Du dann tatsächlich in die Handlung kommst, kann das Lernen und die Veränderung sogar sehr schnell gehen. Besonders wahrscheinlich wird das, wenn Du Deine Versuche als Spiel betrachten kannst und einfach genießt, egal ob Du nun das gewünschte Ergebnis erreicht hast oder nicht. So lernst Du Dich für Deinen eigenen Entfaltungsweg zu begeistern und wenn Du Dich dafür begeisterst, geht es meist tatsächlich ziemlich schnell. Dann wirst Du bald an einem Punkt sein, da kannst Du Dich schon nicht mehr erinnern, wie es vorher einmal war. Klar: Du wirst auch Fehler machen, Dir womöglich auch mal eine „blutige Nase" holen und Du wirst eben auch viele Erfolgserlebnisse haben. Die Erfolgserlebnisse sorgen in Deinem Hirn für einen Sturm aus Botenstoffen, die Dir den weiteren Weg erleichtern. Es ist nicht zu ändern: Versuch und Irrtum ist eine von der Natur schon seit Jahrmillionen erfolgreich etablierte Strategie für das Lernen.

Immer wenn Du mit Situationen konfrontiert wirst, in denen es gilt, Dich zu entscheiden und Ängste zu überwinden, wird Dein Wachstum gefördert – und so gibt Dir die Umsetzung in eigenen Handlungen auch immer wieder die Möglichkeit, den Rest der Welt als Deinen Spiegel zu betrachten, in dem Du Dich selbst erkennst. Du machst etwas Neues, gerätst an Deine Grenzen, machst einen entscheidenden Schritt weiter und schon hast Du wieder etwas gelernt.

Mir hat am Anfang meines Weges Jemand gesagt: „Ja, es fühlt sich sicher gut an, Wertschätzung und Applaus zu bekommen. Aber wenn Du wirklich etwas lernen willst, achte besonders auf das negative Feedback. Du musst es nicht immer annehmen, doch es steckt meist etwas Wichtiges über Dich darin". Gerade die Fehlgriffe im Leben ermöglichen Dir Dich selbst zu erkennen und zu wachsen. Wenn Du also im Schwimmbad auf dem 5 Meter Turm stehst und runter schaust, wird es Dir nicht helfen, mit den Umgebenden darüber zu diskutieren, wie es wohl sein wird, wenn Du springst und was dafür oder auch dagegen spricht – spring einfach. Darum steht auf meiner Visitenkarte auch schon seit vielen Jahren der folgende Satz: „Wenn Du etwas haben willst, was Du noch nie hattest, musst Du etwas tun, das Du noch nie getan hast. So lange Du tust was Du kennst, bekommst Du was Du kennst".

Schritt 4: Feedback und Reflexion

Egal was Du tust, es wird zwangsläufig etwas bewirken. Es ist nicht möglich, dass Du mit dem was Du tust wirklich nichts bewirkst. Selbst wenn Du vor jemandem stehst und dieser Jemand Dich scheinbar ignoriert, dann ist dieses Ignorieren bereits eine Reaktion auf das, was Du gerade getan hast und damit die Wirkung davon, was Du getan hast

– Du warst also wirksam. Die wichtige Frage ist viel mehr, wie Du das interpretierst oder wie Du mit diesem Feedback umgehst und ob Du es als solches überhaupt erkennst. Kannst Du Feedback annehmen und ins Verhältnis setzen zu Deinem Wachstumsprozess und Deinen höheren Zielen?

Feedback annehmen heißt nicht zwangsläufig einverstanden zu sein und die Kritik umsetzen oder verinnerlichen. Feedback annehmen kann auch bedeuten, seinen Kern eben nicht anzunehmen. Es bedeutet vor allem, nicht gegen das Feedback zu kämpfen, denn: „Es ist wie es ist". Nimm vor allem den Menschen an, der das Feedback gibt oder auch die Natur oder das Universum oder das Leben selbst, das auf Dich reagiert. Denn es ist wirklich das Dümmste, was Dir passieren kann, gegen das Feedback des Lebens auf eine Handlung von Dir zu kämpfen. Es ist viel wichtiger, zu reflektieren was Dir passiert ist und welchen Teil der Verantwortung Du dafür hast. Vereinfacht bedeutet das: In diesem Teil von Schritt 4 geht es darum zu lernen, was der Unterschied ist zwischen den Aspekten „Meins" und „Deins". Diese Perspektive habe ich auch in Kommunicorona ausführlich beschrieben und es bedeutet: Du selber bist verantwortlich dafür, was Du aussendest und wofür Du eine Ursache bist und andere Menschen oder das Universum oder das Leben ist wiederum verantwortlich für das Feedback. Das Feedback kann man dabei ganz simpel als ein Angebot betrachten, in Resonanz zu gehen. Wenn Du eine positive Resonanz hast, dann fühlst Du Dich gut und verbindest Dich leicht mit dem Feedback und machst bestimmt auch etwas daraus. Bei einer unangenehmen Resonanz fühlst Dich dagegen mies und gehst viel eher in den Widerstand. Dieses Gefühl hat jedoch etwas mit Dir zu tun und nichts mit dem Feedback selbst. Also könntest Du auch aus unangenehmer Resonanz etwas über Dich lernen und eben ein schmerzhaftes Wachstum erleben.

Im Volksmund heißt es: „Getroffene Hunde bellen". Rechtfertigung ist z.B. eine weit verbreitete Reaktion auf unangenehmes Feedback. Mach Dir bewusst, dass Du Dich damit niemand anderem gegenüber rechtfertigst als Dir selbst. Denn Rechtfertigungen dienen meist nur zur Bewältigung der eigenen Scham. Je höher also das Maß an Rechtfertigung ist, desto mehr zeigst Du damit, dass Du gewaltig in Resonanz damit bist, denn sonst würde Dich das Feedback einfach kalt lassen und nicht interessieren.

Teil 1
Die Selbstkonfrontation

Selbstkonfrontation als Teil von Schritt 1 zur Erkenntnis ist eine gute Idee, weil sie sehr erleichternd, entspannend und vor allem heilsam ist. Menschen tragen ihre Blockaden im Verborgenen mit sich herum, vermeiden und verdrängen sie und es kostet eine unheimliche Energie, die dabei entstehenden Fassaden aufrecht zu erhalten. Die eine Fassade erzeugt schnell die nächste und dabei verlieren Menschen einen großen Teil ihrer Energie und Aufmerksamkeit, die ihnen dann an anderen Stellen fehlen, z.B. im Zwischenmenschlichen. Sich selbst mit den eigenen Fassaden und Lebenslügen zu konfrontieren und sie abzulegen, ist also eine wirkliche Erleichterung. Es ist, wie wenn einem ein 5 Tonnen schwerer Felsbrocken vom Herzen fällt - und durch die entstehende Leichtigkeit entwickelt sich meist sogar Raum über sich selbst zu lachen und damit wird es sogar heiter und humorvoll.

Daher steigen wir gleich mit einer ersten Provokation ein, die die Arbeitsweise dieses Buches verdeutlicht und viele Gelegenheiten zur Selbstkonfrontation bietet.

Wir sind ein Volk von unterwürfigen Ja-Sagern!

Das klingt im ersten Moment etwas hart – und das verstehe ich! Natürlich ist die Aussage verallgemeinert und auf die Spitze getrieben. Da draußen gibt es sicher auch eine Menge Leute, die sich selbst häufig reflektieren und an sich arbeiten. Leute, die es schaffen, sich die meiste Zeit auf Augenhöhe zu bewegen, doch für die überwiegende Mehrzahl da draußen trifft das leider nicht zu. Deswegen bleibt es bei meiner Aussage: Wir sind ein Volk von unterwürfigen Ja-Sagern - und mit diesem Problem werden wir uns in diesem Buch beschäftigen. Ein wichtiger Teil der Aufgabe wird sein, zu reflektieren an welchen Stellen und inwieweit Du selber unterwürfig bist, ohne dass es Dir bisher bewusst ist. Das mag schmerzhaft sein, vor allem, wenn es mit Deinem gewohnten Selbstbild kollidiert.

Dieser Schmerz ist nicht mein Anliegen, doch er ist an einigen Stellen unvermeidlich. Auch das ist eine meiner Erfahrungen aus meiner Arbeit mit Menschen. Die Allermeisten geraten auf ihrem Weg zu sich selbst irgendwann an einen Punkt, an dem es unangenehm wird oder schmerzhaft ist. Wer dann den Schmerz oder das unangenehme Gefühl dauerhaft vermeiden will, der wird aus meiner Sicht nicht wirklich weiter kommen. Denn weil es zu unangenehm wird, sich seinen Schatten zu stellen, beenden manche Leute die Arbeit mit ihrem Coach, um dann einfach einen anderen aufsuchen, der die Konfrontation mit diesem Schmerz vermeidet. Auch wenn es sich angenehmer oder sogar „besser" anfühlt, auf diesem Weg werden bestimmte Prozesse der Persönlichkeitsentwicklung eben nicht angestoßen und der Betreffende dreht sich stetig im Kreis und merkt es nicht. An dieser Stelle magst Du vielleicht auch denken: „Jaa, das sind die Anderen". Vergiss es! Diese Kritik gilt für so ziemlich jeden - ich erhebe auch selbst nicht mal den Anspruch, meine gesamte Lebenszeit im Augenhöhe-Modus zu verbringen und auch mir wird ein geschultes Auge oder Ohr die ein oder andere Unterwürfigkeit nachweisen können.

Sind wir mal ehrlich - jeder fühlt sich beschissen, wenn uns jemand auf einen Fehler aufmerksam macht. Wir fühlen uns minderwertig, und dann schämen wir uns. Wir fühlen uns mies, wenn jemand etwas besser kann oder weiß. Wir vergleichen uns mit anderen und schauen dabei ganz selbstverständlich nach oben. Auch darum brauchen wir für jeden Mist einen Experten: Du willst wissen, wie Du Dein Geld anlegen kannst? Du willst wissen, was Du morgens anziehen sollst? Du willst wissen, warum Dir seit drei Tagen schwindelig ist? Du willst wissen, wie Du Deine Kinder gut erziehst? Du willst Musik hören, die auch in ist? Wie die Lemminge laufen wir dazu irgendwelchen Typen hinterher, die uns als Experten verkauft werden, und die angeblich von unserem Leben mehr Ahnung haben als wir selbst.

Du glaubst mir nicht? Mach ein einfaches Experiment: Vergleiche einmal wie Du über bestimmte Dinge denkst und schau Dir danach an, was in den Medien über dieses Thema erzählt wird! Merkst Du was? Unser ganzes Gesellschaftsmodell baut darauf, dass immer mehr Menschen immer mehr Experten brauchen, um zu beurteilen, ob nicht nur die wichtigen Dinge, sondern auch der Furz, den Du gerade gelassen hast, wenigstens ein ordnungsgemäßer, „richtiger" Furz ist. Warum sonst kaufen Menschen so viel unnützen Schrott, den im Grunde niemand wirklich braucht? Wenn wir uns alle auf Augenhöhe befinden und aufhören könnten, auf andere Leute zu hören, wer würde dann andere entscheiden lassen, was ihm im Leben wirklich wichtig ist und was er oder sie wirklich zum Leben braucht? Wer würde dann noch Lebensversicherungen abschließen, Nachrichten schauen oder darauf warten, dass irgendjemand kommt und irgendetwas macht, damit es irgendjemandem besser geht? Oder noch konsequenter gefragt: Wenn alle auf Augenhöhe wären, wer bräuchte dann noch jemanden, der ihn regiert? Wer würde noch wollen, dass ihn jemand regiert? Oder wer wäre bereit jeden Schrott zu „lernen", um eine Prüfung zu bestehen? Du brauchst den Wahl-O-Mat, um herauszufinden, wen Du wählst? Du traust Dich immer noch nicht, Deinem Chef zu sagen: „Welchen Teil von NEIN hast Du jetzt nicht verstanden?"

Vergiss es! Du bist nicht frei, Du bist ein gehorsamer Untertan! Wir sind ein Volk von unterwürfigen Ja-Sagern – und da stehen wir nun beide – Du lieber Leser und ich – mit dieser Erkenntnis. Wir sind Weicheier. Au! Das tut weh. Stimmt, nur was ist die Alternative? Weitermachen wie bisher? Geht das überhaupt im Lichte dieser Erkenntnis? Das ist eben der Kern von Konfrontation: Sie bringt Klarheit. Sie bringt Dinge ans Licht, die vorher im Verborgenen waren. Daher scheuen viele Menschen die Konfrontation, eben weil ein „weiter so" nach einer Konfrontation nicht mehr so einfach möglich ist. Doch lass uns zuerst einen Blick darauf werfen, warum die Scheu vor einer Konfrontation so tief in unser kollektives Unterbewusstsein eingegraben ist und warum es ein Symptom der Unterwürfigkeit ist.

Was bedeutet konfrontieren überhaupt? Konfrontieren kommt vom lateinischen „confrontare" und das setzt sich wiederum zusammen aus „con", was „mit" oder „zusaammen" bedeutet und „frons", was „Stirn" oder „Vorderseite" bedeutet. Was also heißt confrontare übersetzt in ein modernes Alltagsdeutsch? Es bedeutet so etwas wie „die Stirn bieten". Für die Meisten ist Konfrontation in dieser Bedeutungsebene jedoch mit unangenehmen Gefühlen behaftet. Das geht zurück bis zu unseren Urerfahrungen mit elterlicher Autorität. Unsere Erfahrung ist in aller Regel, dass sich die Eltern durchsetzen und sich das Ergebnis für uns als Kinder beschissen angefühlt hat. So manches Trauma ist dadurch entstanden, weswegen es zutiefst verständlich ist, wenn Menschen in der Folge Konfrontationen möglichst vermeiden, denn sie haben solche Glaubenssätze entwickelt wie: „Ich kann ja eh nichts ausrichten".

Das Wort konfrontieren bedeutet jedoch auch sich zu zeigen – in Gänze und voller Authentizität. Konfrontieren bedeutet in dieser Dimension der Bedeutung eben nicht zum Gegenangriff über zu gehen oder gegen eine Energie anzugehen, die möglicherweise auf Dich zu kommt. Es bedeutet lediglich, nicht zu weichen. Stell es Dir vor wie jemand, der ein Meister im TaiChi oder Aikido ist. Das sind zwei Selbstverteidigungskünste, in denen nicht körperlich gegen die Energie eines Angreifers vorgegangen wird, wie bei anderen Kampfkünsten, sondern in denen die Energie des Gegners lediglich umgeleitet wird, in eine andere Richtung. Der Angegriffene selber verändert dabei nicht wesentlich seinen Stand und vor allem weicht der Angegriffene nicht zurück. Das ist der wahre Wesenskern von Konfrontation.

Natürlich macht auch das verletzlich. Jedoch wirst Du Deine Schwelle für das verletzt sein deutlich angehoben haben, wenn Du das Buch nicht nur bis zum Schluss gelesen, sondern dann auch durchgearbeitet hast - und dann kratzen Dich viele Dinge einfach nicht mehr. Also Du wirst Dich verletzlich zeigen können, ohne dabei wirklich verletzt zu sein und weiteren Schaden davon zu tragen. Stell es Dir vielleicht vor wie eine Begegnung mit einem Pferd, das auf Dich zukommt. Du weichst eben nicht zurück, sondern machst Dich groß.

Eine solche Form der Konfrontation hat noch einen großen Vorteil: Du sorgst auch dafür, dass sich die Anderen auch zeigen. Geh mal davon aus, dass wenn Du Dich dem anderen authentisch zeigst, sich der andere Dir gegenüber auch authentisch zeigt – das ist ein mehr oder weniger sanfter Zwang. Solche Situationen bringen Dir Klarheit über Dich, Deine Werte und wer Du bist und eben auch Klarheit darüber, wer der andere ist und was der andere will. Natürlich kann das zur Folge haben, dass Du danach nicht mehr so weiter machen willst, wie vorher.

Wenn allerdings die Komfortzone Deiner Illusionen zu kuschelig und gemütlich ist, dann leg dieses Buch jetzt zur Seite, denn der Weg raus aus der Komfortzone wird eher nicht kuschelig. Und Du hast mich ein wenig kennengelernt, wie ich arbeite und was ich Dir mitgeben will. Dabei konfrontiere ich Dich mit Dir selbst und – ja – das kann manchmal schmerzhaft sein. Das ist jedoch keine Zwangsläufigkeit, denn wenn es Dir gelingt, Deine eigene Veränderung als Abenteuer zu begreifen und wenn Du dabei möglichst viel spielst und mit Freude agierst, kann es ebenso auch sehr genussvoll sein.

Da ich solche Entwicklungs- und Wachstumsprozesse auch gerne von der wissenschaftlichen Seite beleuchte, will ich Dir als Unterstützung ein wenig Theorie weitergeben, die dabei hilft die Vorgänge über die ich rede greifbarer zu machen. Wir reden da über Erkenntnisse aus dem Bereich der Psychologie, die zum Teil schon lange Zeit bekannt sind. Diese helfen Dir dabei, immer wieder zu erkennen, aus welcher inneren Haltung heraus Du gerade unterwegs bist und ob Dir diese innere Haltung hilfreich ist.

Die Transaktionsanalyse – oder: Was ist Augenhöhe?

Transaktionsanalyse klingt vom Wort her sehr kompliziert, doch sie besagt im Kern etwas sehr Einfaches: Wir alle wechseln in unterschiedlichen Situationen unsere jeweiligen Rollen. Die Psychologen nennen das unsere Ich-Zustände. Ein einfaches Beispiel ist, wenn sich ein Mittvierziger mit gutem Einkommen einen Sportwagen kauft. Ein echtes Männerspielzeug. Und wer kauft Spielzeug? Richtig – Kinder. Hier erfüllt sich also jemand möglicherweise einen Kindheitstraum und lebt mit dieser Handlung sein inneres Kind aus. Das ist völlig wertfrei – es ist wie es ist. Manche Männer gehen gerne in Baumärkte und kaufen Werkzeug, manche Frauen kaufen gerne Schuhe – jeder wie er mag. Interessant ist es, diese Handlungen mit der Frage zu betrachten, aus welcher inneren Rolle heraus wir das tun. Die Transaktionsanalyse befasst sich genau mit dieser interessanten Fragestellung und beschreibt drei mögliche Ich-Zustände oder Rollen, die wir in unterschiedlichen Situationen einnehmen.

Die Transaktionsanalyse nennt diese Ich-Zustände:

Eltern-Ich
Kind-Ich
Erwachsenen-Ich

In meiner Sprache klingen sie so:

von oben runter
von unten rauf
auf Augenhöhe

Werfen wir einmal einen Blick darauf, wie sich die drei Zustände im Alltag zeigen: Das Eltern-Ich kritisiert, sieht sich selbst als Maß der Dinge, beurteilt und bewertet Dinge und andere Menschen. Die Perspektive ist von oben herab, im Sinne von: ich bin OK, Du bist nicht OK. Das Eltern-Ich sagt den Anderen, was an ihnen nicht in Ordnung ist. Es bestraft und belohnt, weiß was richtig und falsch ist, nimmt eine moralische Position ein. Sätze aus dem Eltern-Ich klingen so: „Das ist falsch", „Du hast unrecht", „Ich finde das nicht gut", „Das macht man nicht". Das Eltern-Ich spricht aus einer inneren Haltung der Überlegenheit.

Das Kind-Ich hat demgegenüber eine innere Haltung der Unterlegenheit, Hilflosigkeit und Ohnmacht. Demzufolge sind Verhaltensweisen des Kind-Ichs z.B. schreien, sich beklagen oder empören, doch auch Gewalt jeder Art. Das Kind-Ich schaut zu anderen hinauf. Für ein Kind-Ich sind andere kompetenter, schlauer, erfahrener. Deshalb lässt sich ein Kind-Ich auch gerne sagen, wo es lang geht. Das Kind ist, je nachdem wie kritisch es ist, autoritätshörig und tut, was ihm gesagt wird, es kann auch rebellieren und trotzig werden. Dennoch sind beides Formen eines Kind-Ichs. Das Erwachsenen-Ich bleibt ruhig, sieht sich und andere als gleichwertig, schaut waagrecht auf andere – das ist mit Augenhöhe gemeint. Das Erwachsenen-Ich handelt den Situationen angemessen. Auch wenn die althergebrachte Psychologie (die immer noch davon ausgeht, dass es Sachlichkeit und Rationalität gibt) das Verhalten des Erwachsenen-Ichs als sachlich und objektiv bezeichnet, mag ich diese Betrachtung nicht. Ich schlage vor, das Verhalten des Erwachsenen-Ichs eher als reflektiert und weise zu bezeichnen.

In einer Situation, in der die eigenen Ziele als wichtig wahrgenommen werden, wird aus der Position des Eltern-Ich eher Macht eingesetzt, um sich durchzusetzen. Aus der Haltung des Kind-Ich wird die Person eher schreien und toben oder sich im Zweifelsfall in ihr Schicksal ergeben, dabei dennoch eher trotzig bleiben. Aus der Haltung eines Erwachsenen-Ich wird derjenige den Weg über die Kommunikation suchen, um sein Ziel durch Verhandlung zu erreichen. Interessant für den ein oder anderen könnte es hier sein, zu erkennen, dass jemand der sich laut aufregt und schreit, sich im Zustand des Kind-Ichs befindet. Der Chef, der also vor seinem Mitarbeiter einen cholerischen Anfall erlebt, ist gerade ein kleines Kind, das z.B. Aufmerksamkeit oder seinen Willen durchsetzen möchte.

Das Kind

Wenn Du in einer westlichen Kultur aufgewachsen bist (und damit ist so ziemlich alles gemeint, was nicht eine ursprüngliche Kultur ist oder eine Gesellschaft, die im fernen Osten liegt), dann hast Du es sicher irgendwann einmal erlebt, dass sich Deine Eltern in einem Konflikt gegen Dich durchgesetzt haben. Es muss kein großer Konflikt gewesen sein – es reicht schon, wenn es nur darum ging, ob Du jetzt um sieben ins Bett gehst oder erst nach dem Sandmännchen. Bei diesen Situationen ist es nun mal ein bedeutender Teil unseres Erziehungssystems, dass wir als Kinder durch Belohnung und Bestrafung dazu gebracht werden das zu tun, was „man" uns gesagt hat. Die jeweiligen Belohnungen waren je nach Familie größer oder kleiner und die Bestrafungen härter oder weicher. Entscheidend ist, dass wir alle das Gefühl kennen, wenn wir unseren Eltern (oder später anderen Autoritätspersonen) unterlegen waren und mit den Folgen der Handlung oder des Konflikts zu leben hatten.

Ich drücke es noch etwas drastischer aus und zitiere hier sinngemäß meinen Namensvetter Gerald Hüther aus einem Vortrag, wenn ich sage, dass wir es alle kennen, dass wir als Kind in einer Situation anders waren als unsere Eltern (und später Lehrer) uns gern gehabt hätten und sie uns unmissverständlich dazu gebracht haben jetzt so zu sein, wie sie uns wollten. In diesem Moment haben sie uns zu einem Objekt gemacht. Dadurch haben wir einige wesentliche Erfahrungen im Leben gesammelt:

- Im Fall von Konflikten hast Du negative Auswirkungen zu fürchten, wenn Du unterlegen bist.
- Wer Macht hat, gewinnt.

- Du bist nicht OK, wenn Du bist, wie Du bist.
- Widerstand ist zwecklos.

Diese Erfahrungen graben sich tief ins Hirn ein und wenn sie sich häufig wiederholen, wird aus der Erfahrung eine innere Haltung, mit der diese Menschen durchs Leben gehen. Jedes Mal, wenn dieser Person ein Konflikt droht, packt das Gehirn das entsprechende Schlüsselgefühl aus dem emotionalen Gedächtnis, und wir fühlen uns präzise genauso wie am Tag, als wir das erste Mal mit der Autorität unserer Eltern konfrontiert wurden. Dieses Gefühl ist es auch, dass uns in den entsprechenden Situationen handeln lässt wie kleine Kinder. Das Gefühl heißt Ohnmacht oder Hilflosigkeit. Wir sind ausgeliefert – ein Opfer und so mancher Mensch verharrt in dieser inneren Opferhaltung sein ganzes Leben lang.

Deshalb scheuen manche Menschen Konflikte wie der Teufel das Weihwasser und gehen möglichst jedem Konflikt aus dem Weg – sie ertragen das Gefühl von Spannung und aufkeimender Hilflosigkeit nicht. Andere schreien und erheben sich über andere, um (scheinbar) in die Rolle des Eltern-Ich zu kommen – die Ursache ist dieselbe. Sie glauben Macht und Kontrolle über andere schützt sie davor, selbst hilflos zu sein, doch so werden sie genau zu den Menschen, die sie als Kinder nie sein wollten. Mit diesen Erfahrungen kommen wir in die Schule und dort lernen wir vor allem eines: Zu funktionieren. „Sitz, Platz, Halt die Fresse! Tu, was ich Dir sage!" - Schule in Deutschland funktioniert selbst heute immer noch mehr wie Hundeerziehung, anstatt die Entwicklung des Potenzials junger Menschen zu fördern. Bist Du brav, bekommst Du ein Leckerli, bist Du böse, wirst Du bestraft und ausgeschlossen. Dressur nennen das manche Menschen. So gräbt sich die innere Opferrolle weiter tief in unser Gehirn und wird zu einer immer stärkeren Haltung von: „Ich kann doch ohnehin nichts ändern". Um Konflikte zu vermeiden, werden Menschen obrigkeitshörig und tun, was „man" ihnen sagt, weil sie als Kind gelernt haben brav zu sein und zu werden, wie es Eltern, Lehrer u.a. Ihnen diktiert haben - brave, gehorsame Arbeitssklaven. Bei manchem endet das in dem, was Psychologen erlernte Hilflosigkeit nennen, woraus später auch Depressionen werden können.

Rechtfertigung

Häufig reagieren Menschen an dieser Stelle mit Rechtfertigung und Verständnis im Sinne von: „Meine Eltern haben mir wesentliche Dinge im Leben beigebracht – Pünktlichkeit, Disziplin, Ordnung – das hätte ich sonst nie gelernt. Weil ich ein schwieriges Kind war, mussten meine Eltern dabei auch manchmal härtere Maßnahmen anwenden. Es hat mir doch nicht geschadet..." Diesen Selbstbetrug höre ich immer wieder mal in meiner Arbeit. Es hat also nicht geschadet? Werfen wir einen genaueren Blick darauf:

Wenn ich mit Menschen zu tun habe, die ein gewisses Maß an Selbstreflexion erreicht haben in Bezug auf die Macht und manchmal sogar Gewalt der sie in ihrer Kindheit ausgesetzt waren, sagt von sich aus keiner, dass diese Machtausübung oder Gewalt ihnen nicht geschadet hat. Vielmehr haben diese Personen eine sehr präzise Wahrnehmung davon, wie weit ihnen das geschadet hat und welche Entwicklung es für sie verhindert hat. Aus diesem Grund machen sie sich auf den Weg, ihre Potenziale neu zu entfalten und die Narben aus der Kindheit zu verarbeiten, damit sie ihnen nicht mehr als Hürden im Weg sind. Nur weitgehend unreflektierte Menschen sagen solche Sätze wie: „Die Ohrfeige hat mir nicht geschadet".

Selbst wenn es nur um Machtausübung ohne physische Gewalt geht, werden bei einem Kind in solchen Situationen im Gehirn die selben Schmerzzentren aktiviert, die auch für körperliche Schmerzen zuständig sind. Das Kind erlebt eine Vielzahl von sehr schmerzhaften Gefühlen wie Trauer, Enttäuschung, Verzweiflung, Hilflosigkeit, Scham, Einsamkeit, Verlorenheit, Ohnmacht, Wut, etc. Wer also sagt: „Es hat mir nicht geschadet", kann sich an all diese Gefühle offensichtlich nicht mehr erinnern. Allein das Verdrängen dieses emotionalen Erlebnisses ist bereits ein Schaden, denn diese Erfahrung wirkt dennoch seitdem unbewusst auf alle Entscheidungen mit ein, bei denen es um Konfrontation mit einer „höheren Autorität" geht. Hinzu kommt die in der Kindheit gelernte Erkenntnis über sich selbst: „Ich bin nicht liebenswert" oder vielleicht: „Ich bin nichts wert".

Bestätigung aktiviert das Belohnungssystem im Gehirn. Dieser Mechanismus führt bei allen Menschen dazu, dass sie Zeit ihres Lebens nach einer Bestätigung für diese schon früh gelernten und akzeptierten Sätze über sich selbst suchen - denn jedes Mal, wenn diese Annahme bestätigt wird, schüttet das Gehirn eine Belohnung aus. Auf diese Weise wird dann aus dem Kind ein angepasster Ja-Sager. Dieses Programm gräbt sich so tief ins Gehirn ein, dass es als selbstverständlicher Bestandteil des täglichen Lebens akzeptiert wird. Das kann so weit gehen, dass Menschen sich damit sogar identifizieren und sich jetzt durch meine Kritik persönlich angegriffen fühlen.

Der Versuch, die schmerzhafte Machtausübung der Eltern auch noch als positiv zu werten, sich also in der Opferrolle einzufügen und sich dabei selbst zum Objekt zu machen („Ich bin nichts wert"), ist damit also der traurige Alltag von Millionen Menschen da draußen. Sie glauben zwar fest daran, sie wären erwachsene Menschen und verteidigen diese Annahme auch bis aufs Messer, dennoch ähnelt ihr Verhalten und vor allem ihre innere Haltung vielmehr dem eines hilflosen Kindes, das sich entweder in sein Schicksal eingefügt hat oder sich empört und mit der Faust in der Tasche rebelliert.

Die Eltern

In seinem Buch „Etwas mehr Hirn bitte" beschreibt Gerald Hüther die Beziehungskultur, in der wir leben mit einem Wort, das mir sehr gefällt. Er nennt es Objektbeziehungen. Als Kind wurden wir durch die Erziehungsmaßnahmen der Eltern zum Objekt deren Zielvorstellung – wie wir zu sein haben. Dies ist ein Zustand, der im Hirn die Kohärenz unterbricht (den Zustand des Einklangs) und für Stress sorgt. Die Hirnforschung hat mittlerweile gezeigt, dass dieser Stress bereits nach Tagen tödlich wäre, würden wir nicht Strategien entwickeln, um wieder Kohärenz herzustellen.

Die eine haben wir beim Kind-Ich bereits kennengelernt – sie führt dazu aus sich selbst ein Objekt zu machen („Ich bin nicht OK"). Die andere ebenso fatale Strategie ist, aus anderen erfolgreich Objekte zu machen. Dies ist die Haltung und das Verhalten des Eltern-Ich und dient dazu, eine vermeintliche Kontrolle über Situationen zu erlangen und so zu verhindern, selbst wieder zum Objekt gemacht zu werden: Wer andere zum Objekt seiner Zielvorstellung macht, läuft nicht Gefahr selbst hilflos zu werden.

Interessant ist es sich klar zu machen, dass dieses „von oben herab" eben nicht Ausdruck einer starken Persönlichkeit ist, sondern eher das Gegenteil. Mein Lieblingsbeispiel ist ein Typ, der weiß Gott genug Geld hat, ein gestandener Mann von über 50 Jahren, der sich des Öfteren freut, wenn er vor einem Millionenpublikum 17jährige herunterputzen kann. In den Medien wird er uns als selbstbewusst und stark verkauft, doch er ist genau das Gegenteil. Warum behandeln manche Menschen andere auf diese herablassende Art „von oben herab"? Ganz einfach – weil sie es nötig haben. Sie haben es nötig, weil sie tief in sich drin arme Würstchen sind. Die „dicke Hose" ist nur der Versuch, dass es niemand merken soll und um vermeintlich die Kontrolle zu behalten und nicht hilflos und ohnmächtig zu erscheinen.

Diese Strategie zeichnet Schwächlinge aus, Du wirst es gleich in meinen Beispielen sehen: Die Prüfer, die Politiker, der Chef, der Lehrer – sie alle verhalten sich „von oben herab". Sie sind im Eltern-Ich und haben erfolgreich andere Menschen zum Objekt ihrer Zielvorstellung gemacht – nicht aus innerer Größe und Stärke heraus, sondern aus Schwäche und einem tiefen Minderwertigkeitsgefühl, für das sie eine riesige Fassade aufgebaut haben von der sie hoffen, dass sie niemand durchschaut: Je größer sich jemand aufbläst, desto leichter ist es, die Luft rauszulassen.

Der Erwachsene

Zur Transaktionsanalyse gehört – der Vollständigkeit halber – das Erwachsenen-Ich. Erwachsenen-Ich bedeutet innerlich in einem Zustand zu sein, den anderen wirklich auf Augenhöhe zu begegnen und nicht aus einer gefühlten Überlegenheit oder Unterwürfigkeit. Das Erwachsenen-Ich ist eben das, worum es in diesem ganzen Buch geht. Das Erwachsenen-Ich beinhaltet, dass der jeweils Handelnde innerlich groß ist, aus der eigenen Kraft handelt und es eben einerseits nicht nötig hat, andere runter zu machen und andererseits auch keine Opferhaltung einnimmt und glaubt, es gäbe Situationen, in denen andere über sein Sein entscheiden. Diese Perspektive ist mir besonders wichtig und das wird im zweiten Teil des Buches sehr relevant. An dieser Stelle ist es jedoch erst einmal unvermeidlich, sich an den Gedanken zu gewöhnen, dass es am Anfang schwer ist, weil die meisten Menschen sich so an die Unterwürfigkeit gewöhnt haben, dass sie echte Augenhöhe bereits als Überheblichkeit empfinden.

Bestandsaufnahme - eine Welt ohne Augenhöhe

Um einen ziemlich schonungslosen Einblick zu geben, wie solche „Unterwürfigkeiten" aussehen, werde ich im Folgenden ein paar Beispiele aufführen, mit denen ich dieses Verhalten, bzw. diese Haltung identifizieren möchte. Diese Beispiele belegen meine These von der Unterwürfigkeitskultur und machen meine Behauptungen greifbar und transparent. Hier ist es nötig, gnadenlos ehrlich zu sich selbst zu sein: Stell Dir im nächsten Teil des Buches vor, Du bist ein Sportler und willst Dich bei der Ausführung Deines Sports verbessern. Dazu hilft es sehr, sich mit Videodokumentation und -analyse zu beschäftigen. Ein Sportler beobachtet sich dabei selbst und lernt, wo er bereits gut agiert und wo noch Verbesserungspotenzial ist. Er kann auch andere Sportler betrachten und von deren Fähigkeiten und Fehlern lernen. Ich empfehle Dir mit einer solchen Haltung das nächste Kapitel zu lesen, um Dich selbst zu erkennen. Los geht's:

1. Die Prüfung – „Sie sind schlecht"

Thomas K. arbeitet an seinem Abschluss als technischer Betriebswirt bei der IHK, der im Rahmen der sogenannten Aufstiegsfortbildung Stufe zwei darstellt. Dies bedeutet, er hat bereits eine Weiterbildung der Stufe eins absolviert und ist mindestens Techniker oder gar Meister. Der aktuelle Kurs dauerte etwa ein Jahr und danach hatte er weitere sechs Wochen zur Vorbereitung auf die heute stattfindende mündliche Abschlussprüfung. Alle bisherigen schriftlichen Prüfungen hat Thomas K. mit Noten zwischen zwei und drei bestanden, er könnte also sicher sein, dass er immer gut vorbereitet war und ordentlich gelernt hat.

Die heutige Prüfung läuft so ab, dass der Prüfungsteilnehmer vor der Prüfung in einen separaten Vorbereitungsraum kommt. Dort gibt es eine Aufsichtsperson, die dem Teilnehmer das Thema der mündlichen Prüfung schriftlich aushändigt. Daraufhin hat der Teilnehmer eine halbe Stunde Zeit zu dem Thema eine kleine Präsentation zu erarbeiten, die anschließend dem Prüfungsausschuss vorgeführt wird. Dafür sind etwa 15 Minuten eingeplant und im Anschluss gibt es noch ein sogenanntes Fachgespräch über die Präsentation von weiteren 15 Minuten.

Thomas K ist also gut vorbereitet, sitzt im Vorbereitungsraum und erhält seinen sogenannten Handlungsauftrag mit fünf Fragen. Er liest die Ausgangssituation: Zwei Unternehmen fusionieren, es entstehen Personalüberkapazitäten. Das ist betriebswirtschaftliche „Gagasprache" und bedeutet nichts anderes als „Leute rausschmeißen", doch Thomas K. zeigt keine Zeichen von Prüfungsangst – noch ist er zuversichtlich. Dann kommt die erste Frage: „Erläutern Sie in diesem Zusammenhang die Bedeutung von Total Project Management"! Thomas K fühlt in diesem Moment einen tiefen Schlag in die Magengrube. Er hat diesen Ausdruck noch nie irgendwo gehört oder gelesen. Auch wenn er die anderen vier Fragen beantworten kann, schluckt er mehrfach bei dieser ersten Aufgabe. Die Prüfung findet vor einer großen IHK im Ruhrgebiet statt, die bei Weiterbildungsteilnehmern als „stockkonservativ" bekannt ist. Die Prüfungsausschüsse haben nicht selten ein Durchschnittsalter von über 60 oder 65, so auch der Ausschuss von Thomas, der seinen Kurs bei einem privaten Träger absolviert hatte und nicht bei der IHK selbst. Dort wurde ihm erklärt, er solle die Fragen der Prüfung nicht einzeln beantworten, sondern sie in die gesamte Präsentation einbetten. Schon während er die Präsentation erstellt, macht sich dieser eine Gedanke in seinem Kopf breit: „Scheiße – ich hab überhaupt keine Ahnung. Hoffentlich merken die das nicht". Mit diesem Gedanken betritt er den Prüfungsraum und die Formalitäten werden abgewickelt, ob er denn auch gesundheitlich in der Lage sei, die Prüfung durchzuführen etc.

Thomas K. führt also seine Präsentation vor, doch nach fünf Minuten unterbricht ihn der Vorsitzende des Prüfungsausschusses und schnauzt ihn an: „Ja, wollen Sie denn nicht endlich die Fragen beantworten?" Peng – der zweite Tiefschlag. Thomas K. geht innerlich in die Knie. Er stammelt eine Antwort auf diese ominöse erste Frage zu „Total Project Management", von der er glaubt, er könnte sie nicht beantworten. Dabei rechtfertigt er sich, dass er bei seinem Bildungsträger gelernt habe, die Fragen gar nicht im Einzelnen zu beantworten. Es folgen weitere Fragen des Ausschusses und jede Antwort die Thomas K. gibt, wird in der Luft zerpflückt. Obwohl er in seinen Schilderungen der Situation und seinen Antworten einige sehr sinnvolle Antworten gegeben hat – dieser Ausschuss gibt ihm keine Chance. Egal was er sagt, es ist falsch, schwach oder am Thema vorbei. Thomas spürt was es heißt, von einem Ausschuss gezielt auseinander genommen zu werden.

Am Ende verkündet ihm der Vorsitzende, dass er zumindest 35 von 100 Punkten erhält - das ist nur knapp an der sechs vorbei. Doch nicht genug damit, als weiteren Schlag in den Nacken seines Selbstwertgefühls verkündet der

Ausschussvorsitzende, dass er eine Sechs bekommen hätte, wenn er mit seiner Präsentation einfach weiter gemacht hätte. In seiner Verzweiflung meinte Thomas K., das wäre doch gleichbedeutend als hätte er eine halbe Stunde lang gar nichts gesagt. Daraufhin entgegnete der Vorsitzende, dass er nicht auch noch frech werden solle. Doch der „Knüller" kommt erst: Später erfährt Thomas, dass es den Ausdruck „Total Project Management" gar nicht als offizielle Bezeichnung gibt, sondern, dass er reine Erfindung eines der „Schlaumeier" aus dem Ausschuss war.

Die meisten Leute, denen ich diese wahre Geschichte erzähle, werfen nun den Blick auf diesen Prüfungsausschuss und was das wohl für „Drecksäcke" wären. Es gibt bei dieser sehr speziellen IHK wohl einige Prüfer, die ihren gesammelten Lebensfrust an Prüflingen auslassen und sich in ihrem Sadismus daran ergötzen. Sei's drum, darum geht es mir hier gar nicht. Wer erfolgreich sein will, konzentriert sich besser auf das, was er selbst in der Hand hat und nicht darauf, was andere anders machen könnten oder sollten. Was war das Hauptproblem von Thomas K.? Sicher nicht dieser Prüfungsausschuss, sondern seine eigene Unterwürfigkeit, denn wäre er innerlich auf Augenhöhe gewesen, hätte es an mehreren Stellen die Möglichkeit gegeben, anders zu reagieren. Er hätte z.B. schon bei der Frage nach „Total Project Management" hellhörig werden können und sich fragen: „Moment mal – ich habe schon die zweite Weiterbildung hinter mir. Ich habe mich lange und intensiv vorbereitet. Ich habe schriftlich alles bestanden zwischen zwei und drei. Ich habe viele Quellen gelesen (Bücher, Skripte, etc.). Wenn es diese merkwürdige Bezeichnung gibt, hätte sie mir zumindest mal irgendwo über den Weg laufen müssen." Wieso ging er also davon aus, dass es diesen Nonsens gibt und er ihn aus eigenem Verschulden nicht gelernt hat? Ebenso die Unterbrechung nach fünf Minuten – wäre er auf Augenhöhe gewesen, hätte er den Ausschuss gebeten, die Fragen hinten an zu stellen und zu warten, bis die Präsentation zu Ende ist. Die Bemerkung des Ausschusses hat ihm genau diese Möglichkeit der Augenhöhe genommen und er hat sich noch tiefer in seine Unterwürfigkeit verwickelt – er kam nicht auf die Idee, einfach sein Ding zu machen.

Wenn ich diese Geschichte erzähle, reagieren die Meisten mit Überlegungen nach dem Motto, was er denn hätte anders machen sollen. Die Wenigsten verstehen, dass das größte Problem bereits in dem Wort „soll" steckt, denn es ist eben Ausdruck genau dieser Unterwürfigkeit. Etwas tun zu „sollen" erfordert immer jemanden, der als Autorität sagt, was zu tun ist. Es entbindet von der eigenen Verantwortung zu entscheiden, was ich tun will. Es bringt auch nichts die Eventualitäten zu diskutieren, was passieren hätte können, wenn Thomas „aufmüpfig" gewesen wäre. Ich vergleiche diese Einstellung mit der Vorstellung, dass ein zum Tode Verurteilter ja umgebracht werden könnte, wenn er sich zur Wehr setzt. Dass die Taktik „aufmüpfiges Verhalten" in einer solchen Prüfung noch schädlicher sein könnte, ist purer Unsinn und zeigte sich bei demselben Prüfungsausschuss auch bei zwei anderen Teilnehmern. Einer hatte schon im Vorbereitungsraum ein breites Grinsen auf dem Gesicht, denn seine Aufgabe war das Thema „Qualitätsmanagement". Er arbeitete schon seit drei Jahren als Qualitätsbeauftragter und hatte bereits diverse Schulungen mit Zertifikat in diesem Bereich absolviert. Auch ihn versuchte der Ausschuss einzuschüchtern, indem sie seine Antworten kritisierten. Doch er hatte den Mut, dem Ausschuss zu entgegnen: „Ich habe vier Weiterbildungen zu Qualitätsmanagement mit entsprechendem Abschluss und ich arbeite seit drei Jahren als Qualitätsbeauftragter. Welche Erfahrung haben Sie im Qualitätsmanagement und was wollen Sie mir hier erzählen?" Dieser Teilnehmer erhielt am Ende die Note Zwei.

Eine der häufigsten Fehlannahmen für Situationen wie diese ist die Vorstellung, dass diese Prüfer starke Persönlichkeiten sind - doch das Gegenteil ist der Fall. Wer Menschen auf diese Weise herabwürdigt ist kein starker Charakter, sondern ein armes Würstchen. Und was machen schwache

Menschen, wenn sie auf jemand treffen, der ihnen ebenbürtig ist? Sie ziehen den Schwanz ein. Das ist vergleichbar mit diesen kläffenden Kötern, die in Handtaschen passen. Sie bellen, fletschen die Zähne, sind aggressiv, doch sobald sie auf einen Hund treffen, der wirklich groß und stark und noch dazu in sich ruhend ist, jaulen sie und flüchten.
Menschen die wirklich auf Augenhöhe sind, Menschen mit starker Persönlichkeit machen niemanden runter – sie verhalten sich souverän.

2. Talkshow – „Ich habe ja nur...."

Politische Talkshows sind wunderbare Orte, um menschliches Verhalten zu studieren. Vor allem lässt sich daran hervorragend erkennen, dass so manche Menschen gar nicht wissen, wie Augenhöhe geht, obwohl sie verkünden, dass sie auf Augenhöhe miteinander reden wollen. Dieser Wortlaut kommt häufig von Vertretern der politischen Kaste (Parteifunktionäre, Arbeitgeber- und Arbeitnehmerfunktionäre, etc.) und dann beobachte ich in einer solchen Talkshow das Folgende:

Beliebige Frage des Moderators.

A: „Wir waren ja schon immer diejenigen, die dieses Problem lösen wollten. Leider hat uns die Opposition dabei blockiert. Wenn es nach den Herren von der Opposition ginge, würden die unser Land ruinieren. Wir werden dafür sorgen, dass diese unseriöse Politik der Opposition nicht noch weiter unser Land blockiert". Sein Blick ist gezeichnet von Wut und Verachtung. Er sitzt verkrampft in seinem Stuhl, Arme und Beine übereinandergeschlagen, das Kinn ist nach vorne geschoben.

B: „Jetzt hören Sie mal zu – Sie sind doch diejenigen, die die jetzige Regelung zu verantworten haben. Wir haben Sie immer schon davor gewarnt, dass das falsch ist, was sie machen – die langfristigen Folgen werden Sie noch zu spüren bekommen". Er fletscht dabei die Zähne, zwischendurch rutscht ihm ein einseitiges Lächeln übers Gesicht. Seine rechte Hand ist zur Faust geballt – aus der Faust ragt sein ausgestreckter Zeigefinger in die Luft und winkt dem politischen Gegner bedrohlich.

C: „Sie machen die falsche Politik. Das ist unanständig – das macht man nicht...". Ihre Lippen sind aufeinander gepresst, die Augen sind eng und stechend. Sie zeigt mit ausgestrecktem Zeigefinger auf B, wobei der hochgestreckte

Daumen eine Knarre symbolisiert und genau das bedeutet diese Geste auch.

Blablabla - das ist alles mögliche, nur nicht Augenhöhe. Vielmehr sind das Leute, die sich gegenseitig runtermachen.

An einer anderen Stelle der Diskussion höre ich dann folgendes:

B: „Wie können Sie nur einen Teil der Wähler in diesem Land auf diese Weise beschimpfen?" Sein Gesicht ist von Empörung gezeichnet. Eine Mischung aus Wut, Trauer und Verachtung huscht durch seine Mimik.

A: „Ich habe hier nur sehr deutlich unsere Position vertreten, das wird doch wohl noch erlaubt sein. Da müssen Sie mich nicht so angreifen." Der letzte Satz hat ihn also überrascht oder sogar verängstigt – seine Augen sind aufgerissen. Während er eben noch nach vorne gebeugt war, geht er jetzt mit dem Oberkörper zurück und verschränkt die Arme.

B: „Und ich habe Ihnen nur gesagt, wie die Menschen da draußen sich fühlen bei Ihrer Politik. Aber das interessiert Sie ja nicht. Sie machen einen Teil der Bevölkerung zum Opfer Ihrer rücksichtslosen Politik." Wir sehen die gleiche Haltung wie bei A.

A: „Wir müssen doch handeln. Wenn die Leute da draußen auf eine freundliche Aufforderung nicht reagieren, dann müssen wir halt andere Saiten aufziehen."

Blablabla - auch hier unterhalten sich nicht Menschen auf Augenhöhe, sondern hier überbieten sie sich gegenseitig darin, wer das größere Opfer ist. Auch wenn Dich meine Interpretation nicht überzeugt - nimm Dir trotzdem nicht die Gelegenheit eine solche Unterhaltung einmal genauer zu durchforsten, aus welcher inneren Haltung heraus da eigentlich debattiert wird.

3. Schule – „Darf ich zur Toilette gehen?"

Max A. hat Abitur und nach einjährigem Studium eine Ausbildung zum Industriekaufmann begonnen. Er ist 20 Jahre alt und darf z.b. alle vier Jahre in ein öffentliches Gebäude gehen und sein Kreuz auf einem bunten Zettel machen. Er ist auch berechtigt, ein KFZ durch den dichten Verkehr der Großstadt zu lenken, in der er wohnt. Dabei handelt es sich um eine ziemlich verantwortungsvolle Aufgabe, die ihm sogar der Gesetzgeber zutraut. Er darf Kaufverträge abschließen und muss juristisch für alles geradestehen, was er tut – das nennen wir Eigenverantwortung. Begeht er eine Straftat, kann er sogar nach Erwachsenenstrafrecht behandelt werden, und nach seinem 21 Geburtstag ist dies sogar Pflicht. Er kann sich auch politisch engagieren und sich in ein politisches Gremium wählen lassen. All das steht ihm zu, wir können also sagen, es handelt sich bei Max A. um einen vollständig erwachsenen Menschen.

Heute ist der erste Tag in der Berufsschule und da Max unter 21 Jahre alt ist, gilt für ihn noch die Schulpflicht. Nach einer Stunde allgemeiner Einführung in das Leben auf der Berufsschule, beginnt die erste Stunde – Wirtschafts- und Sozialkunde heißt das Fach in einigen Fällen, an anderer Stelle hat es ähnliche Namen. Vorne steht Herr S. ein Lehrer alter Schule – er glaubt immer noch, dass Strenge und Angst einflößen zum Handwerkszeug von Lehrern gehören soll.

Die Pause zuvor war gerade lang genug, dass Max sich ein belegtes Brötchen beim Bäcker gegenüber gekauft hat und er will nun seine Mahlzeit zu sich nehmen. Er hat gerade seinen zweiten Bissen genommen, da fährt ihn Herr S. an: „Leg sofort das Brötchen weg! Bei mir im Unterricht wird nicht getrunken oder gegessen!" Nicht genug damit, spielt er auch noch auf Max Figur an, indem er ergänzt: „Weniger Essen würde Dir ohnehin nicht schaden". Dabei grinst er und prompt lachen einige Klassenkameraden. In der dritten Stunde muss Max zur Toilette gehen, also steht er auf und will zur Tür. Auch diesmal bellt ihn Herr S. an, was das solle. Er hätte gefälligst zu fragen, wenn er den Raum verlässt. Max A. gehorcht und fragt artig: „Darf ich zur Toilette gehen?" Wieder grinst Herr S. und meint: „Geht doch – ich werde Dir schon noch Anstand beibringen".

Belassen wir es dabei, uns einen Tag im Leben eines unterwürfigen Menschen anzuschauen. Ich will hier nicht auf Herrn S. eingehen, den einige wohl für ein ausgemachtes Arschloch halten dürften, der jedoch im Grunde ein ganz armer Mensch ist - hier geht es um Max. Denn er hätte zu jedem Zeitpunkt „Nein" sagen können. Er hätte sagen können: „Ich bin ein erwachsener Mensch und ich esse wann ICH entscheide zu essen." Er hätte auf dem Weg zur Toilette sagen können: „Für wen halten Sie sich, dass Sie glauben, ich müsste Sie um Erlaubnis bitten, wenn ich zur Toilette will?" Er hat es nicht getan - vermutlich aus Angst. Seine Gedankenkette ist folgende: „Der Typ da vorne hat Macht über mich, denn er korrigiert meine Prüfungen. Wenn ich nicht brav bin, lässt er mich durch die Prüfung fallen. Ich muss tun, was er sagt, sonst falle ich durch die Prüfung."

Aus meiner Erfahrung mit Azubis aus Seminaren über Lernen und/oder Prüfungsangst weiß ich, dass es nicht bei diesen Gedanken bleibt. Meist kommt noch ein Rattenschwanz an vollkommen unsinnigen Annahmen hinterher, den die Azubis dank der erfolgreichen Erziehungsprogramme von Eltern, Lehrern, Verwandten und anderen Sozialisationsagenten für sich übernommen haben. Das klingt dann so: „Wenn ich durch die Prüfung falle, schaffe ich die Ausbildung nicht. Dann habe ich keinen Abschluss. Wenn ich keinen Abschluss habe finde ich keinen Job, und dann kann ich kein Geld verdienen. Dann muss ich von Hartz IV leben..." Es macht hier auch keinen Sinn darüber zu argumentieren, welche Auswirkung Erwartungen haben. Vielmehr ist es wichtig, Euren Geist dafür zu öffnen, wie Unterwürfigkeitsprogramme in unser Gehirn kommen, wie sie unter der Oberfläche arbeiten, wo sie herkommen und wie wir sie los werden. Erst dann ist das Bewusstsein geöffnet für Alternativen. Es reicht zunächst völlig aus, an dieser Stelle festzustellen, dass Max A. ein braver gehorsamer, unterwürfiger Befehlsempfänger ist. Sein Motiv ist Angst und daher ist er weit entfernt von Augenhöhe mit seinen Mitmenschen.

4. Jobsuche - „Bitte, bitte, gib mir einen Job!"

Eine der tragischsten Stellen für Unterwürfigkeit ist die Jobsuche. Es beginnt schon mit der Stellenausschreibung. Hast Du schon mal eine gelesen, die 100% auf Dich passt? Das kann mal vorkommen, ist allerdings echt selten und in den meisten Fällen passt es nicht. Dann konzentrierst Du Dich als Bewerber als erstes worauf? Auf das, was nicht passt und das ist sogar durchaus menschlich. Damit orientierst Du Dich an Deinen Defiziten und überlegst, wie Du diese ausbügeln oder korrigieren kannst, damit Du trotzdem gut aussiehst und auf die Stelle passt. Du bist also unterwürfig. Dabei fühlst Du Dich nicht wirklich gut. Es rüttelt an Deinem Selbstwert – auch wenn Du das jetzt vielleicht erst mal innerlich bestreitest: Könnte es sein, dass Du Dich daran so sehr gewöhnt hast, dass Du es nicht mehr merkst?

Dann schreibst Du eine Bewerbung. Dazu hast Du womöglich Ratgeber gelesen und im Internet recherchiert, wie „man" sich „richtig" bewirbt. Nur, dass Deine Bewerbung dabei vollkommen austauschbar und langweilig wird, hast Du nicht auf dem Radar: „„...mit großem Interesse habe ich Ihre Stellenausschreibung gelesen und bewerbe mich hiermit...". Dies ist für den „Personalfuzzi" die 10te oder 12te von mehr als 50 Bewerbungen, die sich annähernd gleich liest. Seine Gedanken sind in etwa so: „Oh mein Gott... bitte nicht schon wieder... gähn". Langweilige Unternehmen suchen Menschen mit langweiligen Bewerbungen und so bekommst Du sogar ein Vorstellungsgespräch und steigst ein in die nächste Runde des Spielchens. Du gehst hin und alles in Dir sagt: „Bitte, bitte gib mir einen Job!" Für einen kundigen Beobachter hast Du es geradezu mit roter Leuchtschrift auf der Stirn geschrieben und deshalb klappen solche Vorstellungsgespräche auch meistens nicht. Wenn sie Dich fragen, ob Du was über Dich erzählst, betest Du Deinen Lebenslauf runter, wenn Sie Dich nach Deinen Schwächen fragen, erzählst Du oberflächliches und uninteressantes Zeug. Deine Sprache ist voll von „hätte, könnte, würde" und bei der Frage nach Deinem Gehalt verkaufst Du Dich brav unter Wert oder gehst innerlich in Deckung, wenn Du Deinen Preis aufrufst.

Jetzt ist es sogar so, dass die Dich wollen und Du willst den Job so sehr, Du willst signalisieren, dass Du einsatzbereit und engagiert bist, und so nehmen die Dinge ihren Lauf. Du hast bisher noch keinen Verdacht geschöpft und lässt Dich bei den Vertragsverhandlungen drücken, obwohl Du mit einem fetten „Fuck You" aufstehen müsstest, um zu gehen. Schon in der ersten Woche machen sie Dir klar, dass 50 Stunden eher der Normalfall sind und nach einem halben Jahr kommen zu den 50 Stunden im Büro auch noch 10 Stunden zuhause am Wochenende - Du willst ja Karriere machen.

Die Unterwürfigkeit in diesem Zusammenhang hat viele Facetten mehr. Wie kommt es, dass die Mehrzahl der Leute eine abhängige Beschäftigung sucht, statt den Weg in die Selbstständigkeit zu gehen? Wie kommt es, dass Menschen nicht das machen, was ihre Leidenschaft und Begeisterung entfacht? Wie kommt es, dass Menschen nicht zu den Unternehmen gehen, in denen sie vermutlich wirklich glücklich werden und die Unternehmen meiden, in denen sie ziemlich sicher unglücklich werden? All das ist Ausdruck der tiefen Unterwürfigkeit eines ganzen Kulturraums. Vor einigen Jahren hat es mal ein Teilnehmer eines Kurses, in dem ich auch unterwegs war auf den Punkt gebracht: „Ich weiß, dass ich sonst keine Chance habe. Deshalb werde ich meinem Meister solange in den Arsch kriechen, bis er mir eine entsprechende Stelle gibt". Wie traurig.

Im Deutschen gibt es ein Sprichwort: „Die süßesten Früchte hängen am höchsten" und wenn es um die Jobsuche geht, machen die meisten Leute aus sich selbst stinkige, alte, verschrumpelte und verschimmelte Früchte, die dann auch so niedrig hängen müssen, dass sie überhaupt noch irgendjemand mitnimmt. Es ist witzig, wie erfolgreich manche

Menschen bei der Jobsuche sind, wenn sie dem Sprichwort folgen und sich selbst zu schwer erreichbaren Früchten und wert-voll machen. Sie werden plötzlich attraktiv für das Unternehmen und können locker sagen: „Das sind meine Konditionen und wenn ihnen die nicht gefallen, dann passen wir halt nicht zusammen". Da werden Personalchefs und Abteilungsleiter plötzlich ganz geschmeidig, wenn ihnen mal jemand mit „Arsch in der Hose" gegenübersitzt.

5. Der Chef – „Sie bleiben heute länger"

Hans P. ist Maschinenführer in einem mittelständischen Metallbetrieb. Er ist verheiratet und hat zwei Kinder – eine Tochter von 8 Jahren und einen Sohn von 4 Jahren. Er ist 35 Jahre alt und hat eine entsprechende Ausbildung in einem Metallberuf. Er arbeitet seit 10 Jahren in der Produktion dieses Unternehmens, die Auftragsbücher sind voll und sein Chef hat ihm zugesichert, dass er in der Zukunft auf ihn baut. Mit dieser Sicherheit hat er für sich und seine Familie ein Häuschen gebaut und hat sich bei der Bank verschuldet – 250.000 Euro, für die er 25 Jahre lang abbezahlen darf. Das Auto ist ebenfalls noch nicht abbezahlt und die Kinder kosten auch ein Vermögen, Hans P. ist also vollständig abhängig von seinem Einkommen. Heute ist Mittwoch und seine Frau ist für zwei Tage verreist, damit hat er die Aufgabe, sich um die Kinder zu kümmern. Gegen zwölf Uhr kommt sein Chef zu ihm und eröffnet, dass er heute länger bleiben soll. Wir werden Zeuge folgenden Dialogs:

Chef: „Hans – Du bleibst heute länger, bis der Auftrag erledigt ist. Der muss heute noch zum Kunden raus!"

Hans: „Chef ich kann heute nicht. Meine Frau ist nicht da und ich muss mich um die Kinder kümmern. Ich muss den Kleinen von der Kita abholen."

Chef: „Das ist mir egal – der Auftrag muss raus und den Auftrag kann niemand anderes machen als Du. Klär das irgendwie ab!"

Hans: „Wie soll ich das machen? Das ist alles schon durchgeplant. Um Punkt halb drei muss ich vor der Kita sein – die machen um drei Uhr zu, da muss der Kleine weg sein. Um halb vier kommt meine Tochter aus der Schule und braucht mich beim Hausaufgaben machen. Wie stellst Du Dir das vor?"

Chef: „Dann organisier das halt irgendwie – Oma und Opa, Nachbarn, irgendjemand wird den Kleinen doch abholen können! Das kann doch nicht sein, dass hier alles zum Stehen kommt, nur weil Dein Kleiner nach Hause will."

Hans: „Aber Chef, wenn ich den Kleinen nicht abhole krieg ich auch Ärger mit meiner Frau – die verlässt sich auf mich. Und die Großeltern wohnen zu weit weg."

Chef: „Hans – Du musst Prioritäten setzen! Ich habe Dir ja gesagt, dass ich auf Dich bauen will, aber dann musst Du mir auch zeigen, dass Du das willst. Wenn Du jetzt schon Probleme mit den Arbeitszeiten hast, wie soll das dann werden, wenn ich Dir mehr Verantwortung gebe? Als das bei mir so war, hab ich auch klare Entscheidungen getroffen. Jetzt bin ich geschieden und muss mich nicht mehr mit so einem lästigen Kram herumschlagen, wie Kinder organisieren und es meiner Frau recht machen. Ich brauche Dich heute und wenn Du nicht zeigst, dass Du mein Vertrauen wert bist, muss ich mich eben anders umsehen. Also was ist jetzt – bleibst Du?"

Hans: „OK – ich versuch's mal, ob eine befreundete Familie deren Kind auch in der selben Kita ist den Kleinen mitnehmen kann..."

Auch hier haben wir wieder ein wunderbares Beispiel für Unterwürfigkeit. Diesmal aus der Angst, die wiederum aus der brutalen Abhängigkeit resultiert. Wir könnten auch auf den fiesen Chef eingehen, denn zu fehlender Augenhöhe gehören immer zwei: Einen der runter schaut und einen der hoch schaut. Hans schaut rauf – das ist ein Fakt. Er lässt sich Dinge gefallen, die sich „normalerweise" kaum ein Mensch gefallen lassen würde, doch die Abhängigkeit treibt diese Menschen in die Unterwürfigkeit und solche Situationen gibt es hierzulande tausendfach täglich.

Hans könnte zu jedem Zeitpunkt folgendes denken: „Ich bin eine gut ausgebildete Fachkraft mit Berufserfahrung.

Dass mein Chef angeblich auf mich baut, liegt an meiner Kompetenz und meinen Fähigkeiten. Diese sind wertvoll. Wenn dieser Typ selbst sein Privatleben in einen Trümmerhaufen verwandelt hat, bedeutet das nicht, dass ich auch dazu verpflichtet bin. Die Zustände hier sind unter meiner Würde und meinem Selbstwert. Einen solchen Job finde ich immer wieder – wahrscheinlich sogar einen besseren..."

Tatsächlich denkt Hans viel eher: „Oh je, wenn der mich rausschmeißt, finde ich so schnell nichts Neues, dann muss ich aufs Amt und dann kommt irgendwann Hartz IV. Dann ist es vorbei mit dem Häuschen und dem neuen Auto." Hans hat erfolgreich all die Unterwürfigkeits- und Angstprogramme gelernt, die ihn zu einem perfekten Ja-Sager machen. Er hat sich selbst in eine solche Abhängigkeit gebracht, dass er keine einzige Entscheidung mehr aus sich heraus trifft und sein Selbstwert ist so niedrig, dass er sich behandeln lässt wie ein Sklave: Hans ist unterwürfig! Er ist brav, nett, gehorsam und tut, was ihm gesagt wird. Wenn wir ihn darauf ansprechen, wird er es nicht wahrhaben wollen und uns Geschichten erzählen, warum er ein solches Leben führt.

6. Höflichkeit - „Das macht man nicht"

Wenn es ein Wort gibt, das die Unterwürfigkeit einer kompletten Kultur im Kern kristallisiert, dann ist es „Höf-lich". Wer glaubt nicht alles, dass „höf-lich sein" eine gute Idee ist und wie viele Eltern freuen sich, wenn ihre Kinder höf-lich sind. Sie sagen dann artig „bitte" und „danke" (mit einem Tonfall, an dem Du schon deutlich merkst, wie unecht und antrainiert das ist). Auch viele Führungskräfte verlangen von ihren Mitarbeitern Respekt und Höf-lich-keit. Jedoch: Respekt und Höf-lich-keit schließen sich gegenseitig aus.

Was also bedeutet dieses höf-lich und warum verdammt schreibe ich das schon die ganze Zeit so? Das Wort Höf-lich kommt vom Hof. Gemeint ist der Hof eines Königs oder Adligen und dieser hatte einen Hof-staat. Der bestand aus Höf-lingen – das waren Untertanen. Und wer hatte jetzt höf-lich zu sein? Sicher nicht der König und dreimal darfst Du raten, was die Untertanen mit ihrer Höf-lich-keit kommuniziert haben. Na was wohl? Unterwürfigkeit natürlich. Höflich sein bedeutet also unterwürfig sein.

Vielleicht denkst Du jetzt so was wie: „Ja, soll ich denn ein Arschloch sein?" Ganz im Gegenteil - ersetze das „höf" durch ein „freund" und schon haben wir eine wunderbare Haltung! Denn höflich und freundlich sind zwei völlig verschiedene paar Schuhe. Höflich kommt von außen (extrinsisch) und ist nicht echt, während freundlich von innen kommt (intrinsisch) und immer echt ist. Den Unterschied zwischen höflich und freundlich kennst Du, denn Du kannst ihn fühlen – da brauchst Du keine Definition (die übrigens wieder von einer Autorität kommt). Viele Unternehmen machen die bittere Erfahrung, dass man Menschen zur Höflichkeit zwingen kann (durch Verhaltensregeln) allerdings nicht zur Freundlichkeit. Im Ergebnis kann beides zunächst ähnlich sein, den Unterschied macht jedoch die Qualität des Ergebnisses. Wenn Du höflich bist, dann hältst Du Regeln ein aus Angst vor Konsequenzen oder aus Pflichtgefühl. Beides sind keine Voraussetzungen für qualitativ hochwertige Ergebnisse. Das merkst Du, wenn du mit Menschen zu tun hast, die im Service arbeiten – da spürst Du es. Die Höflichen sind nicht echt, die Freundlichen sind echt – das fühlt sich anders an. Wenn Du ein „Danke" hörst – was möchtest Du? Eine runtergeleierte Floskel, die das Kind lernt, wenn es in der Metzgerei ein Stück Wurst bekommt und die Mutter sagt: „Wie sagt das Kind?" Oder möchtest Du vielleicht doch lieber ein echtes, aus Dankbarkeit empfundenes, herzliches „Danke"? Dir ist diese hohle Floskel womöglich lieber als gar kein „Danke"? Das ist wirklich sehr schade.

7. Sollen - „tu was ich Dir sage"

Hast Du schon einmal beobachtet, wie oft Du das Wort „sollen" verwendest - vor allem, wenn wir fragen: „Was soll ich tun" oder „Was soll ich sagen"? Machen wir uns zunächst einmal klar: Das Wort „sollen" ist eine Anweisung oder Aufforderung. Wenn wir uns fragen, was wir tun sollen, dann suchen wir nach jemandem, der uns eine Anweisung oder eine Aufforderung gibt. Wir wählen die Worte nicht zufällig aus, sondern die Worte und die Sprachmuster, die wir verwenden, geben Auskunft darüber, wie wir wirklich drauf sind. Mit der Haltung: „Was soll ich tun?" offenbaren wir deutlich, dass wir auf jemanden warten, der uns klar sagt, wo's langgeht. Wir bitten nicht um Unterstützung – das klingt deutlich anders. Mit der Frage nach „Was soll ich tun?" begeben wir uns freiwillig in die Opferrolle und lassen andere über uns bestimmen. Hören wir mal auf mit dem Rumgeeiere und der Unterwürfigkeit. Wir könnten uns stattdessen fragen: „Was will ich?" oder „Was ist mir wichtig?" oder „Was ist mein Ziel?" Wir tun das jedoch nicht, sondern fragen: „Was soll ich tun?" Bei manchen Menschen ist jedoch der Aspekt: „Was ist mir wichtig?" unbewusst noch immer lebendig. Diese Leute merken das immer dann, wenn ihnen jemand einen Rat erteilt – oder ihnen vielmehr sagt, was sie sollen und sich das einfach komisch anfühlt. Das zeigt, dass die erhaltene Antwort in Konflikt mit dem unbewusst noch aktiven Wertesystem steht.

Hinter dem Wort „sollen" steckt auch eine eigene Erwartung. Wenn wir fragen: „Was soll ich tun?" geht es darum eine Erwartung zu erfüllen, von der wir annehmen, irgendjemand hege sie in Bezug auf uns. Ganz als ob Mutti oder Vati noch hinter uns stünden und mit kritischen Blick darauf warteten, dass das Kind zeigt, dass es ein braves Kind ist. Warum das Wort „sollen" ein so deutliches Zeichen von Unterwürfigkeit ist, werden wir noch besser erkennen, wenn wir uns damit beschäftigen, wann und warum wir das Wort zu andern sagen.

Beispiel: Du willst etwas und da es Dir extrem wichtig ist und Du nicht weißt, wie Du darum bitten könntest, sagst Du also zu jemandem: „Du sollst XY machen". Mit diesem Mechanismus machst Du Dich selbst zum Opfer - denn was passiert, wenn der andere nicht mit spielt? Was wenn der andere jetzt sagt: „Geht nicht" oder „Kann ich nicht" oder einfach nur „Nein"? Hast Du dann einen Plan B? Also einen echten Plan B, der nicht einfach irgendjemand anderen einbezieht, der wiederum etwas „soll"? Mit der Formulierung: „Du sollst" wirst Du abhängig. Abhängig davon, dass jemand anderes Dein Spiel mitspielt - und was verdammt nochmal machst Du, wenn derjenige nicht mitspielt? Du bist dann hilflos. Vielleicht regst Du Dich auf und falls Du sogar Macht über den anderen hast (wie z.B. als Vorgesetzter), dann übst Du einfach Druck aus, damit der andere „soll". Hättest Du jedoch ein tiefes Vertrauen in Deine Fähigkeiten, Menschen zu überzeugen – bräuchtest Du dann Druck? Was also sagt der Druck, den Du ausübst über Dich? Er sagt ganz deutlich, dass Du mit dem: „Du sollst ..." Dich selbst abhängig und damit hilflos gemacht hast.

Dieses Beispiel ist ein Klassiker aus den Trainings für Führungskräfte: Die Erkenntnis, dass das gewohnte Verhalten, das bisher als Ausdruck von Stärke gesehen wurde, nun deutlich erkannt wird als Ausdruck von Schwäche, Ahnungslosigkeit und vor allem Hilflosigkeit. Puh – das tut weh.

Also fasse ich zusammen: So lange Du zu anderen sagst: „Du sollst", bist Du abhängig. Wenn Du abhängig bist, dann bist Du hilflos, sobald der andere nicht mitspielt. Weil Du keine Ahnung hast, wie Du auf einem anderen Wege zu dem kommst, was Du gerne hättest, sagst Du dann: „Was soll ich denn noch machen/sagen?" und damit bist Du wieder unterwürfig. Aus dieser Nummer kommst Du auch nicht so leicht raus! Auf jeden Fall nicht mit einem: „Ja, aber ..." oder anderen Gegenargumenten. Nimm es hin und setze Dir besser ein sinnvolles Ziel! Streiche das Wort

„sollen" komplett aus Deinem Wortschatz! Blöd ist dabei nur, auch wenn ich das Wort nicht ausdrücklich geschrieben habe, ich mache mich gerade zum Experten über Dein Leben und sage Dir in anderer Weise, was Du tun *sollst* ...

Also vergiss meine Anweisungen und entscheide einfach selber! Ich habe Dir ein paar Impulse und Anregungen gegeben und jetzt lass sie wirken! Wenn da tief unten in Dir irgendwas rumort, dann habe ich einen Volltreffer gelandet. Mach was draus! Wenn da nichts ist und meine Worte nichts – also wirklich nichts – ausgelöst haben, dann ist es ja egal, dann vergiss es einfach! Verwechsle nur nicht „nichts" mit Gegenwehr. Denn wenn Du bei meinen Worten Gegenwehr spürst, dann bedeutet es, dass da sehr wohl etwas in Dir ist.

Soweit meine Beispiele für Unterwürfigkeit. Sie ließen sich noch sehr weit fortführen: ob es darum geht, unsere Stimme abzugeben und in einer Urne zu versenken oder uns über die Themen in der BILD zu empören – damit geben wir uns der Hilflosigkeit hin, selber nichts ausrichten zu können. Denn das ist die nächste Unterwürfigkeit: Empörung. Wir empören uns, weil wir uns machtlos und hilflos wähnen und glauben, nichts tun zu können. Empörung bedeutet, sich wie ein Westentaschentiger zu benehmen – zu nichts gut, als einen auf „dicke Hose" zu machen und gleichzeitig ganz deutlich zu zeigen, dass gar nichts dahinter ist. Kopfkino ist in solchen Situationen manchmal was Geiles und ich genieße bei solchen Leuten gelegentlich die Vorstellung, wie ich zu ihnen sage: „Alter hör zu: Du hältst jetzt die Fresse oder ich schlag Dir so dermaßen in dieselbe, dass Dir grün und blau wird!" Dann schaue ich ihn mit stechendem Blick an und sage ganz sanft „Buh!" – wie gesagt, nur Kopfkino!

8. Migranten, Körpersprache und Eier

Dazu passt die aktuelle Entwicklung, dass im Internet Videos von Migranten zu finden sind, die hierzulande „arme" deutsche Mitbürger drangsalieren und gleichzeitig sich lustig darüber machen, wie wenig „Eier" wir Deutschen haben. An diesem Phänomen will ich die Alltagshaltung in unserer Kultur im Lichte meiner Thesen betrachten. Wenn Du Dir ein oder zwei Stunden Zeit nimmst und Dich z.B. auf einem zentralen Platz in einer größeren Stadt in ein Café setzt, kannst Du das leicht überprüfen: Mach's Dir gemütlich, trink ein oder zwei Cappuccinos und beobachte die Leute! Schau Dir vor allem ihre Haltung an und versuche daraus zu lesen, was sie uns damit über sich selbst sagen. Etliche Leute stehen und laufen leicht nach vorne gebeugt, ziehen die Schultern hoch, der Kopf ist leicht abgeknickt. Gleichzeitig sind die Beine schlaff und die Arme hängen. Von der Seite ähnelt ihre Haltung einem Fragezeichen. Was sagt diese Haltung wohl aus?

Amy Cuddy nennt diese Ebene „Power Posing" und unterscheidet zwei Haltungen: High Power Poses (HPP) und Low Power Poses (LPP). HPP demonstrieren Kraft, Stärke, Macht, Status und sie wirken sogar in den Körper zurück, weil sie über die Körperchemie die Gefühlswelt dahingehend regulieren, dass diese Menschen sich auch tatsächlich so fühlen. Bei LPP ist es umgekehrt, sie signalisieren Schwäche, Unsicherheit, Ängstlichkeit, etc. Auch sie wirken umgekehrt in den Körper zurück: Zwei Minuten in einer eher depressiven Haltung und eine Viertelstunde später fühlst Du Dich auch so. HPP bedeutet Raum einnehmen, sich groß machen, aufrecht stehen/gehen, entspannt (zurückgelehnt) sitzen, die Arme für raumgreifende Gesten nutzen usw. In LPP machen sich Menschen klein, versuchen weniger Raum einzunehmen, fast so als ob sie sich am liebsten unsichtbar machen würden. Wer an dem Thema tiefer gehend interessiert ist, dem empfehle ich unbedingt Amy Cuddy und ihre coolen Videos auf YouTube.

An der Ecke vor dem Café stehen vielleicht auch ein paar junge Frauen und unterhalten sich. Ihre Haltung: Beine verschränkt, bzw. der eine Unterschenkel überkreuzt den anderen und die Füße stehen parallel zueinander nur „verkehrt herum". Ein Arm hängt lasch herab, mit der Hand des anderen Arms greifen sie sich an den hängenden Ellenbogen. Der Kopf ist wieder leicht nach vorne abgeknickt. Dazu ein Blick, der etwa aussieht wie: „Entschuldigung, dass ich Dir die Luft wegatme". Na – zu welcher der beiden Grundhaltungen gehört das wohl? Oder der Typ, der vor dem Juwelier die Security macht: Verschränkte Arme, zurückgelehnter Kopf. Na – was ist das wohl? Machen ihn die verschränkten Arme größer oder kleiner? Also – Low Power Pose. Damit signalisiert er vor allem, dass er gerade Schutz braucht. Bitte keine Bewertung! Wer will es ihm in seinem Job verdenken?

Setze solche Beobachtungen einfach mal selber fort und wiederhole sie regelmäßig - Du wirst einen deutlichen Eindruck davon bekommen, was wir in unserer Kultur körpersprachlich so alles ausdrücken! Und nun geschieht es: Da kommen Haufenweise Migranten in unser Land, die zumeist aus Ländern kommen, in denen Stolz ein hoher Wert ist. Schau Dir mal Afrikaner an! Denen kann es so dreckig gehen, sie strahlen trotzdem noch eine Würde und einen Stolz aus, den ich mir bei uns von den meisten Leuten wünsche. Selbst in Südeuropa wie z.B. Spanien oder Italien, strahlen die Leute im Alltag Stolz und Würde aus. Was denken also diese Migranten von uns, wenn sie jeden Tag diese unterwürfige Haltung sehen und jeden Tag diese Unterwürfigkeitskultur erleben? Nein – sie schauen sicher nicht mit Dankbarkeit auf unsere Großherzigkeit, sie aufzunehmen. Natürlich suchen sie in einer fremden Umgebung Orientierung und hier sind sie plötzlich mit Kohorten von „Weicheiern" konfrontiert, die alles nur keine Orientierung, Sicherheit, Zielorientierung, geschweige denn eine Idee oder eine Vision ausstrahlen. Hast Du schon mal jemand gesehen, der eine klare Vision hat und darüber erzählt? Der sieht anders aus als die erwartbare Aussicht von Deinem Café. „Uns" Deutschen haben sie ja auch über Jahrhunderte in die Birne genagelt, wie böse es ist, Stolz zu besitzen. Ganze Kolonnen von Sprichwörtern wurden dazu erfunden, um uns klein zu halten, damit wir nur keinen Stolz und Selbstwert entwickeln. „Hochmut kommt vor dem Fall" ist so eines davon. Stimmt – Stolz war etwas, das war Adligen und Königen vorbehalten. Ein stolzer einfacher Bürger war verdächtig, gefährlich und wurde nicht selten gejagt und bestraft. Von Augenhöhe sind wir also in unserem gewöhnlichen Alltag meilenweit entfernt!

9. Sich vom Ergebnis abhängig machen

Du bist beim Lesen dieses Buches im besten Fall ein Lernender in einem Lernprozess: Du absolvierst gerade so etwas wie eine Weiterbildung. Nun frage ich Dich: Woran merkst Du dabei, dass Du erfolgreich lernst? Die erwartbare Antwort lautet: „Am Prüfungsergebnis" - und genau da beginnt leider das Problem. Dieser ganze Prüfungsirrsinn hat uns dazu gebracht, dass wir gar nicht mehr merken, wenn wir wirklich erfolgreich sind. Wir haben uns nicht nur von Experten abhängig gemacht, sondern auch von einem überprüfbaren Endergebnis. Wir wissen erst dann, dass wir etwas „gut" gemacht haben, wenn wir das fertige Ergebnis in Händen halten. Der Lernende weiß erst, dass er erfolgreich gelernt hat, wenn er das offiziell positive Prüfungsergebnis hat. Dann ist es nur leider zu spät, um etwas zu ändern, das schieflief. Der Sänger einer Band weiß erst, dass er „gut" gesungen hat, wenn es ihm seine Kollegen gesagt haben, oder wenn er den Applaus des Publikums hört oder die Verkaufszahlen seiner Platte bekommt. Der Kommunikationstrainer weiß erst, ob er erfolgreich war, wenn er die Feedbackbögen ausgewertet hat und der Trainer der Sportmannschaft weiß erst, dass sein Training erfolgreich war, wenn seine Mannschaft gewinnt. Was für ein Unsinn!

Hier kann man von Unternehmen lernen, die ein konsequentes Qualitätsmanagement betreiben, denn das setzt weit früher an und das ist auch meine Empfehlung. Qualitätsmanagement wird dazu verwendet, um den Prozess zu sichern - in dem Wissen, dass ein gut gestalteter und sicherer Prozess dann auch Qualität liefern wird. Nun übertrage dies auf unser tägliches Leben! Das heißt: Konzentriere Dich auf den Prozess und sorge dafür, dass der Prozess selber eine hohe Qualität hat! Wenn Lernen zum Beispiel Spaß macht, dann ist es zwangsläufig auch erfolgreich. Wenn Singen Freude macht, ist es automatisch gut - und Du wirst weiter üben und besser werden.

Sorge dafür, dass Deine Trainingsteilnehmer Spaß haben und Dein Training ist erfolgreich – statt in Feedbackbögen, erkennst Du das in ihren Gesichtern. Und zu guter Letzt sorge dafür, dass Deine Sportler Spaß am Training haben und sie werden schon gewinnen! Vermutlich nicht jedes Spiel, doch sie haben meist eine reale Chance.

So lange Du Dich vom Ergebnis abhängig machst, versuchst Du Fehler zu vermeiden, doch Fehler sind das Salz in der Suppe des Lernens. Dazu brauchen wir einfach wieder das notwendige Vertrauen, nur leider wurde uns das schon früh im Leben abtrainiert, von wohlmeinenden Eltern, Lehrern und anderen. Wir schauen nach hinten und ärgern uns über Fehler, die wir gemacht haben und dann schauen wir ängstlich nach vorne in der Hoffnung, so diese Fehler zu vermeiden. Damit geht uns alles verloren, was wir brauchen um erfolgreich zu sein, nämlich die Konzentration und Fokussierung auf das jetzt in dem der Prozess und ständig ein Zwischenergebnis stattfindet. Anstatt sich von einem x-beliebigen Ergebnis abhängig zu machen, kann man mit kontinuierlichem Erfolg im Prozess aufgehen. Ein solcher Flow entsteht nicht durch Angst vor Fehlern in der Zukunft oder Ärger über Fehler in der Vergangenheit.

10. Was ist aus Dir geworden?

Um diese Perspektive deutlich zu machen, unterhalte Dich doch mal mit Leuten, die kurz vor eine Prüfung stehen. Wenn das jetzt nicht gerade Leute sind, bei denen die Note eine herausragende Rolle spielt, dann hörst Du vermutlich häufiger den Satz: „Vier gewinnt". Was bedeutet das? Das heißt nichts Geringeres als: „Es reicht mir allemal aus, ein ‚ausreichend' in der Prüfung hinzulegen. Es reicht mir, gerade mal so eben durchzukommen". Wenn wir für einen kurzen Moment ausblenden, dass ich Noten für einen beschissenen Schwachsinn halte und es mir im Grunde um noch viel grundsätzlichere Dinge geht – das Ding mit dem „ausreichend" ist deutlich genug, um zu sehen, was da passiert. Eine Leistung im unteren Mittelmaß ist also dem Menschen genug. Nun stellen wir uns vor, wir könnten mit demselben Menschen eine Zeitreise zurück machen, zu einer Zeit als er drei Jahre alt war. Wir sehen denselben Menschen als Kleinkind zu, wie er einen Turm aus Bauklötzen baut. Dann läuft er zu seinen Eltern und sagt dann so etwas wie: „Hallo Mama, guck mal! Ich hab einen total mittelmäßigen, langweiligen Turm gebaut. Er sieht scheiße aus und ist auch nicht besonders stabil, er geht halt gerade so. Ich bin zufrieden – vier gewinnt!" Jetzt mal im Ernst – so ist doch kein Kind drauf. Als Kind sagt jeder so was wie: „Ich hab den größten, besten, stabilsten, schönsten und tollsten Turm der Welt gebaut!" Also verdammt – was ist aus Euch geworden? Was haben die mit Euch gemacht?

Nimmst Du selbst Nachhilfe? Oder schickst Du Dein Kind zur Nachhilfe? Kennst Du jemanden, der sein Kind zur Nachhilfe schickt, um von einer zwei auf eine eins zu kommen? OK, es mag ein paar Durchgeknallte geben, die das machen – sei's drum, das sind die Ausnahmen. Wir erheben das Mittelmaß zum Maß aller Dinge, weil wir verlernt haben, großartig zu sein. Wenn wir Kindern beim Laufen lernen Noten geben würden und sie für Erfolg oder Misserfolg sanktionieren würden – könnten wir dann heute alle gleichermaßen „gut" aufrecht durchs Leben laufen? Kinder lernen einfach und sie haben dabei eine Ausdauer und Frustrationstoleranz, die äußerst bemerkenswert ist. Und sie fragen nicht nach Noten oder Belohnungen, sondern sie wollen es einfach wissen oder können oder beides. In einer Kultur des Mittelmaßes schauen wir dagegen nach oben zu denjenigen, die ein kleines bisschen „besser" sind als wir und bewundern sie - weil wir keinen Kontakt mehr haben zu unserem eigenen Potenzial und zu dem, was uns großartig sein lässt. Der Teil von uns, der Spitzenleistungen hervorbringt, dass wir getrost zu uns selbst sagen könnten: „Ich bin großartig". Wir tun es nicht. Wir identifizieren uns mit anderen Leuten und sehen diese als Vorbilder, weil wir verlernt haben, auf unsere eigenen großartigen Erfolge zu schauen und stolz auf uns selbst zu sein. Wir nehmen alle unsere Höchstleistungen mittlerweile so selbstverständlich hin und sagen dazu so etwas wie: „Ist ja normal, kann ja jeder". Wir haben Laufen gelernt - eine Höchstleistung. Wir haben sprechen gelernt – eine Höchstleistung. Wir haben lesen und schreiben gelernt – eine Höchstleistung. Glaubst Du, wenn Du ein Kind fragen würdest, ob seine Leistung sprechen zu lernen spitze war, dass das Kind was anderes sagen würde als: „Na klar"? Und heute schlagen die inneren Kleinmacher zu und lassen uns unsere eigenen großartigen Leistungen runtermachen. Bei einigen sind diese Kleinmacher so verinnerlicht, dass sie mit Mitte Vierzig ihre eigenen Großtaten immer noch als: „Ist doch nix besonderes" betrachten und das mit so einem Blödsinn wie „Bescheidenheit" begründen. Damit glauben sie dann auch noch, sie hätten Größe gezeigt. Wirkliche Bescheidenheit ist etwas völlig anderes. Bescheidenheit heißt, wenig zu benötigen. Das, was hier passiert, ist tatsächlich so, dass Menschen mehr Angst davor haben, im Licht zu stehen, als im Dunkeln. Sie haben mehr Angst vor ihrem eigenen Licht als vor ihrem Schatten. An die Schatten, an das Kleinsein haben sich die Menschen gewöhnt. Dazu erzähle ich gern die Geschichte vom gefangenen Elefanten, die das Prinzip sehr deutlich macht: Hast Du schon mal gesehen, wie im Zirkus Elefanten „gesichert" werden? Die haben am Fuß nur eine schmale Kette, die wiederum an einem Holzpflock befestigt ist. Dieser Holzpflock steckt nicht tief in der Erde und der Elefant könnte sich mit Leichtigkeit losreißen. Doch er tut es nicht. Warum? Die Antwort ist sehr traurig: Wenn der Elefant noch ein Baby ist, wird er auch an einer Kette mit einem Holzpflock festgemacht. Diese Kette ist stark, der Elefant ist noch vergleichsweise schwach und der Holzpflock wird fest in der Erde verankert, so dass der kleine Elefant sich tatsächlich nicht losreißen kann. Er versucht es immer wieder und wieder, jeden Tag, bis er es eines Tages geschluckt hat: er wird es nicht schaffen, sich zu befreien. Dann resigniert er und gibt auf: Er hat akzeptiert, dass ihn eine Kette an einem Holzpflock gefangen hält - und er wird es nie wieder in Frage stellen. Er wird fortan glauben, dass es die Kette ist, die zwischen ihm und seiner Freiheit steht.

11. Corona

Die bisher beschriebenen Situationen und Phänomene, die ich in den Jahren 2016 bis 2018 zusammengetragen habe, sind im Grunde schon ausreichende Belege dafür, dass wir eine Gesellschaft von unterwürfigen Ja-Sagern sind. Dann kam 2020 und die Corona Situation in der ich erkennen musste, dass es möglich ist, den absurden Wahnsinn den ich bereits vorher beobachtet hatte jeden Tag aufs Neue zu steigern und zu eskalieren. Ich konnte ab März 2020 live verfolgen, wie das Vorgehen von Politik und Medien förmlich einem Drehbuch von gezielten Manipulationsmethoden folgte, das in den Forschungsstuben der Pscho- und Sozialwissenschaften ausgeheckt wurde - lange bevor Corona überhaupt jemand kannte. Bereits in den frühen Jahren der Sozialwissenschaft saßen Militär und Geheimdienste in den USA immer mit am Tisch, wenn über Massenpsychologie geforscht wurde. Vieles davon ist heute historischer Fakt. Insofern ist die Massenpsychologie bestens erforscht und heutzutage wird auf dem emotionalen Repertoire von Menschen gespielt wie auf einem Klavier. Ich will keinesfalls einen allmächtigen, böswilligen Plan unterstellen, der dazu da ist, im Hintergrund die Fäden zu spinnen, für eine weltweite Machtübernahme von finsteren Gesellen. Ich formuliere es lieber deutlicher: Verschwörungen reicher und mächtiger Menschen für mehr Macht und Reichtum sind in der Menschheitsgeschichte eigentlich der Normalfall. Was um alles in der Welt bringt Menschen dazu zu glauben, dass ausgerechnet heute all das nicht mehr möglich ist? Sind all unsere wirtschaftlichen, politischen und medialen Führungspersönlichkeiten ab einer bestimmten Ebene zwangsläufig so integer, dass sie frei vom Verdacht von Korruption, Vetternwirtschaft, Lügen und Selbstbevorteilung sind? Um in dieser Situation möglichst selbstwirksam und nach den eigenen Überzeugungen handeln zu können, habe ich mein vorheriges Buch „Kommunicorona" geschrieben. An dieser Stelle geht es mir jedoch um die Beschreibung der Zustände und die Zusammenhänge mit dem Phänomen der Augenhöhe.

Bereits zu Anfang der Corona Situation zeigte sich, dass die überwiegende Mehrheit dieses Landes bereit war, jeden Scheiß zu akzeptieren und für bare Münze zu nehmen, der von offizieller Seite verkündet wurde. Menschen waren bereit jede noch so offensichtliche Widersprüchlichkeit hinzunehmen und brav jede Maßnahme zu akzeptieren und umzusetzen, so absurd sie auch war. Die Liste dieser Absurditäten wäre schier endlos, doch allein die Reaktion der Menschen ist mir hier wichtig - denn wenn Menschen täglich vielfach zeigen, dass sie bereit sind jedweden Unsinn mitzumachen, ob geistig in Form von Akzeptanz wie auch physisch, in Form von Befolgung, dann ist das eben nur erklärbar mit einem geistigen Zustand der vollkommenen Unterwerfung unter die geistige Führung von anderen Leuten, deren Eignung für diese Aufgabe ebenfalls nicht in Frage gestellt wird.

Es ist eben genau so, wie mit den eigenen Eltern und nicht umsonst wird das ein wesentlicher Teil dieses Buches werden, sich mit der eigenen Geschichte in der eigenen Herkunftsfamilie zu beschäftigen. Die Eltern kannst Du Dir nicht aussuchen. Die hast Du nun mal. Wir müssen mit dem System leben, das uns umgibt und irgendwie arrangieren wir uns eben damit. Wir glauben zwar, dass wir durch Wahlen mitbestimmen, wer über uns regiert, wir stellen jedoch gar nicht in Frage, ob es denn überhaupt jemanden benötigt, der uns regiert. Wenn Menschen in ihrem Leben gut damit klar kamen, sich ihren Eltern bedingungslos zu unterwerfen und ihnen zu gehorchen und sie haben in ihrem Leben aus ihrer Sicht weitgehend positive Erfahrungen damit gemacht, dann werden sie eben auch ein System aus Autoritäten nicht in Frage stellen. Und so haben sich die Menschen dann seit Corona in ihrer Gänze gezeigt: Als angepasste Ja-Sager, die alles mitmachen, als Denunzianten und vor allem darin, dass sie wildfremden Leuten in irgendwelchen Redaktionsstuben mehr vertraut haben, als ihrem Kollegen, Freund, Bruder, Vater, Mutter, Tochter oder Sohn. Das ist für mich das bemerkenswerteste überhaupt an der Corona Situation: Sie offenbarte brutal, den Stand der zwischenmenschlichen Beziehungen in diesem Land. Wie kaputt müssen die Beziehungen schon zuvor gewesen sein, wenn ein akademischer Betrüger und ein paar Jungredakteure in der Lage waren, Menschen zu entzweien für die eigentlich gelten könnte: „Blut ist dicker als Wasser"?

Genau diese tragfähigen Beziehungen gab es eben kaum. Für viele war der zähflüssige Brei aus verkommenen Moralvorstellungen und glatten Lügen relevanter. Es gab Leute, die haben die eigenen Familienangehörigen bei der Polizei angezeigt. Mir sind nur zwei Gesellschaften in Deutschland bekannt, in denen das vorher schon mal gelungen war - und das war die Nazizeit und dann später die DDR.

Während der Coronazeit waren also gefühlt zwischen 80% und 90% der Menschen in einem Zustand tiefster Unterwürfigkeit und Gehorsam. Was mich auf der anderen Seite sehr hoffnungsvoll gestimmt hat, ist, dass es eben auch die 10% bis 20% unserer Bevölkerung gab, die den Wahnsinn zumindest in Teilen erkannt haben und ihn nicht mitgemacht haben. Corona brachte uns zusammen und hat uns gezeigt, dass wir viel mehr sind, als die meisten von uns vermutlich vorher wussten.

Einer der bewegendsten Momente für mich war der 01.08.2020 in Berlin, als ich vom Parkplatz auf dem Weg zur Demonstration über die Hofjägeralle auf die Siegessäule zugehend in den 17ten Juni einbog und die Menschenmassen gesehen habe. Zuvor war die Gemeinde der regierungskritischen, systemkritischen Menschen, die alternative Medien konsumierten und sich über viele Dinge Gedanken machten, die an den meisten anderen Menschen spurlos vorüberziehen für mich nur ein verstreuter kleiner Haufen. Der Gedanke und das zugehörige Gefühl, das mich die erste halbe Stunde am 01.08.2020 begleitete war: „Was? So viele sind wir?" Seitdem weiß ich, dass wir gar nicht so weit weg sind von einem großen Wandel, der ganz sicher eine ganz andere Qualität haben wird, als sich das Klaus Schwab und seine Kumpanen vorstellen. Und vor allem weiß ich, dass diese 10% bis 20% der Leute eben keine unterwürfigen Ja-Sager sind, sondern ziemlich bewusst für die vielen kleinen und großen Unterwürfigkeiten im Leben sind. Das ist ein Anfang und noch dazu ein guter.

Daher soll es jetzt wirklich reichen mit den drastischen Schilderungen der Unterwürfigkeitskultur. Jetzt will ich die Perspektive ändern und auf Ursachen und Hintergründe eingehen. Woher kommt das alles, wie konnte das mit uns passieren, wie ticken wir eigentlich und was macht das mit uns?

2. Die Pflege alter Muster

Im letzten Kapitel habe ich Dir Alltagssituationen aufgezeigt, in denen es keine Augenhöhe gibt und einige kennst Du sicher auch aus eigener Erfahrung. In diesem Kapitel wird es nun um weitere Aspekte des Zustands ohne Augenhöhe gehen, vor allem damit wir die zugrundeliegenden Muster erkennen. Ich wechsele daher von der Froschperspektive der Alltagssituation, die im letzten Kapitel sinnvoll war, hin zu einer Vogelperspektive, um bestimmte Verhaltensmuster zu verdeutlichen und ich beschreibe vor allem die Auswirkungen dieser Muster auf den individuellen Wachstumsprozess.

Auch wenn Du womöglich verstimmt bist, weil Du nicht magst, was Du bisher schon im Spiegel gesehen hast: Es hilft nichts den Spiegel zu zerschlagen. Auch dieses Kapitel dient wieder dazu, dass Du vielleicht Teile von Dir wiedererkennst, um sie dann im nächsten Schritt zu ändern. Erinnere Dich: Der erste Schritt im Wachstumsprozess ist die Erkenntnis. Wenn Du danach eine Entscheidung getroffen hast, etwas zu verändern, dann findest Du hier auch Hinweise, wie Du aus den Mustern der selbst gewählten Unterwürfigkeit wieder heraus kommst - hin zu mehr Selbstbestimmung und Selbstermächtigung – und damit zu mehr Augenhöhe.

Formelle Asymmetrie

Woher kommt es, dass Menschen in unseren Breiten so unglaublich schlecht mit Kritik umgehen können? Auch diese Unfähigkeit hat mit dem Kernthema Augenhöhe zu tun – in diesem Fall insbesondere mit der inneren Haltung. Wir haben im ersten Teil des Buches die Transaktionsanalyse kennengelernt, von der ich mein Modell mit den drei unterschiedlichen inneren Haltungen abgeleitet habe. Nun gibt es Situationen, da kollidiert der legitime Wunsch nach Augenhöhe des einen Beteiligten, mit eher formellen Aspekten der Beziehung, die zumindest in Bezug auf diese formellen Aspekte eben keine Augenhöhe zulassen. Um Verwechslungen vorzubeugen und Klarheit zu schaffen, führe ich daher einen weiteren Begriff ein: Die formelle Asymmetrie.

Formelle Asymmetrie bedeutet, dass in einer zwischenmenschlichen Konstellation einer der Beteiligten einen Vorsprung hat, der sich meist auf bestimmte Fähigkeiten oder Kenntnisse bezieht. Dabei handelt es sich um einen Tatbestand, der nicht nur beobachtbar ist, sondern sogar messbar. Dazu eine sehr eindrückliche Geschichte: In einem kleinen Dorf in Nordschweden, findet einmal im Jahr ein Wettkampf statt – ein Wettkampf im Zersägen von ganzen Holzstämmen. Der Wettkampf beginnt um 08:00 Uhr und endet um 14:00 Uhr. Wer am Ende des Wettbewerbs mehr Scheiben von seinem Baumstamm gesägt hat, ist der Gewinner. In diesem Jahr treten gegeneinander an: Olaf, ein erfahrener Mann, bereits über 50, der den Wettbewerb schon des öfteren gewonnen hat. Sein Herausforderer ist Sven, ein junger und durchtrainierter Mann, sehr kräftig und voller Motivation, es Olaf zu zeigen. Um Punkt acht Uhr ertönt das Horn und beide legen los: Doch schon nach einer Dreiviertel Stunde passiert etwas außergewöhnliches: Olaf hört mit dem Sägen auf und verschwindet für etwa 10 Minuten in seinem Zelt. Dann kommt er zurück und sägt weiter. Diese Prozedur wiederholt sich nun alle dreiviertel

Stunde. Olaf verschwindet kurz und kehrt dann zurück um weiter zu sägen. Etwa eine Stunde vor Schluss des Wettbewerbs hat Sven einen sichtbaren Vorsprung vor Olaf, als dieser zum letzten Mal in seinem Zelt verschwindet und wieder zurück kommt. Dann sägt er weiter und plötzlich ist zu sehen, wie Svens Vorsprung zunehmend schwindet, bis sie kurz vor Ende gleichauf liegen. Um 14 Uhr ertönt wieder das Horn, der Wettbewerb ist beendet und siehe da: Olaf hat wieder gewonnen. Völlig fassungslos fragt Sven ihn: „Wie hast Du das gemacht? Ich bin jung, stark und ausdauernd und Du schon weit über 50 und lange nicht so kräftig und ausdauernd wie ich. Und überhaupt – Du hast ja nicht mal durchgehend gesägt. Du bist dauernd in Deinem Zelt verschwunden. Was hast Du dort überhaupt gemacht?" Da lächelt ihn Olaf an und spricht mit sanfter Stimme: „Ich habe einfach nur meine Säge geschärft".

Wenn ich diese Geschichte im Kontext von Führung und/ oder Projektmanagement erzähle, haben alle Teilnehmer an dieser Stelle überraschte Gesichter. Ja, metaphorisch gesehen, ist das Schärfen der Säge eine gute Idee für den Alltag, doch um diesen Aspekt geht es in diesem Fall nicht einmal. Denn die Geschichte geht noch weiter: Denn als Olaf antwortet: „Ich habe einfach nur meine Säge geschärft", entgegnet Sven empört: „Das ist aber unfair". Das ist die Frage: War es tatsächlich unfair? Nein, war es nicht. Olaf war einfach cleverer und Sven hat nun große Schwierigkeiten, das zu akzeptieren. Vor allem hat er Schwierigkeiten zu akzeptieren, dass der Wettkampf eben nicht nur mit den Muskeln gewonnen wird, obwohl er bisher fest davon überzeugt war diesen bestimmten Vorteil auf seiner Seite zu haben.

Wechseln wir die Szenerie zu einem weiteren Beispiel: Willi und Markus sind zwischen 30 und 40 Jahre alt und arbeiten gemeinsam im selben Unternehmen und in derselben Abteilung. Auf der Arbeit sind sie heute aneinander geraten und konnten nur mit Mühe von den Außenstehenden davon abgehalten werden, aufeinander los zu gehen. Deshalb verabreden sie sich nach Feierabend, um die Fäuste entscheiden zu lassen. Sie treffen sich nach Feierabend irgendwo auf einem abgelegenen Gelände und nun dauert es nur ganz kurz, da liegt Willi mit Schmerzen am Boden. Mit verdutztem Gesicht schaut er zu Markus hoch, der ihm erläutert, er würde seit 20 Jahren Taekwondo praktizieren und dass er bereits einige Wettkämpfe gewonnen hätte. Natürlich wird Willi das als extrem unfair betrachten, weil Markus dadurch einen enormen Vorteil ihm gegenüber hat. Doch ist es tatsächlich unfair, wenn jemand etwas besser kann? Wenn dieser jemand viel Zeit, vielleicht Jahre oder Jahrzehnte hindurch in diese Fähigkeit investiert hat? Was hat der andere während dieser Zeit gemacht? Da war ihm wohl anderes wichtiger.

Ich habe den Begriff der formellen Asymmetrie von Paul Watzlawick abgeleitet. Er spricht im Zusammenhang mit Kommunikation vom Unterschied zwischen symmetrischen und asymmetrischen Beziehungen. Symmetrisch ist die Beziehung beim Vorliegen von Augenhöhe und asymmetrische Beziehungen sind eben von einem hierarchischen Verhältnis geprägt: die Person schaut entweder von oben nach unten oder von unten nach oben. Was wäre jedoch, wenn sich diese Über- oder Unterordnung auf eine Tatsache bezieht, wenn es also ein Gefälle von Fähigkeiten bedeutet? Ein Beispiel: Du willst ein Instrument lernen – z.B. Klavier. Dazu suchst Du Dir wahrscheinlich einen Klavierlehrer. Nun hat Eure Beziehung zueinander zwei sehr unterschiedliche Bereiche. Einen formellen Bereich, nämlich Eure unterschiedlichen Fähigkeiten, Klavier zu spielen und einen informellen Teil, der sich darauf bezieht, wie ihr miteinander umgeht. Gehen wir mal davon aus, dass der Klavierlehrer ein ziemlich selbstreflektierter Mensch ist, der andere tatsächlich auf Augenhöhe behandelt. Dennoch kann ein Moment kommen, in dem der Klavierlehrer sinngemäß zu Dir sagt: „Vertrau meiner Kompetenz, spiel das so, wie ich es Dir gesagt habe". Er bezieht sich damit auf den formellen Anteil der Beziehung und auf die faktische Asymmetrie in der Fähigkeit Klavier zu spielen.

Mit keinem Wort sagt er damit zu Dir: „Du bist ein Versager" oder: „Du bist ein Blödmann" oder vielleicht sogar: „Schäm Dich" und ähnliches. Dennoch kommt es immer wieder vor, dass Menschen in solchen Situationen sich angegriffen oder abgewertet fühlen. Das wiederum hat mit der inneren Haltung zu einer solchen Asymmetrie zu tun und nicht damit, wie der Klavierlehrer in dem Moment tatsächlich in der Begegnung handelt.

Meine Beobachtung im Alltag ist, dass viele Menschen mit der formellen Asymmetrie überhaupt nicht umgehen können. In ihnen steigen allerhand Gefühle von Ohnmacht, Hilflosigkeit, Scham, Minderwertigkeit, etc. auf, wenn sie damit konfrontiert sind, dass sie etwas nicht können oder wissen oder einen Fehler gemacht haben. Ich erlebe das auch ab und an in meinen Workshops, wenn ich jemandem eine Information gebe, die mit seinem gewohnten Weltbild und Selbstbild kollidiert. Nun könnte derjenige ja erst einmal diese Information wirken lassen und dann überlegen, was er mit der Information anstellt und wie er sie möglicherweise in sein Leben integriert. Doch es gibt immer wieder Leute, die wollen viel eher mit mir darüber diskutieren, dass es ja gar nicht sein kann, was ich erzähle und dass es unbedingt so sein muss, wie es der andere meint.
Wenn jemand etwas meint, dann hat er eine Meinung. Stimmt! Er meint etwas oder mit einem anderen Wort: Er glaubt etwas. Und nun will dieser jemand mit mir darüber diskutieren, dass das, was er glaubt die Wahrheit ist. Wenn ich denjenigen dann frage, wer von uns beiden jetzt derjenige mit der Expertise in z.B. Kommunikation (in einem Kommunikationsworkshop) ist, dann ist der andere manchmal sauer oder gar beleidigt. Es ist jedes mal das selbe – die Leute können in einer solchen Situation und Haltung häufig nicht damit umgehen, dass jemand in einer bestimmten Sache kompetenter ist und dies auch deutlich macht. Sie meinen dann, diese Interaktion wäre nicht auf Augenhöhe und erkennen nicht, dass ihnen ihre eigene Prägung gerade wieder ein Schnäppchen geschlagen hat.

Wir halten fest:

- informelle Symmetrie oder Asymmetrie bezieht sich auf den Umgang miteinander und die innere Haltung, mit der Du jemandem begegnest.
- formelle Symmetrie oder Asymmetrie bezieht sich auf beobachtbare oder wahrnehmbare Fakten, im Sinne eines Informationsvorsprungs oder Kompetenzvorsprungs eines der beiden Beteiligten.

Es gibt Bereiche, in denen das Phänomen mit formeller Asymmetrie in einen Konflikt zu geraten eher selten zu beobachten ist und es hilft den Unterschied zu erkennen, um der Ursache des Phänomens auf die Schliche zu kommen: Wenn z.B. jemand im Rahmen einer Fortbildung Kostenrechnung und Buchführung lernt, dann kenne ich niemanden, der die Kompetenz seines Lehrers in Frage stellt, solange er nicht selber sehr tiefe Einblicke in die Materie hat. Über Menschen, die Anderen so trockene und strukturierte Themen wie z.B. Buchführung beibringen, wird manchmal gesagt: „Fachlich hat er es ja voll drauf, er kann nur nicht erklären". Darin steckt eine deutliche Aussage darüber, dass die formelle Asymmetrie komplett akzeptiert wurde. Wie kommt das? Worin liegt der Unterschied zum Klavierlehrer? Ich wechsele hier lieber zum Gitarrenlehrer, weil ich mich mit Gitarristen ein wenig besser auskenne. Du gehst also seit einem Jahr zum Gitarrenunterricht und kannst schon ein bisschen was. Wenn es darum geht, wie Du die Dinge spielst, die Du lernst, wirst Du akzeptieren was der Gitarrenlehrer sagt. Wie ist es dagegen, wenn ihr beide z.B. in eine Diskussion darüber fallt, welcher Gitarrist am besten ist? Sofort wirst Du den Anspruch haben, mit dem Gitarrenlehrer auf Augenhöhe zu diskutieren, ob jetzt Eddi besser war als Randy oder Dimebag oder Zak – und dann wirst Du Deinem Lehrer in die Birne quatschen wollen, dass Dein Favorit wirklich besser ist als alle anderen und alle Akzeptanz der eben noch sonnenklaren formellen Asymmetrie sind vergessen. Da kann der Gitarrenlehrer noch so viele Fakten aufzeigen, welcher eurer Kandidaten aus verschiedenen relevanten Perspektiven der Technik wohl „besser" ist, Du wirst es nicht wahr haben wollen. Falls Dein Lehrer dann die Diskussion beenden will und deutlich ausspricht, dass er davon wohl mehr Ahnung hat, wirst Du angepisst sein und glauben, er wolle Dich belehren. Ja, das stimmt! Er will Dich tatsächlich belehren, denn er hat tatsächlich mehr Ahnung als Du. Du gehst hin, um von ihm zu lernen – wahrscheinlich gibst Du ihm sogar Geld dafür. Doch ganz plötzlich ist genau das komplett vergessen und jetzt möchtest Du gerne in einer Dimension mit ihm auf Augenhöhe sein, wo gar keine Augenhöhe ist. Woher kommt das und wo ist der Unterschied zu dem Beispiel mit der Kostenrechnung?

Ich habe für mich folgende Schlussfolgerung gezogen: Sobald es um Inhalte, Kompetenzbereiche, Fähigkeiten geht, die Bestandteil des Selbstbildes und damit auch des Weltbildes der betreffenden Person sind, hat ein Mensch Schwierigkeiten die formelle Asymmetrie als solche zu erkennen, zu akzeptieren und sie vielleicht sogar als Inspiration zu wertschätzen. Der Hinweis des Kompetenteren an den Anderen kann ja durchaus ein großer Gewinn sein. Sobald es jedoch um Inhalte geht, die für die Aufrechterhaltung des Selbstbildes und/oder Weltbildes relevant sind, meinen viele Menschen plötzlich, die erforderliche Kompetenz wäre auf wunderbare Weise schlagartig in sie gefahren - und nun wird die eigene Annahme bis aufs Messer verteidigt, trotz der möglichen Ahnungslosigkeit oder zumindest geringerer Expertise. Denn: Sobald jemand bestimmte Fähigkeiten, Werte oder Kenntnisse als wesentlich für sein Selbstbild und/oder sein Weltbild hält, wird er wie selbstverständlich davon ausgehen, die entsprechenden Kompetenzen zu besitzen oder die Anforderungen zu erfüllen, um ein vollwertiger Diskussionspartner zu sein, denn schließlich geht es ja um das eigene Überleben – oder zumindest das Überleben des eigenen Egos. Wir kennen dieses Phänomen aus dem Alltag in Sätzen wie: „Von nichts eine Ahnung und zu allem eine Meinung". Im Bereich der Kommunikation ist es meiner Erfahrung nach so, dass tatsächlich nur sehr Wenige (ich schätze mal vorsichtig 5%) ein wirklich tiefes Wissen über Kommunikation haben. Demgegenüber halten sich 90% bis 95% der Menschen für kompetent in diesem Bereich – schließlich haben sie alle erfolgreich ihre Muttersprache gelernt und können zusammenhängende Sätze formulieren. Ganz ähnlich verhält es sich auch in Bereichen wie Politik, Geschichte, Musik und vielem mehr.

Speziell in der Zeit von Corona war es vielen Menschen wichtig, für sich selbst und auch in der Begegnung mit anderen Menschen kompetent und informiert zu erscheinen – in Bezug auf Medizin, insbesondere Virologie und Epidemiologie, Statistik und Rechtswissenschaft. Dann jedoch führen Menschen Stellvertreterdiskussionen und merken es nicht einmal: So glaubt der Maßnahmenkritiker, er könnte einem Arzt erklären, warum Corona ein Schwindel ist, einem Rechtsanwalt, warum der Rechtsstaat gerade zerbröselt, einem Statistikprofessor, warum die Inzidenzzahl ohne Aussage ist und einem erfahrenen Marketingmann, wie die Kampagne für die nächste Großdemo laufen soll.

Niemand will Dir hier Vorschriften machen, was Du reden darfst und was nicht und worüber Du mit anderen diskutieren kannst - mach einfach. Manchmal hilft es jedoch, auf sich selbst zu schauen und die eigenen Kompetenzen zu überprüfen. Dann ist es möglich, den Charakter einer Stellvertreterdiskussion zu erkennen und das Thema an Leute zu delegieren, die davon echt mehr Ahnung haben. Wenn Du also z.B. mit Deinem Arzt über Corona diskutieren willst, dann stell ihm einige gute Fragen und arbeite danach mehr daran, dass er sich vielleicht mal das ein oder andere Video von Bakhdi, Yeadon, Malone oder Wodarg anschaut. Wenn der Arzt dann selber diskutieren möchte, kann er sich ja an die Originale wenden.

Auch in der Zeit nach Corona ist das Phänomen noch immer zu beobachten, vor allem in Initiativen, die Aktivitäten im Sinne der Grundrechtebewegung oder der Friedensbewegung vollziehen. Da sind Fähigkeiten gefragt wie Projektmanagement, Führung, Marketing, Organisation, etc. Obwohl die meisten Mitglieder in solchen Initiativen all diese Dinge aus ihrem bisherigen Erfahrungsschatz nicht kennen, wollen sie mitdiskutieren und sogar mitentscheiden. Auch hier reagieren sie äußerst allergisch, wenn sie jemand auch nur fragt, welche Kompetenz oder Erfahrung sie denn auf dem jeweiligen Gebiet haben. Die Ursache für dieses – von Außen betrachtet – absurde Verhalten liegt in unserer Prägung und in unseren ursprünglichen Erfahrungen in Bezug auf Lernprozesse. Auf das Umfeld, das die Prägung erzeugt hat, gehe ich in Teil 4 des Buches genauer ein, an dieser Stelle ist grundsätzlich wichtig, dass das Vorhandensein einer formellen Asymmetrie für fast alle Menschen emotional tief verknüpft ist mit der Erfahrungen von Scham. In Folge dieser Erfahrung kommen sehr viele Menschen so schlecht damit klar, wenn ein Anderer etwas besser weiß oder kann und auch darauf hinweist. Im diesem Moment fallen die Betreffenden z.B. zurück in ihre Schulzeit, in der sie sich hilflos und ohnmächtig gefühlt haben. Es handelt sich dabei um eine Art emotionalen Nachklang dieser Urerfahrungen in Bezug auf Lernen und die dabei entstehende Interaktion mit anderen Menschen.

Eine wichtige Erkenntnis ist jedoch: Es ist grundsätzlich das natürlichste der Welt, dass es immer wieder Leute gibt, die von einer Sache mehr Ahnung haben oder etwas besser können als Du. Im Vergleich mit der schieren Menge an möglichem Wissen oder möglichen Kompetenzen ist das, was ein Einzelner kann oder weiß echt ein Witz. Also auch das, was Du kannst - akzeptiere das und lerne Dich daran zu erfreuen, wenn jemand etwas besser weiß oder kann als Du und Du von ihm lernen kannst. Beim Schach gibt es den Satz: „Du kannst nur besser werden, wenn Du gegen bessere Gegner spielst" – was sicher auch bedeutet, eine

Menge Partien gegen bessere Gegner zu verlieren. Bau Dir diesen Satz für Dich um und Du kannst einen lehrreichen Umgang mit Menschen entwickeln, die kompetenter sind als Du. Auch der weltbeste Tennisspieler hat noch einen Trainer und der schnellste Mann der Welt wird die Welt Sprint Szene möglicherweise über Jahre hinweg dominieren, doch irgendwann kommt dann jemand, der noch besser ist.

Mach Dir klar, dass diese Perspektive ein perfekter Ausweg aus dem Leid ist, denn mal ehrlich: Wie oft bist Du in Situationen, in denen Du Dich angegriffen oder belehrt fühlst? Und lass mich raten: Du fühlst Dich dabei beschissen und Du leidest. Also – was willst Du? Natürlich willst Du raus aus dem Leid. Also mach den zweiten Schritt und entscheide Dich dafür, aus dem Leid auszusteigen. Tu es einfach! Denn wenn Du innerlich lieber darüber philosophieren willst, ob das von mir Beschriebene grundsätzlich stimmt oder im speziellen überhaupt auf Dich zutrifft, dann triffst Du die Entscheidung auch noch nicht und es wird natürlich nichts passieren. Solltest Du Dich also in diesem Augenblick wieder belehrt fühlen, dann frage Dich, ob Du meiner Erfahrung vertraust und was Dir eigentlich passieren kann, wenn Du es einfach mal versuchst und sag: „Scheiß drauf!"

Entspann Dich und nimm diese wunderbare Gelegenheit wahr, um etwas zu lernen und zu wachsen. Mit formeller Asymmetrie produktiv umzugehen ist ein wesentlicher Schritt in Richtung Augenhöhe, denn ab jetzt darfst Du Dich darauf freuen, Mensch zu treffen die etwas besser können und von denen Du lernen darfst. Entscheide Dich und geh raus und handle: Die üblichen blutigen Nasen gibt es dabei natürlich auch – feiere sie und lerne was draus, denn mit jedem Versuch und jeder Handlung wirst Du Erfahrungen sammeln, die Dich wachsen lassen, so dass Du mit der nächsten Situation bereits produktiver umgehen kannst. Um diesen Prozess weiter voran zu treiben, will ich Dich noch mit einigen weiteren Verhaltensmustern konfrontieren, in denen Du Dich gerne selbst wieder erkennen darfst. Stell Dich dieser Selbstkonfrontation und wachse mit jedem Muster, das Du bei Dir erkannt hast und das Du nun voller Freude verändern darfst.

Mitreden wollen und die eigene Inkompetenz

In den vergangenen drei Jahren habe ich häufig ein Phänomen erlebt, das vor allem die Arbeit innerhalb von Initiativen und Gemeinschaften nahezu sabotiert. Es ist der Drang bei allem oder bei möglichst vielem mitreden und sogar mitentscheiden zu wollen, obwohl die betreffenden Menschen von dieser Sache und von ihrem Hintergrund überhaupt keine Ahnung haben. Falls Du Dich hier auch selbst gerade wieder erkannt hast, tut es mir leid. Wir haben jedoch bereits im ersten Teil gesehen: Auch wenn's weh tut - das ändert nichts daran, dass die schmerzhafte Erkenntnis manchmal im Leben auch das Tor zu einer viel größeren Welt voller Schönheit ist.

Lass uns diesem Phänomen des „Mitreden-wollens" mal von verschiedenen Seiten auf die Spur gehen. Alles beginnt – wie üblich – zuhause im Elternhaus: Kinder wollen gesehen werden und wollen Zuneigung, Nähe, Wärme, also alles in allem, sie wollen die Liebe der Eltern spüren. Nun klappt das manchmal nicht so ganz, manchmal geht einfach was schief. Das Kind bemerkt dies natürlich und verstärkt seine Bemühungen, um doch gesehen zu werden. Mitunter schlagen Kinder dann ein Rad oder machen einen Salto und rufen: „Mama, Papa, kuck mal, was ich kann" und die bemühten Eltern spenden Applaus. Daraus entwickelt sich ein Muster, dass das Kind etwas Besonderes tun muss, um dafür dann Aufmerksamkeit, Wertschätzung und vor allem überhaupt „gesehen-werden" zu erfahren. Dieses Muster oder Programm wirkt jetzt das ganze Leben lang, bis es erkannt und verändert wird. Aus genau diesem Muster heraus wurden schon weltberühmte Künstler, Unternehmenschefs oder Staatenlenker geboren. Natürlich kannst du die Leute auch in psychologische Schubladen stecken, auf die Du dann unterschiedliche Versionen von z.B. „Narzismus" drauf packst, das ist nicht meine Welt. Mein Motto ist eher: „Niemand ist krank. Menschen haben manchmal Probleme, weil sie eben sind, wer sie sind. Das lässt sich allerdings ändern". Bei den allermeisten Menschen wirkt jedoch das oben beschriebene Programm - auf verschiedenste Art und Weise und im gesamten Alltag – und zugrunde liegt dem Ganzen, der Wunsch etwas besonderes zu sein: z.b. besonders darin, eine bestimmte Information aus dem alternativen Nachrichtenspektrum als erster zu sehen und zu teilen. Das macht aus mir ja was besonderes.

Es gibt Leute, die legen auf ihrem Küchentisch die Gabel von Rechts nach Links mit einem bedeutungsvollen Schwung und glauben, sie wären der einzige auf der Welt, der eine Gabel mit solcher Eleganz von Rechts nach Links legen kann – und im nächsten Moment sieht sich dieser Mensch auch schon auf einer Bühne über das Thema „was es braucht, um eine Gabel voller Eleganz von Rechts nach Links zu legen" referieren. Was solls – das machen alle, ich auch. Da ist nichts besonderes dabei. Menschen haben das Bedürfnis, dass sie etwas Besonderes sein wollen und deshalb glauben sie auch, sie wären kompetent genug, um bei allem, was sie interessiert mitreden zu können.
Da diskutiert dann jemand, der ein paar Videos über Quantenphysik gesehen hat, mit einem Physiker über die Irrtümer der Physik. Ich will an dieser Stelle etwas klarstellen – es geht mir nicht darum, zu empfehlen, jedem dahergelaufenen Experten sofort zu glauben, sondern es ist hochgradig sinnvoll, ihm wenigstens ein paar Fragen zu stellen. Zur Fähigkeit, wie man auch in herausfordernden Situationen gute Fragen stellt, empfehle ich Dir mein Buch Kommunicorona zu lesen. Hier geht es mir jedoch um den Aspekt der formellen Asymmetrie, der dafür sorgt, dass viele Menschen einfach nur ganz schlecht damit klar kommen, dass ein anderer etwas besser kann als sie. Wenn alle Meinungen vom hundertstel zum Tausendstel diskutiert werden, dauern Sitzungen drei bis viermal so lange wie nötig ist. Wenn jeder seinen Senf dazugeben und bestenfalls auch noch Recht haben will und um sein vermeintliches Recht kämpft, wie um sein Leben, entstehen Konflikte

und werden haufenweise Fehlentscheidungen getroffen, ist die Zusammenarbeit höchst unprofessionell und bleibt das Ergebnis meist weit hinter seinen Möglichkeiten zurück – schlussendlich gehen solche Gemeinschaften auseinander.

Der größte Feind des Lernens ist der Glaube, es schon zu wissen. Wer sich selber vor dem eigenen geistigen Auge als umfassend kompetent ansieht, der wird sich schwer tun, es als große Chance zu begreifen, wenn jemand etwas besser kann oder weiß. Wer mit seinem potenziellen Lehrer Diskussionen darüber führen will, ob das Angebot überhaupt stimmt, kann die Idee vergessen etwas zu lernen. Dann werden nur wieder die alten Muster bestätigt und gepflegt. Es gibt Leute, die gehen zu einem Workshop und wollen eigentlich gar nichts Neues lernen, sondern lediglich von jemand verbrieft und bestätigt haben, dass sie der sind, für den sie sich halten. Manch einer kommt in seiner Weiterentwicklung nie über diesen Punkt hinaus, weil er jedwede Konfrontation mit diesem Moment vermeidet. Da gibt es dann Leute, die wechseln ihre Lehrer, Gurus, Trainer wie andere die Unterhosen und zwar immer genau in dem Moment, in dem der Trainer, Guru, Lehrer auf das Knöpfchen drückt, bei dem es weh tut. Dann ergreifen Menschen gerne die Flucht, denn schon der kurze Realitätsabgleich mit den Inhalten des Workshops kann zur kognitiven Dissonanz führen, wenn derjenige plötzlich feststellen muss, nicht der zu sein, für den er sich gehalten hat.

Ich habe in den letzten drei Jahren eine Menge Leute kennengelernt, die würden gerne hierarchiefrei miteinander leben. Da die Meisten jedoch keinerlei Erfahrung damit haben, vor allem nicht aus ihrem Beruf, leben die Leute dann eben in ihren eigenen Vorstellungen über hierarchiefreie Zusammenarbeit und die hat meist nichts mit dem zu tun, wie hierarchiefreies Arbeiten wirklich geht. Das beginnt schon damit, dass in hierarchiefreien Umfeldern nicht über Vorschläge abgestimmt wird, weil Abstimmungen die Diktatur der Mehrheit über die Minderheit ist - und das ist wiederum hierarchisch. In hierarchiefreien Gruppen wird – wenn überhaupt – konsensiert. Die wesentlich wichtigere Art Entscheidungen zu treffen, ist vielen gar nicht bewusst und funktioniert entlang von Kompetenzen und von Vertrauen. Einfach auf den Punkt gebracht: Wenn jemand von etwas keine Ahnung hat, warum will er dann mitreden und vor allem mitentscheiden? Wenn es im Team jemand gibt, der die Kompetenz hat, kann ihm die Verantwortung und das Vertrauen übertragen werden. Warum kann derjenige diesem Teammitglied mit der Kompetenz nicht vertrauen, dass der weiß, was er tut?

Für ein hierarchiefreies Arbeiten muss jeder genau von sich wissen, was er kann und vor allem was er nicht kann. Das Eingeständnis eigener Inkompetenzen ist der erste Schritt zur persönlichen Veränderung und zur Entwicklung von echter Teamfähigkeit und Verzicht auf Hierarchie. Hierarchiefreies Zusammenarbeiten ist eine feine Sache und klingt für viele auch im ersten Moment attraktiv, jedoch nur so lange es sich mit ihren Vorstellungen deckt. Hierarchiefreies Zusammenarbeiten wird spätestens dann unangenehm für die Betroffenen, wenn sie an ihre Grenzen stoßen und mit sich selbst konfrontiert werden. Dann könnte es unangenehm werden und an dieser Stelle geht es dann darum, auf sich zu schauen und sich selbst weiter zu entwickeln.

Wissen ansammeln

Eine der bevorzugten Muster in solchen Situationen ist die Flucht in den Kopf und in das Ansammeln von noch mehr Wissen zu dem Thema – eine Fluchtstrategie, um sich selber zu beweisen, eben doch kompetent zu sein. Das Buch „Wir informieren uns zu Tode" von Gerald Hüther und Robert Burdy erklärt das weit verbreitete Phänomen, dass Menschen in Krisensituationen sich wirklich nahezu zu Tode informieren und bis Nachts um drei Uhr vor Youtube sitzen und sich die immer neuesten Skandale, Verbrechen oder Verschwörungen anschauen. Anstatt jedoch immer mehr und mehr Wissen zu einem bestimmten Thema anzusammeln von dem derjenige eh schon weiß, könnte dieser Mensch so viel z.b. über sich selbst lernen in Videos über Persönlichkeitsentwicklung oder Projektmanagement oder Kommunikation. Die Leute könnten sich weiterentwickeln, könnten sich Bücher kaufen mit Weisheiten, die ihnen im Alltag wirklich nützlich sind und ihnen weiter helfen und doch kaufen sie dann doch lieber ein Buch, von dem sie nicht mal die Hälfte verstehen und der Rest ist alles Zeug, das sie seit zwei Jahren live verfolgt haben und bereits wussten. Im Alltag ist das vollkommen nutzlos, jedoch weniger schmerzhaft und anstrengend, als sich mit sich selbst zu beschäftigen.

Ich will hier niemandem einen Vorwurf machen, weil alte Muster aktiv sind und vollkommen unbewusste Programme ablaufen. Unsere heutige Zeit ist geprägt von Komplexität und Dynamik, verursacht durch die weltweite Vernetzung. Die Zahnpasta ist aus der Tube und lässt sich nicht zurück drücken. Also gilt es, sich in dieser neuen Welt zurecht zu finden und vor allem liebgewonnene Handlungsstrategien loszulassen und zu diesen gehört diese absurde Vorstellung, durch noch mehr Wissen irgendwann in der Lage zu sein ein Problem zu lösen. Es gibt zwar gewisse Probleme, die sind einfach und überschaubar und da hilft auch heute noch das Ansammeln von Wissen. In der Buchhaltung z.B. wird das Rad nicht alle drei Tage neu erfunden. Nur sind die meisten Bereiche unseres Lebens eben davon geprägt, dass sich die Situation so schnell verändert, dass das Wissen das ich gerade ansammele veraltet ist, noch bevor ich es fertig aufgenommen habe. Wissen ansammeln ist eine vollkommen nutzlose Zeitverschwendung in diesen Tagen. Was jedoch wirklich sinnvoll für jeden ist, ist an sich selbst zu arbeiten und in sich selbst zu investieren - und zwar in der Tiefe und vor allem im Bezug auf Aspekte der eigenen Persönlichkeit.

Wissen allein hat auch noch nie auf diesem Planeten ein Problem gelöst. Nur eine konkrete Handlung kann Probleme wirklich beeinflussen und dann auch lösen. Bei den meisten Handlungen mangelt es nicht am Wissen, um sie vorzunehmen, sondern z.B. an der Angst vor möglichen Konsequenzen (wenn das eigene Hirn einen Angstporno produziert hat). Dann wollen die Leute das Ergebnis einer Erfahrung im Vorhinein durch Diskussion oder noch mehr Wissen vorwegnehmen. Eine zutiefst tragische Strategie, weil damit die Handlung vermieden oder weit hinausgezögert wird. Das Leben ist eine Ansammlung von Entscheidungsmomenten, in denen es einfach darum geht ins Wasser zu springen und dann loszulassen und sich treiben zu lassen (oder vielleicht sogar auf dem Wasser zu surfen) und nicht zu versuchen, das Ergebnis zu kontrollieren.

Konsequenzen – Folgen einer Welt ohne Augenhöhe

Bisher haben wir betrachtet, wie der Alltag allgemein ohne Augenhöhe aussieht. Wie sind jedoch die Konsequenzen für jeden Einzelnen und welche Folgen ergeben sich aus der Dynamik und Interaktion mit anderen? Jeder kennt Situationen, in denen Du plötzlich zu nichts mehr zu gebrauchen bist und Dein Hirn nur noch komische Verhaltensweisen produziert. Ich selbst habe schon diverse Computertastaturen mit den Fäusten zertrümmert in Situationen, in denen ich mit meiner eigenen Hilflosigkeit konfrontiert war, z.b. angesichts irgendeiner Technik, die einfach nicht funktioniert hat. Jeder Mensch hat da seine eigenen Themen, bei denen er oder sie ausflippt und jeder lebt das auch anders aus. Manch einer geht mit den Gefühlen nach Außen, andere gehen nach Innen. Mancher tobt und andere fangen an zu weinen. Lass uns nun einen konkreteren Blick darauf werfen, was die tief liegende Ursache dafür ist.

Hilflosigkeit, Überforderung, Wut, Ärger

Kennst Du die wahre Ursache für Ärger? Es gibt Leute, die sagen Ärger ist das Ergebnis einer bestimmten Art zu denken und das stimmt. Ich behaupte, dass die Ursache dieser bestimmten Art zu denken, liegt in tief geprägten Urerfahrungen. Wenn die Erinnerung an diese ursprünglichen Erfahrungen hoch kommen, werden die betreffenden Menschen auf irgendeine Art gelähmt. Es entsteht nämlich in solchen Situationen immer ein zweites Gefühl, dass sich meist unbemerkt mit unter das erste, ursprünglich auftretende Gefühl mischt. Dieses zweite Gefühl ist Hilflosigkeit oder Ohnmacht. Versuch das jetzt nicht intellektuell zu erfassen oder es zu definieren. Geh in eine Situation, in der Du Dich richtig geärgert hast und jetzt schau mal, welche Gefühle in der zweiten Reihe noch so alles mit rein spielen und ich wette Hilflosigkeit oder Ohnmacht sind dabei.

Warum ereifern sich Leute in Gesprächen gerne und werden dann zum Teil wütend oder aggressiv? Weil sie hilflos sind. Menschen wollen jedoch wirksam sein und viele haben leider die Erfüllung dieses Bedürfnisses wirksam zu sein, daran gekoppelt, dass der andere mit macht, also z.B. sich überzeugen lässt. Damit sind sie vom anderen abhängig und Abhängigkeit schafft Hilfsbedürftigkeit. Erfolgt dann die Hilfe nicht, kommt prompt die Hilflosigkeit auf den Plan und plötzlich wechselt jemand seinen geistigen Zustand im Sekundenbruchteil zu einem 10 Jährigen, der keine Lust hat abends um 7 ins Bett zu gehen. Es ist immer die Hilflosigkeit oder Ohnmacht, die den Ärger produziert.

Woher also kommt diese Hilflosigkeit? Die Hilflosigkeit ist das Ergebnis einer inneren Bewertung, nämlich in dem Sinne, dass ich die Aufgabe, mit der ich gerade konfrontiert bin nicht bewältigen kann. Mit der Bewertung kommt Angst und dann läuft im Hirn eine Stressreaktion ab: Die entsprechenden Botenstoffe kreisen durchs Blut und am Ende reagiert nur noch das Reptilienhirn, weil mal wieder ein gefährlicher Säbelzahntiger in der Nähe lauert. Das Hauptproblem scheint also diese innere Bewertung in einem ziemlich frühen Stadium dieses Prozesses zu sein.

Ein sinnvolles Ziel ist es, dafür zu sorgen, diese Bewertung zu verändern und Dich nicht mehr abzuwerten, dass Du nicht kompetent genug bist, das Problem zu lösen. Dazu ein persönliches Erlebnis von mir: Ich hatte mit 35 Jahren das Vergnügen, eine sog. MPU (medizinisch, psychologische Untersuchung - also einen Idiotentest) für meinen Führerschein zu absolvieren. Den bestand ich übrigens im ersten Anlauf, denn ich besuchte vorab einen Informationsabend, in dem der Verkehrspsychologe erläuterte, auf welche Fragen er eine Antwort haben wollte. Die Fragen waren im Grunde einfach und wir behalten sie hier mal im Hinterkopf. Die Fragen lauteten:

- Habe ich erkannt, dass ich ein Problem habe oder dass ich selber womöglich sogar das Problem bin?
- Habe ich entschieden, daran etwas zu ändern?
- Habe ich bereits erste Schritte dazu unternommen?
- Ist die Veränderung nachhaltig?

Das sollte Dich an die vier Schritte erinnern, die ich am Anfang des Buches erklärt habe. Mir geht es darum, dass Du Deine eigene Veränderung nachhaltiger machen kannst, wenn Du Dir diese vier Fragen immer wieder vor Augen führst - und das Ding mit der Entscheidung steht nicht umsonst als zweite Frage.

Sorgen

Es gibt neben Wut und Ärger einen weiteren Bereich in dem wir alte Muster pflegen und aus der Augenhöhe fallen. Diesmal hat es jedoch eine andere Qualität, denn es geht um Angst, Panik und das Sorgenkarussel. Das passiert Menschen z.B., wenn sie Nachts im Bett liegen und nicht einschlafen können. Der Kopf kreist immer wieder um die selben Gedanken, was am nächsten Tag alles schief gehen könnte, was nächste Woche, nächsten Monat oder nächstes Jahr schief gehen könnte und was dann alles so ganz zwangsläufig passiert, wenn das alles eintritt. Schnell ist im Hirn ein abendfüllender Spielfilm mit Angstschockerqualität entstanden. Kein Wunder, dass Menschen nicht einschlafen können, wenn sie soetwas im Kopf haben.

Die tiefliegende Ursache für diese Waschmaschine im Kopf ist wieder eine Bewertung ganz zu Anfang: Ich bin nicht kompetent genug, die vor mir liegenden Aufgaben zu bewältigen und aus der Inkompetenz an der einen Stelle folgt unweigerlich die nächste Inkompetenz. Die Zukunft wird zum Mount Everest und der Betroffene hat nicht mal die richtigen Schuhe an. Also sind Sorgen zwar ein Phänomen, das eine ganz andere Erscheinungsform hat als Ärger, durch die identische Ursache gehst Du jedoch den exakt gleichen Weg aus der Situation heraus: Arbeite an der Veränderung der Bewertung, bzw. gib das Bewerten an sich auf.

Der schwierigere Anteil der Hilflosigkeit ist die emotionale Hilflosigkeit, also die Unfähigkeit in herausfordernden Situationen die eigenen Gefühle regulieren zu können und keine Wahl zwischen verschiedenen Gefühlszuständen zu haben. Wenn wir immer aus der Kraft heraus agieren könnten, dann wüssten wir zu jedem Zeitpunkt, dass die entsprechenden Gefühle ganz stark zusammenhängen mit der jeweiligen Perspektive, aus der heraus wir auf ein Problem schauen.

Dann könnten wir den emotionalen Zustand einnehmen, der am besten dazu geeignet ist, das Problem zu lösen.

Die emotionale Hilflosigkeit ist auch nur ein Programm und das ist gelernt. Für den Moment ist es wichtig zu akzeptieren, dass wir auch emotional immer die Wahl haben. Es mag sein, dass das dem ein oder anderen nicht bewusst ist. Es mag sein, dass das der ein oder andere nicht wahrhaben will. Wenn wir jedoch verstanden haben, wie wir ticken, ist es zumindest leichter verständlich zu erkennen, was uns dazu gebracht hat, so zu werden und zu sein, wie wir sind. Es ist jedoch eine Tatsache: Ich kann auf jedwede Situation emotional auch komplett anders oder unterschiedlich reagieren. All die dabei ablaufenden Prozesse finden in mir selbst statt. Ich bin kein Opfer anderer Leute oder äußerer Umstände. Wenn ich in schwierigen Situationen nicht anders kann, dann ist das Problem vielmehr mein eingeschränktes Handlungsrepertoire - und daran lässt sich bekanntlich etwas ändern.

Selbstbezogenheit

Das Hauptproblem für Hilflosigkeit, Ohnmacht und damit für Überforderung, Wut und Ärger ist also die innere Bewertung von bestimmten Situationen. Das schauen wir uns an dieser Stelle an einem ganz alltäglichen Beispiel an:

Hans und Marie sind ein Pärchen in den Fünfzigern und seit über 25 Jahren verheiratet. Sein Bedürfnis nach Ordnung ist eher schwach ausgeprägt, ihr Bedürfnis nach Ordnung hingegen ziemlich stark. Bei der Spontaneität ist es umgekehrt. Nehmen wir diesen Moment mal kurz um Deine Bewertung zu prüfen: Wie schnell warst Du jetzt damit, ihn als unordentlich zu benennen und sie als unflexibel? Solche Etiketten haben eine Ursache in dem Maßstab, der zugrunde gelegt wird, wenn jemand bewertet oder beurteilt wird. Hans und Marie haben also Bedürfnisse oder Motive, die in unterschiedlichen Situationen kollidieren: Z.B. sucht er ein Brotmesser, fragt Marie danach wo es ist und erhält als Antwort: „Da, wo es hingehört". Als ob es auf diesem Planeten nur eine „richtige" Art gibt, ein Brotmesser zu verstauen, nämlich ihre. Umgekehrt genauso: Im Urlaub würde er gerne morgens ganz spontan entscheiden, wo sie hinfahren und sie hätte gerne ein halbes Jahr vorher einen Plan, um sich vorbereiten zu können. Das versteht er nicht und sagt zu ihr: „Sei doch mal spontan" und da sie Humor hat, entgegnet sie: „Wann? Jetzt?". Hans und Marie rennen auch schon seit zwei Jahren zu einer Paartherapie, um dort Kompromisslösungen zu finden. Er verstaut das Brotmesser seitdem wenigstens irgendwo in der Nähe des Ortes, an dem sie es gerne hätte und sie bekommt beim Urlaub zumindest 4 Wochen vorher ihren Plan. Glücklich sind damit beide nicht und die Gespräche beim Therapeuten klingen nach zwei Jahren immer noch wie am ersten Tag. Das Problem der beiden hat einen Namen und der lautet Selbstbezogenheit.

Hans und Marie gehen beide wie selbstverständlich davon aus, dass ihr jeweiliger Maßstab allgemeingültig ist. Sie schließen von sich auf andere und formulieren daraus einen Soll-Zustand für den Rest der Welt. So kommt es immer wieder dazu, dass Menschen anderen Menschen erzählen wollen, wie sie zu sein haben und was sie zu tun haben. Selbstbezogenheit bedeutet in dieser Hinsicht etwas überspitzt: „Ich bin der Mittelpunkt des Universums, welches selbstverständlich um mich kreist. Der Sockel auf dem ich stehe ist 7,5 Meter hoch und ich teile die Welt unter mir in zwei Hälften: Die, die so sind wie ich, die sind richtig - und die, die nicht so sind wie ich, die sind falsch". Ich weiß, das klingt ziemlich heftig, nur trifft es den Kern für eine Menge Leid, Unglück, Unzufriedenheit auf diesem Planeten: Sich selbst zum Maßstab für andere machen ist eine der Hauptursachen für Konflikte. Der Weg aus der Selbstbezogenheit heißt Toleranz. Toleranz bedeutet nicht, den anderen oder das, was er tut gut zu finden oder zu mögen - „tolerare" heißt ertragen, erdulden, bedeutet also zumindest einmal damit leben zu können, wie und was der andere tut.

Dabei steht uns die Selbstbezogenheit im Weg, mit ihren angeblich „allgemeinen" Maßstäben und sie ist damit strukturell die Ursache für jedwede Beurteilung oder Bewertung. Dadurch konzentrieren sich die Betroffenen eben nicht mehr auf das, was tatsächlich da ist, sondern nur auf das, was nicht so ist, wie es aus ihrer Sicht sein soll. Damit fallen sie jedoch auf eine Illusion herein, nämlich einen Soll-Zustand, der leider nur reine Fiktion ist. Das Problem, die eigene Fiktion zur Realität machen zu wollen, liegt vornehmlich darin, dass andere Leute verändert werden sollen, anstatt dass derjenige sich selbst ändert. Andere Menschen haben eben ein ziemliches Beharrungsvermögen, daher bleibt die Wirksamkeit natürlich aus. Wenn Du an dieser irren Idee des Soll-Zustandes festhalten willst, landest Du automatisch in der Hilflosigkeit und schon winken Ärger und Aggression und damit auch Eskalation um die Ecke.

Bestimmte Bedürfnisse sind im Leben eines jeden Menschen absolut zentral und dann werden Motive oder Werte daraus. Diese Motive und/oder Werte sind das ganze Leben über ziemlich stabil und ändern sich oft nur durch einschneidende Erlebnisse. Hans wird Ordnung vermutlich niemals besonders wichtig werden und für Marie wird Spontanität niemals so wichtig werden, wie sie es für Hans ist. Allein diese Erkenntnis ist hilfreich, der ersten Schritt zu machen und sich gegenseitig zu akzeptieren, anstatt aneinander herumzuschrauben und dabei halbseidene Kompromisse zu erzielen. Wenn Hans und Marie anstatt auf die Unterschiede zu fokussieren auch noch andere Werte oder Motive finden, die ihnen beiden wichtig sind, dann haben sie eine wunderbare Grundlage für eine dauerhaft liebevolle und stabile Beziehung. Dieses Prinzip gilt bei allen Menschen, die zueinander in Beziehung stehen. Es hilft zu erkennen, wann ich selbstbezogen bin und wann ich anderen meine Maßstäbe diktieren will, um mir klar zu machen, wie die wahrscheinliche Reaktion des anderen sein wird. Dann kann ich entscheiden, ob ich das wirklich haben will.

An dieser Stelle gebe ich Dir eine kleine Aufgabe - diese Dinger heißen ja neudeutsch „Challenge": Mach es Dir einfach mal für nur eine Woche zur Aufgabe, alle anderen einfach so sein zu lassen, wie sie sind. Versuche nicht, an einem Anderen herumzuschrauben oder ihm zu erklären, warum Deine Herangehensweise besser ist und schau mal, was es mit Dir macht, wie viel freier Du damit wirst, weil Du nicht mehr davon abhängig bist, dass andere Dein Spielchen mitspielen. Wenn Du das eine Woche gemacht hast, kannst Du immer noch entscheiden, ob Du lieber weiter der Maßstab für alle anderen sein willst oder ob Du vielleicht dauerhaft damit aufhörst, der Richter über den Rest der Welt zu sein.

3. Erkenntnisse

Was ist das Wesensmerkmal einer Erkenntnis? Ganz einfach: Dass Du sie selbst hast. Allein die Tatsache, dass die Gedanken durch das eigene Hirn fließen, lässt viele Leute glauben, es wären ihre eigenen Gedanken – jedoch sind vermutlich 99% aller Gedanken lediglich Reproduktionen von Gedanken anderer Leute. Damit hast Du keine eigene Erkenntnis, sondern plapperst unreflektiert die Erkenntnis von jemand anderem nach. Dummerweise wirst Du im Laufe der Zeit diese Erkenntnis von jemand anderem als Deine eigene verkaufen – sogar Dir selber. So ist das mit den Gedanken. Insofern schreibe ich zwar „Erkenntnisse" über dieses Kapitel, kann Dir allerdings keine eigenen Erkenntnisse verschaffen. Zu einer eigenen Erkenntnis kommst Du jedoch, wenn Du bereit bist, Dich selbst in dem was ich schreibe wiederzufinden und wenn es dann bei Dir zu einer Resonanz mit dem kommt, was ich schreibe.
Im Folgenden habe ich Dir daher zur Anregung einiges an Erkenntnissen anderer Leute aus Hirnforschung und Psychologie aufgeführt. Eine Erkenntnis für Dich selber wird dann entstehen, wenn Du die Dinge an Dich heranlässt, sie akzeptierst und auch erkennst, was das alles mit Dir zu tun hat. Denk an das, was ich bereits geschrieben habe: Widerstand ist auch eine Form von Resonanz. Wenn Du beim Lesen der folgenden Kapitel wütend wirst und dieses Buch am liebsten in die Ecke schmeißen willst, dann ist das der beste Grund eben doch weiter zu lesen - denn hier geht es um Dich. Wenn meine Aussage, dass wir keine vom Verstand gesteuerten, rational handelnden Wesen sind, Dich unruhig macht und Du innerlich sagst: „Nein! Nein! Nein!", dann wird es Zeit, das Unausweichliche endlich anzunehmen und selbst etwas daraus zu machen. Denn wir beschäftigen uns auch mit blinden Flecken und Fassaden: Wenn Du selber weißt, dass Du im Grunde keine Ahnung hast, jedoch anderen Leuten den kühl kalkulierenden und handelnden Typen verkaufen willst, dann reden wir über Deine Fassaden. Wenn Du dagegen nicht mal weißt, dass

Du keine Ahnung hast, was Dich in Wirklichkeit durchs Leben leitet, dann reden wir über Deine blinden Flecken. Ich gehe davon aus, dass die meisten Menschen viel weniger von ihren blinden Flecken beeinflusst werden, sondern vielmehr aus Fassaden heraus handeln. Da draußen laufen so viele Menschen herum, die vornehmlich anderen Leuten eine Person verkaufen wollen, die sie ganz sicher nicht sind. Diese Haltung durchzieht unser ganzes gesellschaftliches Leben, weshalb ich hier auch den Begriff der Fassadenkultur verwende. Eine Kultur des „Schein statt Sein", auf die der Satz zutrifft: „Möge Dein Leben irgendwann so toll sein, wie Du es auf Facebook, Instagram und TikTok präsentierst".

Die 15 mm und die 11 km

Obwohl ich kein Zahnarzt bin, wird es in diesem Kapitel darum gehen, einen zentralen Zahn zu ziehen -nämlich den Glauben daran, dass wir Menschen unsere Entscheidungen verstandesmäßig treffen und rational und/oder bewusst handeln. Ich stelle dabei nicht unseren freien Willen zur Diskussion - ich selbst bin fest davon überzeugt, dass wir diesen haben. Mir geht es vielmehr darum, den Programmcharakter unseres Handelns und unserer Existenz zu beleuchten: Unser Unterbewusstsein verarbeitet 11 Mio. Bits pro Sekunde. Für einen Informatiker ist das ziemlich langsam, denn moderne Computer verarbeiten deutlich mehr. Computer arbeiten allerdings immer noch digital, während unser Gehirn analog und zudem vollständig parallel arbeitet – dann sind 11 Mio. Bits pro Sekunde richtig viel. Wirklich interessant wird das Ganze erst durch die Gegenüberstellung zu unserem Bewusstsein. In meinen Workshops verwandele ich die 11 Mio. Bits erst mal in ein Längenmaß – dann ist unser Unterbewusstsein ganze 11 km tief. Die Frage ist: Wie viel Bewusstsein sitzt auf den 11 km oben drauf, ausgedrückt in Längeneinheiten?

Es sind gewaltige 15 mm - das liegt nicht im Prozentbereich und nicht einmal im Promillebereich, sondern es sind lediglich Millionstel. Unser bewusster Verstand macht also nur ein paar Millionstel unserer Hirnaktivität im Vergleich zum Unterbewusstsein aus. Was bedeutet das? Zunächst meint es ganz einfach: Kein Mensch handelt bewusst und rational. Sogar die wissenschaftliche Überprüfung im Computertomografen hat gezeigt, dass zur Lösung von komplexen Aufgaben nicht die rationalen, kognitiven Bereiche anfangen zu leuchten, sondern vielmehr die emotionalen Bereiche. Was uns also durchs Leben bringt, sind eben nicht rationale Überlegungen zu konkreten Situationen, sondern vielmehr Programme und Muster: Wir wären gar nicht überlebensfähig, wenn wir auch nur 10% unserer ständigen Handlungen immer bewusst entscheiden und steuern müssten.

Der Hirnforscher Manfred Spitzer hat in seinen Vorträgen eine einfache und klare Darstellung für das Thema mit den Mustern: Er legt eine Folie mit irgendeinem Fleckenmuster auf den Projektor und fragt, ob irgendjemand die Kuh sieht – natürlich nicht. Im nächsten Moment legt er eine zweite Folie mit Linien auf und - Schwupps - die Kuh ist ganz eindeutig zu sehen. Obwohl er die zweite Folie mit den Linien dann wieder wegnimmt, bleibt das Bild der Kuh klar zu sehen, obwohl nur noch das chaotische Fleckenmuster bleibt. Was also ist passiert? In unserem Gehirn wurde ein spezielles Erkennungsmuster für die Kuh im Fleckenbild aktiviert – damit bleibt sie auch weiterhin deutlich erkennbar.

Was bedeutet das für meine Überlegungen? Egal, was wir entscheiden und wie wir handeln, es müssen im Gehirn bestimmte, damit zusammenhängende Muster aktiviert werden – und der Rest läuft dann vollautomatisch. Angesteuert werden diese Muster oder Programme von Emotionen. Vorbei ist es also mit der Vorstellung vom rationalen Menschen, der seinen Verstand bewusst einsetzt, um Entscheidungen zu treffen und überlegt zu handeln. Der Verstand hat einen ganz anderen Job: Er ist eher so etwas wie eine PR-Abteilung. Er hat den Job, unsere Handlungen und Entscheidungen hinterher rational zu begründen. Wir tun also einfach irgendwas - und in den meisten Fällen hat die Begründung, die wir später dafür finden, nichts mit den wahren Motiven im Moment der Handlung zu tun. Obwohl wir also die meisten Entscheidungen aus den 11 Kilometern Unterbewusstsein und angesteuert von Emotionen treffen, haben die meisten Leute Angst vor Gefühlen, sodass wir einen Zustand ohne Gefühle als erstrebenswert betrachten: „Halt die Emotionen raus", „Gefühle haben hier nichts zu suchen", „Sei nicht so emotional" sind Sätze mit denen im Alltag gerne um sich geworfen wird. Das geht jedoch nicht – ein Mensch ohne Emotion ist quasi tot. Lustig ist in diesem Zusammenhang vor allem, dass in unserer Kultur ein tief emotionaler Zustand wie Ruhe und Entspannung als „ohne Emotion" beschrieben wird. Irgendwie ist das recht seltsam, jedoch gibt es ein paar – im wahrsten Sinne des

Wortes – todsichere Mittel gegen Emotionen: 9mm, Strick, Rasierklingen, Schlaftabletten, Brücken, Züge - wir wollen mal nicht übertreiben. Es ging mir in erster Linie darum, zu demonstrieren, wie wir tatsächlich ticken und dass es nicht darum gehen kann, keine Emotionen mehr zu haben. Auch all diese Leute, die vorgeblich einen Zustand ohne Emotionen wollen, wollen in Wahrheit etwas ganz anderes: Sie wollen nicht keine Emotionen, sondern sie wollen ganz bestimmte Emotionen.

Das mit den Mustern und Programmen für unsere Entscheidungen lohnt noch einen näheren Blick. Ich nehme hier wieder die etwas ungenaue Analogie zum Computer und sage, ein Computer besteht aus Hardware und Software. Die Hardware ist diese graue, schwabbelige Masse im Kopf, durch die der Strom läuft - auch ähnlich wie beim Computer. Die Software unterteilt sich ganz grob in Betriebssystem und Anwendungssoftware – und so betrachte ich an dieser Stelle unser Gehirn. Das sogenannte Betriebssystem unseres Gehirns entsteht ganz früh im Leben und beinhaltet grundlegende Annahmen über sich selbst, die Welt und das Leben. Einige psychologische Schulen nennen diesen Teil der Programme Kernglaubenssätze. Sie betreffen zunächst mal die Person selbst und klingen vielleicht bei manchen so: „Ich störe", „Ich bin anders" oder „Ich bin nicht so der große Redner". Es ist an dieser Stelle noch nicht wichtig, wer, wann, wo oder wie für diese zentralen Glaubenssätze verantwortlich ist, dazu kommen wir in Kapitel 4 noch ausführlicher. Die Kernglaubenssätze beeinflussen jedoch unser Leben in jeder Sekunde unserer Existenz.

Es ist wichtig, diese Kernglaubenssätze nicht zu bewerten und in „gut oder schlecht" oder „richtig und falsch" zu unterscheiden – sie sind nichts davon. Sie sind da und sie blockieren Dich entweder oder sie helfen Dir. Das ist die Perspektive unter der ich diese Glaubenssätze betrachten will. Wenn wir den Satz: „Ich bin anders" nehmen, so hat er erst mal keine Wertung in sich selbst. Ich betrachte ihn als halbwegs neutral und wenig behindernd. Wenn sich jemand freiwillig eine Zwölftonoper antun will – so what! In Bezug auf das Thema Augenhöhe und Unterwürfigkeit trägt dieser Satz sogar eher dazu bei, Augenhöhe zu fördern, weil er schon mal für jeden seine Einzigartigkeit enthält und damit die Tür weit offen ist für das danach folgende „ich bin großartig". Der Satz, den ich dagegen als Killer für das Selbstbewusstsein, für die Augenhöhe und vieles mehr im Leben kennengelernt habe und der leider am weitesten verbreitet ist, lautet: „Ich bin nicht gut genug". In meiner Arbeit habe ich beobachtet, dass scheinbar 80% bis 90% der Leute diesen Satz auf die ein oder andere Art und Weise im Schädel haben – ich selber hatte ihn auch mal verinnerlicht. In der PR Sprache unseres Verstandes klingt dieser absurde Blödsinn ganz anders und lautet: „Ich bin Perfektionist". Knüller! Wer fühlt sich jetzt ertappt? Die gute Nachricht ist: Ihr seid nicht verpflichtet diesen Quatsch für den Rest Eures Lebens zu glauben! Hört einfach auf mit diesem Selbstbetrug! Wenn Du anderen gerne erzählst, Du seist ein Perfektionist, dann hast Du für kundige Zuhörer verraten, dass Du selbst Dich für nicht gut genug hältst. Denn was heißt „perfektionistisch"? Es heißt, dass es immer noch besser werden muss. Weil das, was Du schon gemacht hast, eben noch immer nicht gut genug ist. Selbst wenn andere Dir sagen: „Das ist doch super geworden", findest Du noch etwas, das besser werden könnte oder müsste. Dieses angeblich perfektionistische Prinzip ist nichts anderes als der Satz: „Ich bin nicht gut genug" – schmeiß ihn raus!

Wie genau Du diesen Satz loswerden kannst, werden wir später noch genauer erörtern, fürs erste ist einmal die Erkenntnis wichtig, dass dieser Satz Dein Leben eher negativ beeinflusst, denn er hat Dir die Unterwürfigkeit förmlich ins Betriebssystem Deines Gehirns implementiert: Wie hast Du Deine Schullaufbahn erlebt? Wie machst Du Deinen Job? Ich habe da so eine Vorstellung: Du arbeitest und arbeitest und arbeitest und es reicht nie. Deine Leistungen werden nicht anerkannt – nur: Wieso sollte Dich jemand anerkennen, wenn Du es selbst nicht tust? Du trittst auf der

Stelle und dann kritisierst Du auch gerne andere, denn was für Dich gilt, kann ja für andere nicht verkehrt sein, oder? Wenn Du z.B. Chef bist, dann ist Dir die Leistung Deiner Mitarbeiter auch nie genug.

Nun – wie wir gesehen haben, ist die Idee des rational, vernünftig und bewusst handelnden Menschen eine Illusion. Was also treibt dann diese Leute an, wenn wir wissen, dass sie genauso emotional gesteuert agieren wie alle? Es ist sehr einfach: Welches Gefühl treibt jemanden an, der 25 Excel Tabellen für etwas braucht, bei dem ein Anderer blitzschnell aus der Intuition heraus entscheidet? Es ist die Angst: Die Angst vor Fehlentscheidungen und vor Konsequenzen. Weil in unserer Kultur Angst nicht geachtet, sondern geächtet wird, schämen sich die Menschen für ihre Angst und wollen nicht darüber reden, geschweige denn die Angst zugeben. Da verstecken wir uns doch lieber hinter dem Satz: „Ich bin ein Rationalist". Bullshit – Du hast die Hosen voll und versuchst das mit einem Stock im Hintern zu kompensieren. Auch hier haben wir ein Beispiel für die antrainierte Unterwürfigkeit. Wir wollen die Angst nicht zugeben, weil wir glauben, wir würden auf diese Art Stärke demonstrieren - das Gegenteil ist der Fall. Lass uns also ganz schnell mit diesem Versteckspiel aufhören. Ich fange an: Ja, auch ich habe Ängste! Natürlich! Diese Ängste sind in etlichen Situationen im Leben sogar überlebenswichtig! Es wäre unvernünftig, sie zu ignorieren und/oder so zu tun, als ob sie nicht da wären. Blöd ist nur, wenn diese Ängste ständig mein Leben diktieren. Dann habe ich keine Angst, sondern dann bin ich die Angst. Wir sollten zugeben können: Jeder hat Angst/Ängste. Wenn wir doch nur alle entspannt damit umgehen könnten, doch stattdessen schämen sich Leute für ihre Angst und fühlen sich minderwertig, weil sie glauben, sie wären die einzigen Deppen auf diesem Planeten mit Angst – darum behaupten sie lieber: „Nein, ich habe keine Angst". Oft geht es sogar soweit, dass wir Angst vor der Angst haben und meinen, es wäre besser „sachlich" zu sein. Was für eine Schnapsidee! Anstatt zu versuchen, Deine Emotionen zu kontrollieren und deine Angst zu verstecken, ist es das genaue Gegenteil, was Dir hilft.

Konzentriere Dich auf Deine Emotionen und lass uns darüber reden, wie Du eine bestimmte Qualität in Deine Gefühlswelt bringst. Es geht nicht darum, ohne Gefühle zu sein, sondern darum, gelassen zu bleiben - emotional aus der Kraft heraus zu handeln und nicht aus der Angst. Innerlich groß zu sein und nicht klein. Wenn Du Dir für einen kurzen Moment vorstellst, Du könntest zu jedem Zeitpunkt Deines Lebens gelassen sein und innerlich großartig, von Dir selbst überzeugt und aus der Quelle Deiner Kraft heraus fühlend und handelnd - was würdest Du alles anders machen? Wenn Du Dir das vorstellen kannst, weißt Du was Augenhöhe wirklich bedeutet.

Gegenargumentsortierer

Achtung, jetzt wird es ruckelig für Dich. Ich werde Dir eine weitere Illusion darüber nehmen, wie Du agierst und vor allem kommunizierst und zwar genau in den Situationen, von denen Du meinst, sie wären der beste Beweis für Dein durchweg rationales und durch den Verstand gesteuertes Bewusstsein: Wenn Du mit anderen argumentierst.

Kennst Du die „Suchen"-Funktion auf Deinem Computer, wenn Du z.B. eine Datei finden willst oder ein Wort in einem Dokument? So etwas Ähnliches haben wir auch im Hirn - diese Utilities unseres Betriebssystems nennen sich auch Strategien und Metaprogramme und auch sie wurden irgendwann einmal programmiert, indem wir durch Erfahrung gelernt haben, wie wir entscheiden und vorgehen. Diese Metaprogramme können als Gegensatzpaare beschrieben werden - und wir liegen mit unserer persönlichen Strategie dann irgendwo zwischen den Extremen, mehr in die eine oder andere Richtung. Beide Pole haben jeweils Licht und Schatten - wie alles im Leben - und nur durch die spezifische Ausprägung der Metaprogramme ist jemand kein besserer oder schlechterer Mensch oder tut sich im Leben leichter oder schwerer. Zunächst einmal könnte es für Dich also wichtig sein zu erkennen, an welchen Stellen Metaprogramme aktiv sind, um Dich von ihnen zu distanzieren und eine andere Perspektive einzunehmen.
Es gibt z.B. Menschen, die sich primär von der Strategie: „weg von X" und andere, die sich eher von: „hin zu Y" leiten lassen. Wenn sie z.B. einen Job suchen, sagen die Einen: „Nie wieder so ein weiter Weg zur Arbeit, nie wieder so einen Chef, nie wieder so ein großes Unternehmen". Die Anderen orientieren sich nach dem Prinzip: „Job im Büro, mit angenehmen Menschen zusammen, in einem angenehmen Klima, kleine Firma". In beiden Strategien steckt Potenzial. Das Prinzip „weg von" ist auch das, was Dich z.B. auf die Straße bringt und Dir Power auf den ersten Metern gibt. Das „hin zu" ist dagegen das, was Dich durchhalten lässt

und Dir den langen Atem verleiht. Im Grunde brauchst Du beides. Nur ist es meist so, dass eine der beiden Strategien überwiegt - und dann ist es eben entscheidend, den fehlenden Teil durch bewusste Auseinandersetzung zu ergänzen, und das können wir lernen.

Der Gegenargumentsortierer ist ein solches Metaprogramm und sein Gegenstück ist der Gleichargumentsortierer. Wenn Du zu einem Gleichargumentsortierer sagst: „Du Blödmann!", wird er womöglich denken: „Hmm, das sagen die Leute öfter zu mir." - wenn Du das Gleiche dagegen zu einem Gegenargumentsortierer sagst, wird er vermutlich entgegnen: „Das sehen all die anderen aber ganz anders!" Es gibt Situationen, in denen sich der eine leichter tut, und es gibt Situationen, da ist es umgekehrt. Das macht nochmal deutlich, wie wenig wir aus dem Verstand heraus handeln. Wenn Du also ein Gegenargument suchst, dann hat das nichts mit der Situation zu tun. Du fällst einfach nur auf ein Metaprogramm Deines Hirns herein und Deine PR-Abteilung suggeriert Dir, dass ja alles vollkommen logisch und vernünftig ist. Zur Verdeutlichung kannst Du Dir diese Frage stellen: Gibt es auch nur irgendetwas auf diesem Planeten, zu dem es kein Gegenargument gibt? Ich betone „gibt" und nicht „zu dem Du keins findest" oder „eines, das Dir nicht gefällt" - nein, natürlich nicht. Es gibt einfach zu allem ein Gegenargument. Damit sind Gegenargumentsortierer auch die Leute, die am leichtesten manipuliert werden können. Auch wenn die Betroffenen selbst das weit von sich weisen würden, doch Du kennst sicher solche Menschen, denen Du einfach nur das Gegenteil von dem vorschlagen musst, was Du wirklich meinst! Du sagst einfach vorher: „Ich glaube ja nicht, dass das was für Dich ist" oder „Lass es lieber sein"!

Gorillas mit Meinungen

Die Illusion Menschen würden bewusst und rational und vor allem vernünftig entscheiden, haben wir soweit geklärt. Allerdings sind wir damit noch nicht tief genug eingestiegen, um zu erkennen was uns wirklich ausmacht. Im Grunde sind wir – wenn wir uns die verschiedenen Hirnbereiche anschauen, die wir aus der Evolution noch immer mit uns herumschleppen und von denen wir nicht viel wissen und die wir noch viel weniger bewusst benutzen – lediglich Gorillas. Wir haben wohl Meinungen, doch das sind nur Programme, die wir gelernt haben und diese Programme sind in den wenigsten Fällen von uns selbst geschaffen. Wenn wir es biologisch und evolutionär betrachten, sind wir tief unten noch immer Reptilien. Krokodile, Schlangen oder Eidechsen, die darauf programmiert sind zu überleben: entweder zu kämpfen, zu flüchten oder zu erstarren, um sich tot zu stellen. In vielen Situationen im Leben sind wir genau das: Wir manövrieren zwar ein High-Tech Fahrzeug mit massenhaft komplexen Fähigkeiten durch den Straßenverkehr, im Hintergrund läuft jedoch dauerhaft ein Programm, das wir nicht bemerken und das jederzeit die Kontrolle übernehmen kann und uns dann emotional in den „Ein Säbelzahntiger bedroht mein Leben" - Zustand katapultiert. In anderen Situationen sind wir wie Pferde in einer Herde, in der es dauernd darum geht, zu klären, wer der Chef ist. Auch dieser Teil ist eine evolutionäre Überlebensstrategie und auch den schalten wir nicht einfach so ab, weil uns die Illusion des rationalen Menschen besser gefällt. Vergiss es – nicht mal im Ansatz können wir das! Wir klären die Hierarchie vermutlich hunderte Male am Tag. Es fällt uns überhaupt nicht auf und wir haben unser Hirn so dermaßen mit intellektuellem Scheiß zugemüllt, dass wir das Offensichtliche nicht erkennen.

Bei Pferden ist das ziemlich einfach zu verstehen. „Führen" oder „geführt werden" hat jeweils einige Aspekte, die ich hier kurz beleuchte. Wenn ein bestimmtes Pferd der

Chef ist und führt, hat das einen gewaltigen Nachteil: Es ist anstrengend, Du wirst immer wieder herausgefordert und Du kannst Dich nur ganz schlecht entspannen, weil Du auch zum Teil für das Überleben der anderen verantwortlich bist. Also musst Du in dieser Position viel aufmerksamer sein. Ein Pferd, das sich unterordnet, hat es da einfacher und entspannter. Es achtet einfach auf den Chef und wenn es merkt, dass der aufpasst oder sich vielleicht sogar selbst entspannt, dann kann es selbst auch locker und entspannt grasen. Das heißt im Klartext nichts Geringeres, als dass ein Pferd in dem Moment, da es den anderen als Chef akzeptiert, damit auch sein Überleben zum Teil an ihn delegiert. Deshalb testen sich Pferde gegenseitig immer wieder, weil sie prüfen, ob sie sich immer noch darauf verlassen können, dass der andere in Fragen des direkten Überlebens kompetenter ist als sie selbst. Genau so funktionieren wir in gewissen Hirnbereichen auch – wir wollen es immer wieder wissen. Tief in uns gibt es Überlebensprogramme, die dazu da sind, zu prüfen, ob unser Gegenüber in Sachen Überleben kompetenter ist als wir und daher testen wir uns gegenseitig immer wieder.

Jetzt gibt es Schlauberger die meinen, wir hätten diese Programme auszublenden und unserem Verstand zu vertrauen. Alleine durch den Glauben an diesen Unsinn ist es zu erklären, dass unter Menschen die Exemplare, die in Tierherden die letzten Heuler wären, plötzlich Chef über Zehntausende Mitarbeiter oder sogar ein ganzes Volk werden können. Wir blenden unsere 11 km Unterbewusstsein aus, unterdrücken die eindeutigen Gefühle, die unsere evolutionären Programme erzeugen und lassen uns blenden von Schwätzern ohne Arsch in der Hose oder von Psychopathen, denen die Herde egal ist.

Ob wir es wahrhaben wollen oder nicht – wir sind immer noch Lust- oder Unlust-getriebene Säugetiere, die dauernd wissen wollen, wer gerade der Chef ist und die auf der Suche nach Sexualpartnern sind, weil es eben ein Teil des evolutionären Reproduktionsprogramms ist. Das stellen wir nicht einfach ab und auch keine Gleichheits- oder sonstigen Beauftragten werden uns dieses Programm aus dem Schädel löschen – vor allem nicht mit dem Instrumentarium von lächerlichen 15 mm im Vergleich zu 11 km.

Dazu einige Alltagsszenen, die Du wahrscheinlich kennst:

1. Du gehst durch die Stadt – eine Fußgängerzone. Du surfst durch den Strom an Menschen, der Dir entgegenkommt. In einer Entfernung von etwa 10 Metern kommt Dir jemand entgegen, mit dem Du einen kurzen Moment Blickkontakt hast. Du fühlst Dich „erwischt" und schaust weg. Dein intellektuelles Superhirn in den 15 mm wird sofort einen guten Grund dafür finden, warum Du das getan hast, weil Du nicht wahrhaben willst, was wirklich passiert ist: Du hast einen niedrigen Status kommuniziert - genau in dem Moment als Du weggeschaut hast. Das ist eines der vielen Programme, die vollautomatisch ablaufen und von denen wir nichts mitbekommen, solange wir uns nicht endlich damit auseinandersetzen.

2. Du sitzt in einer Besprechung. Anwesend sind zwei weitere männliche Kollegen sowie zwei weibliche Kolleginnen. Was ab jetzt passiert ist eines der schönsten Beispiele, wie sich diese verkopfte Pseudokultur, die hauptsächlich in „Soll-Zuständen" denkt, von unserer wirklichen Existenz und dem, was tatsächlich ist, abgespalten hat. In zig Büchern über Management und Führung u.a. steht, dass beide Seiten alles, was nicht gerade zum Job gehört, auszublenden haben. Was für ein Bullshit: Es ist nicht möglich, ein Millionen Jahre altes, evolutionäres Überlebensprogramm mal eben abzuschalten, nur weil manche Leute mit dieser Tatsache ganz schlecht klarkommen. Vor allem das Verhalten gegenüber dem anderen Geschlecht ist bei den Meisten so sehr mit Scham, Schuld, Peinlichkeit und anderen Kleinmachern durchzogen, dass viele Leute es lieber hätten, dass der Rest der Welt um sie herum sich klein macht, damit sie selbst sich nicht beschissen fühlen müssen. Organisationen, die vermeintlich für Frauenrechte, Menschenrechte oder ähnliches kämpfen, laufen häufig auf die Forderung von „Soll-Zuständen" heraus: Andere Leute müssen sich in ihrem Verhalten und in ihrer Haltung daran orientieren, was diese Leute gerne hätten, damit die sich besser fühlen. Die sind mit jemandem konfrontiert, der eine entspannte, leicht statushohe Haltung einnimmt und hätten es lieber, dass der sich anders hinsetzt, anstatt dass sie selbst lernen einen hohen Status zu haben. Wie sehr wünsche ich mir eine Welt, in der alle groß sind und ein solcher Unsinn endlich aufhört. Auch das ist ein Teil unserer Fassadenkultur, dass Männer sich verpflichtet fühlen, so zu tun, als ob eine Frau, die sie attraktiv finden, sie nicht wirklich interessiert, weil es sich in dieser Situation nicht gehört. Würden wir jedoch eine Videoaufnahme von uns sehen, die uns all die unbewussten körpersprachlichen Signale zeigt, die wir in solchen Situationen aussenden – wir würden uns in Grund und Boden schämen. Wozu eigentlich? Das Problem ist ja nicht unser Verhalten, sondern das Problem sind die Leute, die mit dem, was sich an evolutionärem Verhalten nicht auslöschen lässt nicht umgehen können und es nicht wahrhaben wollen. Es gibt leider viele Spezialisten, die versuchen unsere inneren Anteile aus dem Tierreich zu bändigen, zu zähmen, zu domestizieren und hinter meterdicken Mauern aus Selbstkontrolle einzusperren. Dabei wird unser Leben immer langweiliger, kontrollierter und deshalb gleichzeitig auch immer weiter angereichert mit Stresshormonen. Denn all diese Kontrollversuche sind in Wirklichkeit illusionär und unmöglich – sie kosten nur unnötig Energie.

Wir sind also tatsächlich Gorillas mit ein paar unwichtigen Meinungen. Genetisch sind wir ohnehin zu 99% mit dem Gorilla identisch – also was soll's? All diese Verhaltensstrategien, die mehr ins Tierreich gehören, lassen sich nicht im Kartenhaus eines verkopften, intellektualisierten Klugscheißers auflösen, der gerne hätte, dass die Schwerkraft gefälligst kleiner zu sein hat, damit er das eigene Gewicht nicht so spürt.

Anstatt die Tatsachen zu verneinen, zu verleugnen und dagegen anzukämpfen, könnten wir daraus was Sinnvolles machen und damit einfach gezielter umgehen.

Ich will Dir vor Augen führen, wie hinderlich viele dieser Programme und Überzeugungen für unser soziales Miteinander sind. Wenn es eine Erkenntnis aus meiner Arbeit mit Menschen in Organisationen gibt, dann die, dass es fast immer die unauthentischen Beziehungen sind, die den Ausgangspunkt von Konflikten bilden. Überlege einfach selbst, wie oft Du in schwierige Situationen geraten bist, weil Du nicht wolltest, dass irgendjemand dahinter kommt, was Dich in der konkreten Situation wirklich motiviert hat: Du hast Dir Ausreden einfallen lassen, die der andere Dir nicht abgekauft hat. Kein Wunder – Täuschung führt immer zum Verlust der Authentizität. Was für ein Ergebnis erwartest Du, wenn Dein Gegenüber sich wundert, was da nicht ganz koscher ist zwischen Euch. Das folgende Beispiel soll dies verdeutlichen. Stell Dir vor allem vor, dass in der folgenden Situation nahezu alles, was ich zuvor beschrieben habe, auf der Ebene der Körpersprache beobachtbar ist. Darum ist es aus meiner Sicht so überaus albern, diese Dinge nicht gleich offen auf den Tisch zu legen. Denn dann hätte jeder die Möglichkeit auf seine Art und Weise entspannt damit umzugehen. Also nun das Beispiel aus der Praxis:

In einem Weiterbildungskurs sitzen etwa 15 Leute seit ein paar Wochen zweimal die Woche abends zusammen, um sich für und zu irgendwas weiterzubilden. Das Alter ist ziemlich weit verteilt, so dass sich ein Durchschnittsalter von etwa 35 ergibt und es sind zur Hälfte Männer und Frauen im Kurs. Alles scheint stabil zu laufen, oberflächlich haben sich die Teilnehmer kennengelernt und der Kursbetrieb läuft so vor sich hin. Dann kommt eines schönen Abends ein neuer Trainer, der irgendein fachliches Thema abhandeln soll. Es beginnt der übliche Kram mit Kurzvorstellung und dem Abfragen von persönlichen Erwartungen. Danach startet der eigentliche Kurs und schon nach 10 Minuten passiert etwas Erstaunliches: Nachdem ein oder zwei Teilnehmerinnen nonverbale Werbungssignale an den neuen Trainer senden (diese sind vielfältig), registriert dies wiederum einer der männlichen Teilnehmer. Dieser hatte sich bis dato für einen Cheftypen gehalten und registriert die Werbungssignale nur unbewusst – jedoch ändert sich seine Haltung dadurch deutlich. Er verschränkt zuerst die Arme, dann die Beine, dann zeigt er im Gesicht Zeichen von Verachtung und danach häufen sich die vordergründig oberflächlichen, fachlichen Einwände gegen den Trainer. Während einer Gruppenarbeit sitzt er die meiste Zeit wortlos da und lässt das Geschehen an sich vorbeiziehen. Die übrigen Teilnehmer haben an diesem Abend ihren Spaß, daher traut er sich erst gegen Ende wieder was zu sagen, spart dann jedoch nicht mit Kritik.

Was hier an die Oberfläche kam, ist nicht etwa ein fachlicher Austausch von jemandem, der glaubt etwas besser zu wissen oder das Problem mit der formellen Asymmetrie, sondern ein Statusspielchen von jemandem, der einen Aufhänger gesucht hat, um den Weibchen in der Gruppe zu signalisieren: „Schau her, ich attackiere den Typ da vorne, ich bin doch viel besser. Finde mich gut, wähl mich aus!"

Wie hat das alles angefangen?

Nachdem wir uns schon ein wenig mit unserer menschlichen Evolution beschäftigt haben und einiges darüber gelernt haben, wie das Hirn funktioniert, gehen wir noch einmal kurz zurück dorthin, wie das alles bei jedem einzelnen Menschen anfängt. Auf diesem Gebiet gibt es vielfältige Informationen, angefangen bei Gerald Hüther über Manfred Spitzer, was die Hirnforschung betrifft, über die Säuglingsforschung und die Entwicklungspsychologie (etliche Erkenntnisse daraus finden sich z.B. in der sehenswerten Dokumentation „Alphabet" von Erwin Wagenhofer), bis hin zu moderner Sozialforschung. Was wir inzwischen über unsere Menschwerdung wissen, ist so ziemlich das Gegenteil von dem, was die Menschheit über Jahrhunderte geglaubt hat.

Wir kommen in die Welt und sind nach der Geburt zunächst vollkommen abhängig. Daher haben wir ein inneres Programm, das auf gegenseitiger Kooperation beruht. Säuglinge lieben die Menschen, von denen sie versorgt werden. Nach ungefähr einem halben Jahr erkennen kleine Kinder bereits die Verhaltensmuster der Menschen um sie herum und sie verinnerlichen unbewusst die Strategien, die ihnen bedeutungsvoll erscheinen. Das zeigt, dass wir schon weit mehr und weit früher „Erziehungsprozessen" ausgesetzt sind, als wir es vermuten - wenn wir die pränatale Phase ganz außen vorlassen, die in dem Zusammenhang sicher auch noch spannend wäre. Säuglinge kopieren also die Strategien der Familie. Wenn eine Person innerhalb der Familie erfolgreich damit ist, sich rücksichtslos gegen andere durchzusetzen, dann wird auch diese Strategie imitiert und kann sich im Laufe der Entwicklung verfestigen. Später könnte eine solche Person z.B. sehr erfolgreich Vorstandsvorsitzender werden. Bis wir etwa fünf Jahre alt sind, haben wir gelernt, wer wir sind, was wir können, was wir nicht können und was wir zu tun haben. Im elterlichen Zuhause lernt das Kind diese Kernglaubenssätze und wird dabei meist erfolgreich zum Objekt gemacht. Nun hat das Kind zwei Möglichkeiten mit dem Schmerz umzugehen, der entsteht, wenn wir zum Objekt gemacht werden: Es lernt entweder sich zu fügen, sich selbst zum Objekt zu machen, jemand, der im Leben nichts zu melden hat und gefälligst zu tun hat, was andere ihm sagen oder das Kind lernt, die anderen zum Objekt zu machen durch Widerstand und Gewalt. Kinder sagen dann so was wie: „Papa ist ein Arsch". Wenn das Kind später groß und alt genug ist, und die Drohungen und Sanktionen der Eltern nicht mehr greifen, entstehen nicht selten Familiendramen, wenn sich die 10 oder 15 Jahre angestaute Wut und Frustration entlädt. Der Aspekt, dass wir gelernt haben „Wer wir sind" ist dabei zentral, denn mit dieser Urprogrammierung in unserem Betriebssystem werden wir jetzt ins Leben geschickt. Selbst wenn wir bis zu diesem Punkt schon einiges von dem Potenzial verloren haben, das ursprünglich in uns ist, liegt noch ein gewaltiger nächster Schritt vor uns, der uns den Rest gibt und der die katastrophalste Auswirkung auf unsere Entwicklung hat: Wir gehen zur Schule. Was die Eltern bis dahin nicht zerstört haben – spätestens die Schule haut es zu Bruch. Auch dazu gibt es weitreichende Informationen von Vera Birkenbihl, John Taylor Gatto oder Prechts „Anna und die Schule". Eigentlich ist zu diesem Thema alles gesagt, in Kapitel 4 werde ich dennoch auf ein paar zentrale Dinge noch genauer eingehen.

Alles Programme – auch Du

Ich will die Analogie zum Computer hier noch einmal aufgreifen, um die Tragweite unserer Programme ganz klar zu machen. Denn wenn wir nach den Glaubenssätzen oder Kernglaubenssätzen noch eine Etage tiefer gehen, landen wir bei unseren Vorstellungen von uns selbst. Wenn ich Dich also frage: „Wer bist Du?", was antwortest Du? Wenn Du zu der einen Hälfte der Mehrheit gehörst, dann antwortest Du mit Deinem Namen: „Ich bin Karl Napp" und ich frage: „Du bist also Dein Name?", gehörst Du zur anderen Hälfte, antwortest Du mit Deinem Beruf: „Ich bin Anwalt" und ich sage: „Schade – ich bin davon überzeugt, dass Du weit mehr bist als ein Beruf". Was also bist Du? Lass diesen Gedanken wirken! Oft kommen dann kommen solche Antworten wie: „Ich bin ein Mensch" - Du bist also eine biologische Gattung? – oder: „Ich bin ich" – doch was genau bedeutet das denn? Da kommst Du ins Grübeln? Wer bist Du? Du hast eine Geschichte – bist Du Deine Geschichte?

Lass es mich abkürzen: Du hast Programme. Die wurden Dir – wie wir bereits gesehen haben – von anderen ins Hirn geschrieben. Du hast auch irgendwann in Deinem Leben von anderen gehört, wer und was Du bist. Du hast das akzeptiert, verinnerlicht, Dich dran gewöhnt und zu guter Letzt hast Du Dich damit identifiziert und inzwischen glaubst Du, Du wärst das. Ist Dir klar, dass die Vorstellung, die Du von Dir hast, lediglich ein weiteres Programm ist? Du identifizierst Dich also mit einem Programm? Das ist jetzt echt krass. Wenn Du Dich tiefer auf dieses kleine Spiel einlässt, kann es Dir den Boden unter den Füßen wegziehen. Was ist dieses verdammte „Ich"? Es ist eine Vorstellung, ein Bild, ein Konstrukt, ein Gedanke. Es ist alles, nur nicht real. Was glaubst Du, was andere von Dir sehen, wenn sie Dir begegnen? Glaubst Du sie begegnen wirklich Dir oder begegnen sie vielmehr der Vorstellung, die sie von Dir haben? Kennst Du Udo Lindenbergs: „Eigentlich bin ich ganz anders, ich komm nur viel zu selten dazu"?

Stimmt das oder nicht? Ja, natürlich! Eigentlich bist Du ganz anders. Also was bist Du dann uneigentlich? Dieses „Ich", was wir alle mit uns herumtragen, ist eine Illusion. Nicht umsonst nannte es C. G. Jung das „fiktive ich". Dieses Ich ist nichts anderes, als eine von von innen und außen genährte Vorstellung, die sich durch die Gewohnheit im Leben breit gemacht hat. So was wie ein geistiger Parasit, der von Deinem System Besitz ergriffen und sich verselbstständigt hat. Noch mehr: Der Parasit macht Dich glauben, er wäre Du. Lass uns die Metapher mit dem Parasiten mal ausweiten, denn ich finde sie sehr passend: Stell Dir vor, dass Du einen Bandwurm hast – eindeutig ein Parasit, der Dir wesentliche Bestandteile von Nahrung entzieht, so dass Du über alle Maße essen musst. Nur weil der Parasit bestimmte Nährstoffe bevorzugt, bekommst Du Heißhunger auf ganz bestimmte Lebensmittel. Nun frage Dich: Wer entscheidet, was Du isst – Du oder der Bandwurm? Klar kannst Du Dich der Illusion hingeben, Du würdest das selber entscheiden. Dann erinnere Dich, wer in Deinem Bauch sitzt und „zufällig" genau die Nährstoffe braucht, die Du da gerade so eifrig in Dich hinein schaufelst. Ebenso ist es mit einem geistigen Parasiten, denn er macht genau dasselbe wie ein physischer: Er klaut Dir Energie und zwingt Dich dadurch immer wieder für Nachschub zu sorgen. Er lenkt Deine Aufmerksamkeit auf das, was ihn nährt, während Du glaubst, Du suchst Dir selber aus, welche geistige Nahrung Du zu Dir nimmst.

Ärger ist ein Beispiel für eine Parasitenstrategie. Ärger ist eine Emotion, die einzig und allein von diesem „Ich-Programm Parasiten" gesteuert wird und je mehr Du Dich ärgerst, desto mehr freut er sich. Und während Du Dich fleißig ärgerst, trinkst Du Gift und hoffst, dass der andere über den Du Dich ärgerst davon stirbt. Tatsächlich nährst Du damit nur dieses Programm, das sich damit selbst am Leben erhält. In einem liebenden, glücklichen und selbstbewussten, menschlichen Wesen kann ein solcher Parasit nicht gedeihen – überleben schon, er kann sich nur nicht ausbreiten und die Kontrolle übernehmen.

Damit sind wir bei einem wesentlichen Punkt: Der Parasit ist nun mal da und geht auch nicht weg. Manchmal hat er sogar eine wichtige Aufgabe, denn der Parasit hat ein paar Fähigkeiten, die dazu geeignet sind, schwierige, komplexe Probleme zu lösen. Dann wird aus dem Parasiten ein Symbiont. Das ist jedoch ein ganz schön schwieriger Weg. Die Frage ist also: Bist Du dieses Parasiten-Programm oder hast Du eines? Nutzt Du dieses Werkzeug oder benutzt das Werkzeug Dich?

Da ist z.B. das „Ellen-Programm". Es sitzt im Gehirn des Körpers einer Frau und reißt in jedem Raum in den es kommt die Aufmerksamkeit an sich, weil das „Ellen-Programm" von Applaus lebt. Kaum eine Unterhaltung an einem Tisch mit mehreren Leuten, die das „Ellen-Programm" nicht innerhalb von drei Sätzen an sich gerissen hat und dann sonnt sich das „Ellen-Programm" in dem Glauben, alle anderen fänden sie toll. Die betreffende Person übersieht vor lauter Bezogenheit auf ihr „Ellen-Programm" die genervten Gesichter. Ellen ist fest davon überzeugt, dass sie das „Ellen-Programm" ist. Sie hat sich so sehr damit identifiziert, dass es ihr nicht möglich ist, ein alternatives Ich-Programm zu finden, das ihr im Leben mehr dient, als die sich selbst am Leben erhaltende Scheinidentität.

Max dagegen ist ein Intellektueller vor dem Herrn – glaubt er - doch in Wirklichkeit glaubt nicht Max das, sondern sein „Max-Programm". Auch das Max-Programm mag Aufmerksamkeit und noch viel lieber Anerkennung. Deshalb lässt das Max-Programm gerne Sätze vom Stapel, die Du fünfmal mit Fremdwörterlexikon lesen musst, bevor Du sie verstehst. Das Max-Programm wartet seit Jahren darauf, dass mal wieder jemand kommt, der ihm auf die Schulter klopft und sagt: „Du bist aber mal ein cleverer Typ". Nur irgendwie passiert es nicht und als Konsequenz wird das Max-Programm nicht müde, anderen zu erzählen, wie minderwertig sie sind - im Gegensatz zu ihm dem Superintelligenten. Er kann in einer Diskussion drei Gesprächsstränge gleichzeitig managen und die anderen in Grund und Boden reden. Wenn er das tut, hält er sich für den Größten und das Max-Programm nährt sich auch hier selbst und gaukelt dem armen Kerl vor, es wäre Max. Leider merkt Max selbst nicht, dass er dadurch kaum wirkliche Freunde findet. Was er findet, sind Bewunderer, Anhänger und vor allem Gegner. „Viel Feind, viel Ehr", meint das Max-Programm. Wenn seine Bewunderer ihn nicht mehr bewundern, weil sie das „Max-Programm" durchschaut haben, wechselt Max regelmäßig seine Sozialkontakte. Das Max-Programm sagt dann: „Ich bin halt so" oder „Ich kann halt nicht über meinen Schatten springen". Armer Max – er ist nur sein Programm und merkt es nicht.

Während ich dabei war, dieses Buch zu schreiben, hatte ich einige Begegnungen mit Menschen, bei denen ich Bestätigung fand, für das, was ich Dir hier alles mitgebe. Eine bestimmte Begegnung hat mich schließlich dazu inspiriert die folgende Parabel zu schreiben, in der ich die bittere Konsequenz eines Lebens aufzeige, dass ausschließlich programmgesteuert funktioniert. Ich will Dich dabei ganz besonders auf die Bedeutung des Wortes „funktionieren" hinweisen. Was funktioniert denn? Eine Maschine funktioniert, ein Auto, ein Rasenmäher, ein Computer: Besonders bizarr mutet es mich dagegen an, wenn Menschen über ihre Tiere reden, die mehr oder weniger „funktionieren". Ein Hund, der beim Spaziergang einfach nicht „hört", weshalb der Halter davon spricht, dass der Hund nicht funktioniert, hat kein Lebewesen, mit dem er lebt, sondern ein Statussymbol, dass er spazieren führt. Ein Reiter, der sagt, sein Pferd „funktioniere" nicht, hat kein Lebewesen unterm Hintern, sondern ein Sportgerät – und entsprechend gehen die Leute mit ihren Tieren um. Zum Verzweifeln bringt es mich, wenn Leute auch über andere Menschen und - ganz besonders krass - über ihre eigenen Kinder sagen, dass diese in einer gewissen Art „funktionieren": Da verwechseln Leute Menschen oder Tiere mit Maschinen und wundern sich, dass bei allem Drücken und Schieben nicht das kontrollierte und vorhersagbare Ergebnis herauskommt, das sie gerne hätten. Ich möchte Dich mit der Geschichte vom Herrn Dunkelmann einladen zu reflektieren, wie viele Dinge in Deinem Leben ebenso ablaufen: Wie viele Komfortzonen hast Du Dir selbst gebaut, die Dir im Grunde gar keinen Komfort bieten, sondern die Dein Leid vergrößern oder sogar verursachen? Wie oft begegnest Du im Leben Seiten von Dir selbst, die Du am liebsten irgendwo in einem dunklen Keller wegsperren willst, damit sie niemand sieht?

Mach Dir klar, dass Du Dir damit Dein Leid vergrößerst. Ein guter Bekannter von mir hat mal gesagt: „Alles was nicht verarbeitet wird, wandert auf die Festplatte und wirkt von dort unbewusst". Es ist auch albern zu glauben, dass die anderen Deine Schatten und Abgründe nicht sehen, denn Du kommunizierst sie andauernd, ohne es zu bemerken. Also entspann Dich, leg die Füße auf den Tisch, sag: „Scheiß drauf, was die anderen denken!" Fang an über Deine Unzulänglichkeiten zu lachen und hör auf, Dich zu verstecken - und wenn Dir jemand deswegen komisch kommt, denke und/oder sage Dir: „Wer ohne Sünde ist, werfe den ersten Stein". Jeder von uns ist ein kleines bisschen Herr Dunkelmann – und jeder von uns darf auch entscheiden, wann er endlich das Licht anmacht.

Die Geschichte vom Herrn Dunkelmann

Herr Dunkelmann lebt vollständig im Dunkeln. Er weiß nichts davon – er hat sich Jahrzehntelang an den Zustand gewöhnt. Er kennt sich aus in seinem Raum. Er bewegt sich darin mit einer gewissen Sicherheit, wie ein Blinder, der sich in seinem Haus gut auskennt. Er weiß wo der Tisch ist, die Stühle, die Schränke – an der Wand hinter dem Tisch hängt auch ein Bild seiner Frau, das weiß er genau. Seine Frau lebt in einem anderen Universum, auch das weiß er nicht. Er weiß, dass da ihr Bild hängt und das reicht ihm – er glaubt sie wäre bei ihm.

Herr Dunkelmann ist aufgewachsen wie die meisten Kinder. Seine Kindheit war ganz normal, wie er immer betont, und vielleicht ist genau das das Problem. Herr Dunkelmann hält sich für normal und legt großen Wert auf Normalität. Er kam als Kind natürlich im Licht zur Welt. Doch irgendwann haben ihn seine Eltern in einen dunklen Raum gesperrt: „Es ist zu seinem Besten", sagten sie dabei immer wieder. Er hätte sich schon früh im Leben an die Welt da draußen anzupassen, damit er richtig funktioniert. Wer funktionieren soll, muss sich früh an die Dunkelheit gewöhnen. Seine Eltern kannten auch nichts anderes als Dunkelheit und natürlich erzogen sie ihr Kind im Geiste dieser Dunkelheit. Sie meinten es nicht böse, sie kannten eben nichts anderes, genauso wie die Eltern der Eltern und deren Eltern. Jedes Mal, wenn die Eltern zu Herrn Dunkelmann so etwas sagten wie: „Frag nicht so blöd", dimmten sie das Licht in seinem Haus ein wenig herunter. Mit jeder Ohrfeige flog eine Sicherung heraus, was zu noch größerer Dunkelheit in seinem Haus führte. Herr Dunkelmann sagt: „Die Ohrfeigen haben mir ja nicht geschadet. Auf diese Weise habe ich gelernt zu funktionieren" und so gab Herr Dunkelmann auch seinen Kindern Ohrfeigen und sagte zu Ihnen Sätze wie: „Das brauchst Du nicht zu wissen".
Das Leben von Herrn Dunkelmann besteht aus Funktionieren. Alles muss für ihn funktionieren – er, seine Frau,

seine Kinder und auch alles andere mit dem er in Kontakt kommt. Er kennt nichts anderes. Deshalb umgibt er sich am liebsten mit Wesen, die funktionieren, die keine Fragen stellen. So wie Herr Dunkelmann auch, denn er stellt überhaupt keine Fragen. Im Funktionieren gibt es keine Fragen, sondern nur Antworten. Trifft Herr Dunkelmann auf jemanden mit Fragen, versucht er ihn in die Dunkelheit zu ziehen, denn hier kennt er sich aus. Herr Dunkelmann hält sich auch Haustiere. Mal einen Hund, mal eine Katze oder auch ein Pferd. Egal welches Lebewesen – für Herrn Dunkelmann muss auch das Tier funktionieren. Darum zieht er auch sein Haustier in die Dunkelheit. Könnte er in seiner Dunkelheit etwas sehen, würde er bemerken wie leblos die Augen derjenigen sind, die er zu sich in seine Dunkelheit gezogen hat. Doch solange alles funktioniert, hat er gar keinen Grund überhaupt nur etwas wissen zu wollen.

Herr Dunkelmann hat auch zwei Kinder – einen Sohn und eine Tochter. Sie sind beide erwachsen und leben ihr eigenes Leben. Die Tochter lebt auch im Dunkeln und funktioniert, wie er es von ihr erwartet. Sie stellt keine Fragen und sie ist bereit sein Haus zu übernehmen, auch über seinen Tod hinaus. Sie heiratet demnächst und darauf ist Herr Dunkelmann sehr stolz. Sie heiratet einen Jungen aus der Nachbarschaft, den Sohn der Familie Düsterwald. „Ein schönes Paar geben sie ab", sagt Herr Dunkelmann gerne. Ingo Düsterwald ist ein perfekter Schwiegersohn – er arbeitet bei der Sparkasse, wo auch nicht gerne Fragen gesehen werden und wo es perfekt funktionierende Dunkelmänner sehr weit bringen.

Nur der Sohn von Herrn Dunkelmann will ihm so gar nicht gefallen – er widerspricht häufig und stellt viele Fragen. „Frech ist er", sagt Herr Dunkelmann. Denn der Sohn will gar nicht funktionieren, sondern trifft gerne eigene Entscheidungen. Er hat sogar eine Taschenlampe, damit er auch im Dunkeln etwas sieht. Herr Dunkelmann fürchtet sich davor, wie er sich auch vor seinem Sohn insgesamt fürchtet. Menschen, die etwas sehen, sind ihm verdächtig.

Er hat keine Ahnung warum, doch er fürchtet sich vor jedem mit einem Licht, weil er nicht will, dass jemand sieht, wie es in seinem dunklen Haus aussieht. Vielleicht ist es ja staubig oder schmutzig. Vielleicht sind einige der Dinge, von denen er genau weiß, wo sie stehen und wie sie funktionieren, kaputt. Auf jeden Fall will er nicht, dass das irgendjemand sieht.

Manchmal – ganz selten – begegnet Herr Dunkelmann Menschen, die im Licht leben. Sie stellen viele Fragen und sie funktionieren nicht, wie er es gewohnt ist. Sie wollen partout auch nicht so funktionieren, wie die Welt in Herrn Dunkelmanns Haus funktioniert. Wenn Herr Dunkelmann sagt „Das macht man nicht", wollen sie eine Begründung. Wenn Herr Dunkelmann sagt: „Das macht man so", sagen sie, dass sie es dennoch anders machen. Diese Menschen laden Herrn Dunkelmann immer wieder dazu ein, ins Licht zu kommen. Doch genau davor hat Herr Dunkelmann die größte Angst und deshalb meidet er solche Leute, wo es nur geht. Selbst wenn diese Leute kurzzeitig Licht machen, hält er sich die Augen zu, weil er nicht sehen will.

Einmal hatte er kurz hingesehen, als jemand mit einer Lampe in seinem Haus herumgelaufen ist. Da hat er einen kurzen Eindruck bekommen, wie es wirklich aussieht: Sein Hund lag leblos neben dem Sofa, daran war ein Fuß abgebrochen und das Sofa hing ganz schief und staubig im Raum. Überall waren Spinnennetze, stapelten sich Müllbeutel und Unrat und das Bild von seiner Frau war eine hässliche Fratze. Er sah auch kurz seine Tochter – eine gebückte kleine, dürre, bleiche und gebrechliche Gestalt. Von diesem Anblick war er so schockiert, dass er sich geschworen hat nie wieder ins Licht zu blicken. Er wollte seine Welt in Erinnerung behalten, wie er sie kannte. Er wollte in einem Haus wohnen, in dem alles funktioniert. Dazu muss er nichts sehen – es reicht zu wissen, wo die Dinge stehen, und wie sie funktionieren.
Erstaunlicherweise kam Herr Dunkelmann nicht auf die Idee Licht zu machen, aufzuräumen und sich neu einzu-

richten. Er kam nicht auf die Idee, dass alles in seinem Haus auch von ihm so gestaltet werden könnte, dass er darin glücklich wird. Die Angst davor, sich selbst einzugestehen, jahrzehntelang im Dunkeln gelebt zu haben, hielt ihn davon ab, sich dafür zu interessieren, wie es sein könnte. Er würde sich selbst und anderen gegenüber nicht eingestehen, dass er ein Leben im Dunkeln führt. Schließlich kennt er nichts anderes, und Licht – das ist ein Mythos, glaubt er. Er könnte es nicht ertragen zu wissen, dass er jahrzehntelang nur aus Angst das Licht gemieden hat. Er will auch nicht wahrhaben, dass er Angst hat. Er sagt: „Ich habe keine Angst – ich weiß doch wie alles funktioniert". Doch manchmal, nachts im Schlaf, da träumt er vom Licht. Doch daran kann er sich am nächsten Morgen nicht mehr erinnern. Er muss weiter funktionieren, immer weiter und weiter, jeden Tag – ohne Hoffnung. So funktioniert Herr Dunkelmann weiter und wenn er nicht gestorben ist, dann funktioniert er noch heute - ohne je gelebt zu haben.

Fassaden – wer ist das Weichei?

Im Laufe unseres Lebens türmen wir auf unsere elterliche Prägung, mit der wir ins Leben starten immer mehr eigene Erfahrungen auf. Jede dieser Erfahrungen wird jedoch unter den Bedingungen der Prägung wahrgenommen, verarbeitet und gespeichert. Mit etwa 18 Monaten entwickeln wir ein „Ich Gefühl" und ergänzen es dann mit Vorstellungen von „mein", „mir", etc. Diese Vorstellungen werden wiederum Bestandteil unserer Ich-Identität, mit der wir unsere weiteren Erfahrungen machen, wahrnehmen, verarbeiten und speichern. So entsteht Stück für Stück das, was wir Selbstbild nennen. Dazu gesellt sich wenn wir älter werden ein geistiger Überbau aus Vorstellungen, Glaubenssätzen, Werten und geistigen Konstrukten, die wir unserem Selbstbild hinzugefügt haben und von dem wir glauben, es wäre ein erwachsenes Selbstbild.

Nun kommt es im Leben immer wieder zu eklatanten Widersprüchen zwischen der Vorstellung die wir von uns selbst haben und dem, was Anderen an uns auffällt. Das liegt ebenfalls daran, dass unsere Handlungen eher aus den 11 km kommen, die als unbewusstes Repertoire durch Imitation entstanden ist und nicht aus den 15 mm, die unser bewusstes Denken und unsere Vorstellungen repräsentieren. Stellt Dir vor, dass Du im Auto neben jemandem sitzt, der die ganze Zeit tobt, sich ärgert, sich über andere Autofahrer aufregt und in seinem gesamten Stil Auto zu fahren hauptsächlich Aggression transportiert und der gleichzeitig davon überzeugt ist, dass es die anderen sind, die einen an der Klatsche haben und er in Wirklichkeit vollkommen ruhig und gelassen ist - dann weißt Du, was ich meine. Die Aggression und Wut beim Autofahren ist der Person selber gar nicht bewusst: Die hat er womöglich schon als Dreijähriger gelernt, als er mit seinem cholerischen Vater im Auto gefahren ist und er imitiert heute immer noch unbewusst dieses Verhalten.

Diese Vorstellung, die wir von uns selbst haben, nennen die Fachleute Eigenbild oder Selbstkonzept und das Bild, das andere von uns haben, wird als Fremdbild bezeichnet. Dabei entstehen jedoch zwei problematische Felder in der zwischenmenschlichen Kommunikation: Die Fassaden, die wir anderen vorspielen und unsere blinden Flecken, bei denen wir uns nur auf unsere Vorstellung verlassen und keine echte Wahrnehmung der Realität haben. Der Bereich der Fassaden stellt den Teil von uns dar, der von unseren aktuellen Überlegungen betroffen ist. Der Ausdruck „blinder Fleck" kommt aus der Augenoptik und bezeichnet tatsächlich einen Punkt im Auge, in dem es nichts sieht, sondern das Gehirn die Lücke durch Ergänzung aus der Umwelt erschließt, also konstruiert. Viele Menschen gehen davon aus, dass ihre Fassaden von anderen nicht zu durchschauen sind, doch da irren sie sich gewaltig. Fassaden sind nun einmal nicht echt und die meisten Menschen haben ein feines Gespür für Authentizität, auch wenn ihnen das häufig nicht bewusst ist. Zumindest intuitiv erkennen die meisten Menschen an anderen, ob ihr Verhalten „echt" oder nur eine Fassade ist. Noch genauer können Menschen die Fassaden der anderen durchschauen, wenn sie gelernt haben Körpersprache zu lesen. Wenn jemand auch das Gehörte hinsichtlich der dahinter liegenden Muster zu deuten weiß, dann wird es absolut klar, ob jemand echt ist oder nur eine Fassade erzeugt.

Seit Jahrhunderten gelten Fassaden jedoch als etwas Großartiges – die Fähigkeit, sich zu kontrollieren und die Gefühlswelt anderer um uns herum so weit wie möglich auszublenden wird geschätzt. Eine der wundervollsten Eigenschaften, die wir Menschen besitzen, nämlich die Fähigkeit zur Empathie, ist dagegen seit Jahrhunderten gebrandmarkt als Zeichen von Schwäche.

Kleine Kinder sind zunächst absolute Experten im Interpretieren von Körpersprache, lernen jedoch den eigenen Fähigkeiten zu misstrauen, wenn sie die Erfahrung machen, dass ihre Eltern nicht zu den Gefühlen stehen, die durch deren Körpersprache signalisiert werden, sondern vielmehr auf die Fassaden verweisen: „Nein, ich bin nicht traurig, es ist nichts!" So wurden wir zu blinden und tauben Erwachsenen, denen man Gefühle in Sprache und Körpersprache auf dem Silbertablett präsentieren könnte – wir würden sie nicht erkennen. Nur aus diesem Grund „funktionieren" die Fassaden noch immer. Sie funktionieren nicht, weil manche Menschen so gute Schauspieler sind, sondern weil die meisten Menschen mangelhafte Körpersprachenleser sind. Zum Themenkomplex Körpersprache empfehle ich vor allem Paul Ekman und Amy Cuddy und glaub mir – die meisten Fakten sind komplett anders als Du bis heute glaubst.

Nun haben wir uns also all die Muster der Eliten über Jahrhunderte angeeignet und betrachten sie zum großen Teil immer noch als selbstverständlich. Durch Glaubenssätze, wie: „Ein deutscher Junge kennt keinen Schmerz", „Reiß Dich zusammen!", „Der Klügere gibt nach" und „Beiß die Zähne zusammen!" lernen Kinder, dass sie mit ihren echten Gefühlen nicht OK sind und orientieren sich an anderen Vorgaben. Über Jahrhunderte hinweg hat man uns erzählt, wer seine Gefühle zeigt, wäre ein Weichei. Mal ernsthaft: Wer ist das Weichei? Der, der sich versteckt oder der, der sich zeigt? Wir haben das nahezu kranke Verhalten einer bestimmten Gruppe von Menschen, die sich statistisch häufiger in höheren Positionen findet zum allgemeinen Maßstab erklärt und verinnerlicht und glauben diesen Blödsinn tatsächlich, ohne uns je darüber Gedanken gemacht zu haben. Wie oft heißt es, wir sollten nicht so emotional sein? Wie oft heißt es, wir sollten unsere Gefühle draußen halten? Was für ein Unsinn, vor allem aus hirntechnischer Sicht, denn – wie schon gesagt - ein Hirn ohne Emotion ist ein totes Gehirn.

Es ist sogar recht einfach, diesen Quatsch mit einem einzigen Satz zu Fall zu bringen, denn wer keine Gefühle zeigen will, der versteckt sich. Darum wiederhole ich die Frage: Wer ist das verdammte Weichei?

Der, der sich zeigt oder der, der sich versteckt? Darum: Scheiß drauf und zeig Dich endlich! Zum einen kannst Du ohnehin nichts verbergen, denn immer mehr Menschen eignen sich die Fähigkeit an, Gefühle zu lesen. Zum anderen: Wovor fürchtest Du Dich? Gefühle zeigen ist ein Zeichen von Stärke, von Authentizität, von Charakter.

Es geht jedoch auch nicht darum, zu glauben, wir bräuchten überhaupt keine Fassaden mehr. Manchmal schützen sie uns und sind sinnvoll. Insofern sind Fassaden bauen und sogar Lügen ein Teil unserer evolutionären Überlebensstrategie. Dennoch sind Fassaden in großer Menge auf Dauer extrem anstrengend: Jede Fassade muss durch eine weitere Fassade aufrechterhalten werden. So bauen wir Kartenhäuser aus Fassaden und sind umso geschockter, wenn dieses ganze Kartenhaus irgendwann in sich zusammenfällt. Deshalb meiden wir auch Menschen, die unangenehmen Fragen stellen, weil sie solch ein Kartenhaus mit Leichtigkeit zum Einsturz bringen könnten. Stattdessen erzählen wir uns lieber Geschichten über diese Menschen und bauen uns damit die nächste Fassade - Du merkst schon, das kostet Kraft und Energie. Deshalb geht die Energie in vielen Gesprächen auch mehr in Richtung der Kontrolle der Fassaden und ist somit verloren für die Teile, die in einer Begegnung und Kommunikation tatsächlich von zentraler Bedeutung sind: Aufmerksamkeit, Beobachten, Empathie, Neugier, etc.

Darum tu Dir selbst den Gefallen und baue Deine Fassaden Stück für Stück ab! Dann bist Du nicht länger in Dir selbst und Deiner privaten Scheinwelt gefangen, sondern kannst Dich tatsächlich mit der realen Welt und den Menschen um Dich herum befassen. Natürlich kannst Du selbst entscheiden, wann Du Dich zeigst und wann nicht. Finde selbst heraus wo Deine Grenzen sind und frag dazu auch nicht schon wieder einen Experten! Denn es gilt in jedem Fall: Je weniger Fassaden, desto leichter wird das Leben.

Wer hat eigentlich das Problem?

Bis jetzt habe ich Dich auf die Reise mitgenommen, in deren Verlauf Du gelernt hast, wie Du wirklich tickst. Du entscheidest nicht bewusst, sondern handelst aus Gefühlen und gespeicherten Mustern/Programmen heraus. Was ich Dir jetzt noch mitgeben will, dient dazu, Dein Denken, Fühlen und Handeln im Zusammensein mit anderen zu regulieren, denn mit dem bisherigen Wissen, das wir hier gesammelt haben, hättest Du in jeder Situation allen Grund der Welt zu sagen: „Das war ja nicht ich. Das war ja mein Unterbewusstsein. Dafür kann ich ja nichts". Dem ist nicht ganz so, denn natürlich hast Du einen Einfluss auf Deine unterbewussten Prozesse. Dazu gehört u.a. mit welcher geistigen Nahrung Du dieses Unterbewusstsein fütterst, welche Programme Du trainierst, welche Programme Du bewusst reduzieren willst und wie weit Du Gedankenhygiene betreibst. Und es ist aus meiner Sicht nicht nur wichtig, sondern auch unglaublich erleichternd zu wissen, welche Verantwortungen in diesem Spiel unterwegs sind und wer welche davon zu tragen hat. Sagen wir, es geht um die zentrale und einfache Frage: Was ist Meins und was ist Deins?

Die folgende Situation ist ein Klassiker: Max ist der Teamleiter von Moritz. Beide arbeiten in einem größeren Büro mit fünf weiteren Kollegen und Kolleginnen zusammen. Moritz riecht oft streng nach Schweiß und das halbe Büro beschwert sich hinter seinem Rücken über seinen Geruch. In diesem Beispiel geht es nicht darum, dass alle die Hosen voll haben, Moritz auf seinen Körpergeruch anzusprechen, sondern es geht um die Frage, wer das Problem hat. Es folgt eine Unterhaltung zwischen Max und Moritz, in dem Max versucht, dem armen Moritz beizubringen, dass er ein Problem hat.
Max: „Äh, Moritz..." er nestelt nervös mit seinem Stift. „Ich muss Dir mal was sagen, die anderen haben sich auch schon beschwert. Du könntest vielleicht mal ein anderes Deo probieren."

Moritz: „Hä? Was meinst Du? Ich versteh nicht was Du willst."

Max: „Oder vielleicht ein anderes Duschgel? Vielleicht nimmst Du es ja mit der Körperhygiene nicht so ganz ernst?"

Moritz: „Was?!"

Max: „Ja also, wie gesagt, die anderen haben sich auch schon beschwert, dass Du stinkst und dass das so nicht geht. Was machen wir denn, wenn der Chef mal vorbeikommt oder noch schlimmer ein Kunde? Da sehen wir doch alle blöd aus. Du musst uns doch auch verstehen, das färbt ja dann auch auf uns ab."

Moritz: „Ich rieche nix."

Max: „Ja schon, aber Moritz, Du kannst das nicht so lassen, Du musst da was machen! Dusch Dich halt öfter und benutz ein ordentliches Deo! Also so geht das jetzt auf jeden Fall nicht mehr!"

Das geht das ewig so weiter und Du kennst solche Unterhaltungen. Wir könnten jetzt auch ausgiebig über Max unterwürfige Haltung reden, doch dieses Thema hatten wir schon in den ersten Kapiteln. Viel wichtiger ist mir die Frage: Wer hat das Problem? Zunächst wirkt es so, dass Moritz ein Problem hätte und es wäre die Aufgabe von Max ihm das zu verklickern. Mitnichten – sogar ganz im Gegenteil. Moritz hat überhaupt kein Problem. Er riecht seinen Körperschweiß nicht und es stört ihn auch nicht. Vermutlich wird er überhaupt das erste Mal damit konfrontiert und wundert sich einfach. In Wirklichkeit hat Max ein Problem und der Rest des Büros auch. Sie sind es, die gestört sind, denen es unangenehm ist und die es gerne anders hätten. Interessant ist die Strategie von Max - er hat versucht, Moritz das Problem in die Birne zu quatschen. Er hat ihm erzählt, das etwas an ihm nicht stimmt und was er anders machen muss, damit es seinem Umfeld besser geht. Welche Aussicht auf Erfolg hat das wohl?

Diese Erkenntnis ist ein wichtiger Teil der Selbstbefreiung: Zu erkennen, wer das Problem hat. Wenn ich in der Situation von Max bin, dann lautet meine simple Botschaft an Moritz: „Ich habe ein Problem und ich brauche Deine Hilfe, um es zu lösen". Bin ich in der Situation von Moritz antworte ich: „Klar helfe ich Dir gerne, was kann ich für Dich tun". Es könnte so einfach sein. Jedoch braucht es dafür keine Regeln oder Vorschriften über irgendwelche Vorgangsweisen, sondern lediglich Augenhöhe und ein Bewusstsein, wer hier gerade ein Problem hat.
Ich kenne jedoch eine Menge Leute, die sind verdammt gut darin, mit dem Finger auf andere zu zeigen und denen das Problem anzuhängen. Sie wissen genau, was die anderen alles anders machen müssen, damit es ihnen selbst besser geht. Sie wissen, was ihr Chef anders machen müsste, was der Vermieter, was der Nachbar, was die Eltern, Geschwister und andere Angehörige und zu guter Letzt die komplette Politik anders machen muss. Wenn Dein Blick dauerhaft im Außen ist, auf der Suche nach Dingen, die Dich täglich nerven, die andere machen und deretwegen es Dir mies geht, dann hast Du es noch nicht erkannt. Du hast das Problem, nicht die anderen, denn es stört Dich und Du hättest es gerne anders. Der Selbstbetrug an alldem ist, dass Du dabei eine Strategie wählst, die Dich nicht nur vollkommen davon abhängig macht, dass andere tun was Du gerne hättest. Nein, Du hoffst auch noch, dass ausgerechnet diejenigen zu Deinem Wohl beitragen, von denen Du es garantiert am wenigsten erwarten kannst. Du willst, dass Dein Nachbar auszieht? Wie wahrscheinlich ist das? Oder willst Du Deine Anstrengungen erhöhen, bis Du ihn hinaus gemobbt hast? Funktioniert das? Fühlst Du Dich gut dabei? Du willst Deinem Chef solange die kalte Schulter zeigen, ihn ignorieren und Dienst nach Vorschrift tun, bis er endlich merkt, wie angepisst Du bist? Was soll er denn an Dir bemerken, außer einem mies gelaunten Stinkstiefel? Was daran soll er denn wertschätzen?

Wer hat das Problem und wer könnte etwas tun, um das Problem zu lösen? Wenn Dir nur einfällt: „Der Nachbar zieht aus", „Der Chef kündigt" oder „Die komplette Regierung dankt ab", dann bist Du in einer sehr bedauernswerten Situation – Du bist abhängig von jemandem, der garantiert nicht das tun wird, was Du gerne hättest. Löse das Problem endlich für Dich im Rahmen Deiner Möglichkeiten und dann schau mal wie viel Problem übrig bleibt! Womöglich erwartest Du an dieser Stelle konkretere Lösungsvorschläge von mir? Das ist ungünstig, denn ich bin sicher nicht die Lösung Deiner Probleme. Finde Deine eigene Lösung in Dir und nicht bei einem anderem, denn sonst wird das sicher nichts. Erst wenn Du gegenüber dem Quatsch, den Du mit Dir selbst spielst, den Bankrott erklärt hast, bist Du offen für neue Ansätze und glaub mir: Wenn Du diesen Bankrott erklärt hast, ist Dein Schädel voll von geilen Ideen, wie Du Dein Leben endlich wieder selbstbestimmt führen möchtest. Einen ganz heißen Praxistipp gebe ich Dir doch: Woran merkst Du, wer das Problem hat? Derjenige, der das Problem hat, merkt, dass er ein Problem hat. Selbst wenn er das Problem nicht in allen Tiefen durchdrungen und analysiert hat – ein Gefühl und eine Intuition hat jeder, der ein Problem hat. Wenn also jetzt Dein Gegenüber völlig gelassen ist und Dich fragt: „Wo ist das Problem?" und Du gleichzeitig innerlich kochst oder anderweitig gestresst reagierst, dann ist das ein ziemlich deutliches Zeichen dafür, dass Du gerade das Problem hast. Wenn es umgekehrt ist, es Dich überhaupt nicht berührt oder irgendwie kitzelt, jemand anderes allerdings schimpft, sich beklagt, zetert oder Ähnliches, dann weißt Du, dass Dein Gegenüber das Problem hat. In diesem Fall überlege Dir, was Du tun willst, denn da kommt jemand zu Dir mit einem – bisher versteckten, jetzt für Dich erkennbaren - Hilferuf, der ein Problem hat! Tu einfach das, was Du sonst auch tust, wenn jemand zu Dir kommt, um Hilfe bittet und ein Problem hat: Hör zu und hilf!

Schluss mit dem Selbstbetrug

Wie kommt es, dass es trotz all dieser Erkenntnisse so verdammt schwerfällt, sich zu verändern, über seinen Schatten zu springen, sich selbst zu reflektieren und sich zu zeigen? Die Erklärung dafür ist erst mal einfach: Sie heißt Scham und ich habe schon in Bezug auf die formelle Asymmetrie darauf hingewiesen, dass Scham uns z.B. beim lernen ganz schön im Weg stehen kann. Scham ist ein Gefühl, das wir erst im Laufe unseres frühen Lebens erlernen und kein Urgefühl, das wir natürlicherweise bei der Geburt mit in die Welt bringen. Scham fühlt sich einfach scheiße an und darum versuchen wir auch Scham möglichst zu vermeiden. Sich mit sich selbst auseinander zu setzen, erfordert allerdings eine Konfrontation mit der Scham, denn es bedeutet darauf zu schauen, wer ich bin und vor allem was ich getan habe. Bei der Konfrontation zwischen Anspruch und Wirklichkeit, Sein und Schein des eigenen Lebens schämen wir uns, wenn wir vor unserem inneren Richter schlecht abschneiden. Dann kommen Erinnerungen hoch an all die Dummheiten, die wir gemacht haben und an all die Gelegenheiten, wo wir uns blamiert haben bis auf die Knochen. All das Leid, das wir anderen angetan haben und vor allem wie wir uns selbst immer wieder im Weg standen. Wir wissen es genau, dass wir uns damit keinen Gefallen tun oder getan haben und darum plagt uns das schlechte Gewissen. Wenn wir wirklich auf Augenhöhe kommen wollen, dann ist genau jetzt und hier der Moment der Entscheidung gekommen. Was tun? Weiter unterwürfig sein, ständig perfekt den Ansprüchen der anderen angepasst sein wollen und massenhaft Fassaden und Illusionen ansammeln, um sich selbst und andere zu betrügen - oder doch endlich raus aus der Nummer?

Raus aus der Nummer bedeutet allerdings schonungslose Offenheit – vor allem sich selbst gegenüber. Wie bei den anonymen Alkoholikern, bei denen der Heilungsprozess beginnt mit dem Satz: „Ich bin Karl Schulz und ich bin Alkoholiker".

Äquivalent wäre hier also so was wie: „Ich bin Karl Napp und ich bin ein unterwürfiges Weichei". Sag es zu Dir selbst und dann setz Dir gleichzeitig das Ziel, es endlich zu ändern.

Spürst Du die Erleichterung, die durch Dich hindurch fließt, wenn Du diesen Satz sagst? Es kann richtig aufheitern, diesen Satz mal einen Moment wirken zu lassen - und dann lass den Quatsch los. Es geht ja nicht darum, diesen Satz wie ein Mantra vor sich her zu beten. Einmal laut aussprechen genügt schon, wenn Dein Fokus ab jetzt darauf liegt zu sagen: „Ich werde mich auf den Weg machen und raus aus dem Mist!" Lehne Dich danach ruhig einmal kurz zurück, entspann Dich und genieße den Blick auf die um Dich herum verbreitete Unterwürfigkeit – als Abschied von einer Welt, der Du zum letzten Mal den Blick zuwendest!
Allerdings verabschiede Dich am besten auch gleich von der nächsten Illusion: Der Vorstellung Du könntest oder solltest die Unterwürfigkeit jemals in Gänze loswerden! Zum einen könnte es sein, dass Du sie noch mal brauchst: Wenn Du in einer Großstadt ins falsche Viertel geraten bist und Dir hält jemand eine Knarre vor die Brust – dann ist es wahrscheinlich besser, Du kannst noch unterwürfig reagieren und Dich ausrauben lassen, anstatt auf Teufel komm raus den Helden spielen zu müssen. Zum anderen ist es einfach nicht möglich, sie ganz und gar loszuwerden. Dieses erlernte Programm ist jetzt nun mal da. Anstelle der Illusion, die Unterwürfigkeit vollständig aus Deinem Leben zu entfernen, geht es vielmehr darum, anders mit ihr umzugehen und vor allem sie nicht Dein Leben diktieren zu lassen.

Diese Entscheidung ist erst recht Veranlassung genug, sich zu entspannen und die Reise zu genießen - und wenn Du Dich selbst dabei erwischst, dass die Unterwürfigkeit Dir mal wieder „passiert" ist, schau gelassen auf Dich selbst und verurteile Dich nicht! Es gibt keine Fehler, sondern Du kannst es lediglich beim nächsten Mal besser machen. Es gibt kein Scheitern – es gibt nur öfter versuchen.

Setze Dein Ziel auf die Version von Dir selbst, die Du einmal sein willst und lege Dir nicht unnötig viele Steine aus Vorwürfen in den Weg, um dieses Ziel zu erreichen!

Authentizität – sei nicht nett, sei echt!

Ich glaube, den wenigsten Menschen ist bewusst, welche Rolle Authentizität in fast allen Belangen des Zwischenmenschlichen spielt – und ich könnte darüber allein tagelange Workshops abhalten. Es ist eine wichtige Essenz meiner Arbeit in Organisationen, die Relevanz von authentischen Beziehungen und Begegnungen der Menschen innerhalb und außerhalb der Organisation deutlich zu machen und es ist ein wesentlicher Teil meiner Arbeit, diese Authentizität zu ermöglichen. Ich habe bereits an mehreren Stellen darauf hingewiesen, wie diese saublöde Idee entstanden ist, wir müssten unsere Schatten, unsere dunklen Seiten verbergen, verstecken, verdrängen, etc. und wie die entsprechenden Glaubenssätze lauten, die dieses Verhalten stützen, fördern und steuern. Der am tiefsten sitzende Glaubenssatz hängt damit zusammen, was wir allgemein als Authentizität sehen oder bewerten.

In unserer Kultur herrscht der Glaubenssatz, dass authentisch, also „ehrlich sein" bedeutet, den Anderen zu sagen, was mit ihnen scheinbar nicht stimmt. Genau das ist Authentizität eben nicht. Andere auf ihre Schwächen und Fehler hinweisen heißt, unsere eigenen Projektionen zu äußern - und die haben ganz selten tatsächlich etwas mit der anderen Person zu tun. Denn es sind vielmehr unsere eigenen subjektiven Wahrnehmungen und Interpretationen, die nur unseren eigenen verdrehten Gedanken entspringen. In dem Moment, in dem wir vermeintlich etwas über jemand anderen sagen, sagen wir in Wirklichkeit etwas über uns selbst. Eine Aussage wie: „Du Vollidiot" heißt ja nichts anderes als: „Ich mag Dich nicht" und das hat mehr mit mir zu tun als mit Dir – das ist ganz ähnlich wie bei der Frage, wer das Problem hat.

Wenn Du zu den Leuten gehörst, die glauben, dass es Dir egal ist, was andere über Dich denken, dann lass Dir sagen: Das ist Selbstbetrug. Würdest Du nackig durch eine

Fußgängerzone laufen oder in der Fußgängerzone auf eine Kiste steigen und einen Vortrag halten, dass morgen die Welt untergeht? Natürlich nicht. Warum? Weil Du Angst vor den Konsequenzen hast, die aus dem entstehen, was die anderen über Dich denken. Nun – ich kann Dir genau sagen, was andere über Dich denken, weil ich zufällig immer weiß, was andere über Dich denken. Die Antwort ist vollkommen unspektakulär und hat dennoch Sprengkraft, denn sie könnte Dein Leben verändern: Andere denken über Dich ... immer genau das, was sie gerade wollen!
Lass Dir den Satz auf der Zunge zergehen: Was andere über Dich denken ist das, was sie denken wollen. Hat das etwas mit Dir zu tun? Natürlich nicht! Warum ist es dann überhaupt wichtig? Bringt es etwas, wenn Du versuchst ihnen dieses Denken aus der Birne zu quatschen? Hast Du die Kontrolle darüber? Willst Du Dich auf den Rücken werfen, alle Viere von Dir strecken und laut schreien? Ist das sinnvoll? Wirklich sinnvoll ist an dieser Stelle, das Buch zur Seite zu legen und über diese Erkenntnis nachzudenken: Lass sie wirken oder denk drüber nach, meditiere oder was auch immer! Ja – was andere über Dich denken ist das, was sie denken wollen, und das kann Dir getrost am Arsch vorbei gehen, denn dort führt auch ein Weg entlang.

Authentizität bedeutet daher: „Sei nicht nett, sei echt!", es bedeutet dem anderen zu sagen, was gerade in mir nicht stimmt und welches Problem ich gerade habe: „Mir geht's beschissen, weil ich gerne etwas hätte, was gerade nicht da ist." Die Botschaft lautet also nicht: „Du Idiot" und sicher auch nicht: „Du Idiot, weil...", sondern: „Ich habe ein Problem. Ich bin gerade wütend, weil ich gerne Respekt hätte." Das ist Authentizität - und es bedeutet auch nicht, dass Du, wenn Du authentisch bist, alle Freunde verlierst, sondern viel eher, dass Du mehr Freunde gewinnst und sich Deine bisherigen Freundschaften vertiefen. Es kann natürlich auch sein, dass sich trotzdem die ein oder andere Freundschaft auflöst. Das ist dann jedoch ein wundervoller Moment, um über Freundschaft und gemeinsame Werte zu reflektieren. Nun hast Du also eine erste Ahnung davon, wo wir alle miteinander stehen, wo wir herkommen und wie all dieser ganze Mist in unser Leben gekommen ist. An dieser Stelle ist mir wichtig eine Sache klarzustellen: Ich selber stehe bei alledem auf keinem Sockel, denn ich habe genau denselben Scheiß mitgemacht. Ich musste über 40 Jahre alt werden, bevor ich angefangen habe zu kapieren, was für ein Spiel ich mit mir selbst spiele. Jeder von uns – ausnahmslos jeder – trägt einen Rucksack auf dem Rücken. Darin sammeln wir den kompletten Müll unseres Lebens. Wir würden uns selbst und allen Menschen um uns herum einen riesigen Gefallen tun, wenn wir lernen würden, mit diesem Rucksack entspannt umzugehen, Müll auszusortieren und uns zu zeigen, wie wir jetzt gerade sind. Das ist sehr viel besser, als so zu tun als wäre alles in Ordnung. Daher mein Appell: Ändere jetzt, was Du im Jetzt verändern kannst! Mehr geht nicht und es gibt keinen Grund für Schuld und Scham und den reuigen Blick in die Vergangenheit. Frei nach dem Dalai Lama sage ich daher: Es gibt im Jahr nur zwei Tage, an denen Du garantiert nichts auf die Kette kriegst: Gestern und Morgen.

4. Herrschaftsinstrumente

Wir haben bisher die Frage beleuchtet, wie wir zur Unterwürfigkeit erzogen wurden. Damit das Bild vollständig wird, ist es auch wichtig, sich mit dem Umfeld zu beschäftigen, das diese Entwicklung ermöglicht hat. Mit welchen Strukturen und Instrumenten werden unzählige Menschen dazu gebracht, sich so ungünstig zu entwickeln? Ich habe folgende Herrschaftsinstrumente identifiziert und werde sie im folgenden näher beleuchten:

- Schule und Bildungssystem
- Erziehung
- Schuld und Scham
- Sprache

In Bezug auf einige Instrumente werde ich lediglich andeuten, um was es geht und auf Literatur bzw. Autoren verweisen, die zu diesem Thema bereits alles erschöpfend behandelt haben. In einigen Fällen gehe ich jedoch auch näher auf bestimmte Aspekte und Methoden ein, die mir zentral erscheinen und für das Thema Augenhöhe besonders relevant sind.

Schule und Bildungssystem

Wenngleich ich nicht jedem Bildungspolitiker die Absicht unterstelle, die heranwachsende Generation zu Untertanen erziehen zu wollen, so liegt dieser Effekt doch dem gesamten Schul- und Bildungssystem zugrunde. Denn: Was passiert in der Schule? Die wunderbare Erfahrung: „Lernen ist toll" wird in der Schule innerhalb kürzester Zeit zu der Überzeugung: „Lernen ist Scheiße". Was läuft da schief?

Überlege einmal: Mussten Dich Deine Eltern erst motivieren, damit Du laufen oder sprechen gelernt hast? Stand immer jemand hinter Dir und hat Dir erzählt wie wichtig das im späteren Leben sein wird? Hast Du Sprechen gelernt, weil Du Aussicht auf eine Belohnung oder eine gute Note hattest? Nein, wir kommen in die Welt und haben schon als Säuglinge nichts anderes im Sinn als lernen und die Welt zu erkunden. Für ganz kleine Kinder ist Lernen erst mal geil, weil spielen und lernen für sie noch dasselbe ist. Spielen hat die Natur „erfunden", damit lernfähige Lebewesen eben genau die Dinge erlernen, die sie im späteren Leben benötigen und damit sie diese Dinge vor allem nachhaltig lernen. Darum ist für Kinder das Lernen emotional sehr positiv besetzt - und deshalb lernen sie leicht und schnell. So lange niemand auf die Idee kommt, Kindern etwas besonderes beibringen oder vermitteln zu wollen, lernen Kinder alles was sie brauchen genau zu dem Zeitpunkt, an dem es für sie Bedeutung bekommt: Damit ist auch der Grundstein gelegt, dass es erfolgreich und nachhaltig gelernt wird. Gerald Hüther hat gesagt, am Anfang sind alle Kinder erst mal hochbegabt. Dann jedoch kommen Kinder in die Schule und dort lernen sie zunächst mal das Gegenteil von dem, was sie gewohnt sind. Sie lernen nicht aus einer konkreten Situation für sich und das Leben, sondern irgendeinen theoretischen Kram und unnatürlichen Scheiß, den sich irgendwelche Leute in irgendwelchen Kommissionen ausgedacht haben. Sie machen die Erfahrung, dass das, was sie gerade interessiert, den Lehrer und das System in dem Moment überhaupt nicht interessiert. Damit die Sache trotzdem irgendwie funktioniert, werden sie für das, was sie tun, belohnt oder bestraft, z.B. mit Noten, Fleißbienchen oder ähnlichem Quatsch. Früher war das noch erheblich direkter, denn da gab es vom Lehrer auch mal eine Tracht Prügel oder eine Ohrfeige: Etliche Generationen von Schülern, Eltern und Lehrer wurden auf diese Art traumatisiert oder haben diese Traumata über Generationen hinweg weitergegeben.

In der Schule kommen jedoch noch ein paar weitere verheerende Effekte hinzu. Da ist zunächst der Vergleich mit den Mitschülern, den die Menschen zum Abschluss ihrer Schullaufbahn so verinnerlicht haben, dass sie Vergleichbarkeit für ein wesentliches Kriterium von sämtlichen Fähigkeiten halten und es akzeptieren, als sei es ein Naturgesetz. Menschen halten es dann für das Selbstverständlichste der Welt, sich andauernd mit anderen zu vergleichen und merken gar nicht, wie sehr sie sich damit in ihrer Entwicklung blockieren. Sicher haben auch einige von Euch solche komischen Ideen im Kopf, dass der Vergleich einen ja anspornt besser zu werden. Genau mit diesem Unfug haben sie uns von klein auf dazu gebracht, das Vergleichen zu akzeptieren und über uns ergehen zu lassen. In Wirklichkeit ist es jedoch so, dass Vergleichen nicht motiviert, sondern demotiviert. Das kannst Du einfach mal ausprobieren: Wenn Du Dir einen richtig schlechten Tag machen willst, dann fang am besten schon früh morgens an, Dich mit anderen zu vergleichen! Egal wie gut Du was kannst – wollen wir wetten, wir finden jemanden der besser ist? Wenn Du jedoch dauernd Leute findest, die etwas besser können als Du, schaust Du ständig hoch und wirst schon wieder unterwürfig. Nach den beiden ersten Kapiteln wirst Du wissen, was das mit Deinem Selbstwert macht.

Mit der Schule kommt also Gleichgültigkeit durch Abstumpfung, die Abhängigkeit von Experten und vor allem das zusammengeschrumpfte Selbstbewusstsein. Das führt dazu, dass sich eine Menge Menschen auch nicht mehr trauen, zu sich zu stehen: Zu ihrer eigenen Perspektive, ihren Träumen und Visionen oder zu ihren Zielen. Viele Menschen sparen es sich gleich von Beginn an, überhaupt eigene Ziele zu formulieren und ein eigenes Leben zu führen – sie haben sich so sehr in die Abhängigkeit begeben, dass sie lieber auf Anweisungen durch andere warten. Eigenständiges Denken und Handeln wird in der Schule leider nicht gefördert, sondern vielmehr verhindert. Kennst Du junge Menschen um die 20? Ich habe in Seminaren für Azubis immer wieder diese Generation vor mir oder höre von Teilnehmern in Ausbilderseminaren, was sie mit ihren jungen Azubis erleben.

Ein solcher Dialog hört sich ungefähr so an:

„Was machst Du denn sonst so, außerhalb der Arbeit?"
„Chillen."
„Aha, und sonst so?"
„Mit Freunden treffen."
„Und was macht Ihr dann, wenn Ihr Euch trefft?"
„Chillen."
„Und wofür interessierst Du Dich denn so?"
„Weiß nicht ……. Party, Zocken…"

Was ist mit diesen jungen Leuten geschehen? Ist es gelungen, ihnen jedwedes Interesse am eigenständigen Leben abzutöten, so dass sie nur noch darauf warten, bis jemand kommt und ihnen erzählt, wie ihr Leben zu funktionieren hat? Für mich ist es der Horror, wenn junge Menschen als einzige Freizeitbeschäftigung den Konsum kennen und mittlerweile sogar ihre Bedürfnisse nach Sozialkontakt, durch das Konsumieren von Instagram, Facebook oder TikTok ersetzen. All das sind meines Erachtens Folgen dieses Schulsystems, denn heraus kommen perfekte Untertanen – Bio-roboter, die nicht einmal mehr merken, dass sie gar nicht mehr selbst existieren, sondern nur noch fremdgesteuerte Biomaschinen sind: Perfekte Arbeits- und Konsumsklaven.

Leider wird es auch nach der Schule nicht besser. Da wartet dann für einige die Uni und dort geht es genauso weiter, wie es in der Schule aufgehört hat: Sitz, Platz und tu, was ich Dir sage! Was Du willst, interessiert hier nicht! Schreib hin, was ich dir sage, damit Du die Prüfung bestehst! Denk nicht selber, sondern überlass das den Gebildeten! Wenn Du lange genug gebuckelt hast, wirst Du vielleicht auch mal einer. Statt der Uni „dürfen" die anderen eine Ausbildung machen. In Ausbilderseminaren gestalte ich meist eine Flipchart und schreibe darauf als Überschrift: „Mein Wunsch-azubi" und sammle die Äußerungen der Teilnehmer: was dann kommt, spricht Bände, denn nicht selten entsteht eine Aneinanderreihung von Wünschen nach bravem Gehorsam: Pünktlich sollen sie sein, ihre Arbeit sollen sie machen, tun, was man ihnen sagt. Lustig wird es, wenn auf derselben Flipchart auch Selbstständigkeit oder Eigenverantwortung gewünscht wird. Offenbar ist vielen Leuten nicht bewusst, dass sich diese Eigenschaften zum Teil gegenseitig ausschließen. Was jedoch in 95% der Fälle nicht genannt wird, sind Ziele, die den Menschen im Blick haben, wie: „ein glücklicher und zufriedener Azubi", „ein Azubi, der sein Potenzial entfaltet", „ein Azubi der seine Arbeit gerne macht".

Das Potenzial, das junge Menschen haben, spielt offensichtlich in den meisten Unternehmen keine besonders große Rolle. Die sollen ihren Job machen, nicht aufmüpfig sein und schön zu allen anderen hochschauen, getreu dem Motto: "Lehrjahre sind keine Herrenjahre." Auch am Ende solcher Ausbildungssysteme stehen perfekte Staatsbürger für ein zutiefst autoritäres System.

Erziehung und Eltern

Wenn wir ein umfassendes Verständnis dafür bekommen wollen, wie unterwürfige Menschen entstehen, ist es sinnvoll sogar noch einen Schritt weiter zurück zu gehen. Das wird sicher der schwierigste und schmerzhafteste Schritt, denn er konfrontiert uns alle mit einem kritischen Blick, auf diejenigen, mit denen wir emotional am intensivsten verbunden sind und auf die wir möglicherweise noch nie kritisch schauen wollten oder durften: Unsere Eltern. Denn noch vor allen Bildungs- und Ausbildungssystemen steht eine Institution, die den Grundstein dafür das legt, was später in den Bildungssystemen fein ausgearbeitet wird. Das eigentliche Betriebssystem für die Unterwürfigkeit entsteht im Elternhaus und zwar lange vor der Zeit, zu der wir einen bewussten Zugang haben über Erinnerungen an konkrete Situationen. Die Säuglingsforschung hat herausgefunden, dass sich bereits halbjährige Säuglinge Verhaltensstrategien von Familienmitgliedern zu eigen machen. Aufbauend auf den Inhalten der letzten Kapitel behaupte ich deswegen an dieser Stelle: Es ist wichtig und notwendig, sich geistig von den Eltern und anderen „Erziehungsbeauftragten" zu lösen, um ein freier und selbstbestimmter Mensch zu werden. Dann erst kannst Du Dein Potenzial erkennen und Deine eigene Persönlichkeit entfalten. Ich habe jedoch in Seminaren mit Azubis erlebt, dass da junge Menschen saßen, die im Anschluss an die Erklärungen über die verheerenden Wirkungen von Erziehung, noch immer der festen Überzeugung waren, dass sie von ihren Eltern unheimlich viel gelernt haben und dass das alles auch wirklich wichtig sei in ihrem Leben.

Eine schwierige Situation, wenn dieselben Leute, die Dich geliebt und ins Leben begleitet haben, andererseits auch für den ganzen psychischen Müll verantwortlich sind, mit dem Du durchs Leben läufst. Deshalb möchte ich an dieser Stelle ein paar Brücken bauen, um diesen Prozess zu ermöglichen und zu erleichtern. Gehen wir daher zunächst von folgender Annahme aus: Deine Eltern haben Dich geliebt und wollten immer Dein Bestes. Sie wollten Dir eine Zukunft mit Perspektive ermöglichen und Dir das Leben leichter machen. All ihre Absichten waren ehrenwert und auf Dein Wohl ausgerichtet.

Das ist die eine Seite, doch nun lass uns andererseits mal schauen, wie qualifiziert die meisten Eltern in ihrem Job als Eltern sind und was sie motiviert hat Eltern zu werden! In diesem Land sind wir mehr oder weniger für Alles verpflichtet einen Nachweis vorzulegen, dass wir dafür qualifiziert und berechtigt sind - und wie ist es jetzt mit dem Kinderkriegen und Eltern sein? Nichts – dafür benötigst Du absolut nichts an Nachweis oder Befähigungsschein. Hier und da bieten einige Organisationen Elternseminare an, die sind allerdings alles andere als überlaufen. Was wussten unsere Eltern also über alles, was es braucht, um ein Kind ins Leben zu begleiten? Nichts anderes als das, was sie vorher von anderen darüber gelernt und was sie selber erlebt haben: wir haben in den letzten Kapiteln bereits hinlänglich geklärt, dass das Jahrhunderte alter Käse war. Bringen wir es drastisch auf den Punkt: die meisten Eltern waren für den Job, Eltern zu sein, schlichtweg nicht qualifiziert und sind keineswegs kompetent in Fragen der positiven Begleitung von Kindern. Natürlich haben sie es gut gemeint, doch es gibt diesen schönen Satz: „Gut gemeint ist häufig das Gegenteil von gut gemacht".

Wie schaut es neben der Qualifikation aus mit der Motivation? Gehen die meisten Eltern an die Sache ran nach dem Motto: „Super – ein Kind. Das passt perfekt in unser Leben und unsere Lebensplanung" oder „Ich habe eine ziemlich konkrete Vorstellung davon, was es braucht einen Menschen ins Leben zu begleiten und sein Potenzial zu fördern. Ich bekomme das gut hin und es wird einfach super. Wir werden total gute Eltern sein!"? Natürlich hat jeder Elternteil seine eigenen Gründe sich für ein Kind zu entscheiden, jedoch ändert das nichts daran, dass sie in bester Absicht unbewusst auch oder sogar vor allem ihre

Ängste und Unsicherheiten weitergegeben haben. Denn was hast Du wirklich von Deinen Eltern gelernt? Du hast natürlich viele tolle Sachen gelernt, auf die Du und vor allem Deine Eltern schon immer stolz waren: Deinen Ordnungssinn, Deine Zähigkeit, Deinen logischen Verstand, Dein gutes Benehmen. Das ist die Lichtseite und meistens weigern sich Menschen auf die Schattenseite dieser Eigenschaften zu schauen. Werfen wir doch mal einen Blick auf das, was Du bei diesen positiven Fähigkeiten auch gelernt hast:

Du lernst, die anderen Mitglieder des Familienuniversums zu beobachten

Gesichtsausdrücke von Mutter oder Vater, Sprechtempo, Stimmlage, Körpersprache, etc.

Du lernst die Kunst des Gedankenlesens

Stirnrunzeln bei Eltern – Schlechte Laune? Eltern verärgert? Bin ich schuld?

Du lernst es, die Schuld auf andere zu schieben

lieben mich die Eltern noch, wenn sie erfahren, dass ich Kekse geklaut habe? Ist es nicht besser, dann die Schuld auf jemand anderen zu schieben? Ist ja nicht persönlich gemeint!

Du lernst, was schlecht an Dir ist

wohlmeinende Eltern erzählen Dir, was alles nicht klappt und was Du alles nicht kannst.

Du lernst Aufmerksamkeit zu bekommen

Wir erreichen Aufmerksamkeit, indem wir die „richtigen" Dinge zum „richtigen" Zeitpunkt den entsprechenden Stellen gegenüber tun oder eben die „falschen"

Dinge zur „falschen" Zeit. Wir erhalten auf jeden Fall Aufmerksamkeit. Wie hast Du als Kind Aufmerksamkeit bekommen und inwieweit praktizierst Du diese Strategie (dieses Muster) noch immer? Hat Dir Dein Vater anerkennend auf die Schulter geklopft, wenn Du was „gut" gemacht hast? Gehst Du heute noch zu Deinem Chef, wenn Du was „gut" gemacht hast und erwartest eine ähnlich Geste der Anerkennung?

Du lernst es andere Menschen zu imitieren

Wir ahmen Familienmitglieder nach, um in der Familie akzeptiert zu werden. Sich benehmen wie... ist auch bei Erwachsenen eine erfolgreiche Strategie

Wir erlernen Handlungsstrategien

Als Kind lernst Du, dass ein Erwachsener Dir Dein Spielzeug nicht wegnimmt, wenn Du laut schreist. Später lernst Du, dass Wutausbrüche Dir dabei helfen, Dich durchzusetzen und dass andere es dann nicht wagen, mit Dir zu streiten.

Du lernst nicht erfolgreich zu sein

Du lernst durch permanenten Vergleich mit anderen, dass sich andere beschissen fühlen, wenn Du Dich gut fühlst. Du lernst dabei, dass sie Dir in solchen Fällen auch erfolgreich die Verantwortung zuschieben. Um dieser Gefahr zu entgehen, trägst Du eine ungesunde Bescheidenheit vor Dir her.

Du lernst Dich emotional zu schützen

Du hältst Dich fern, baust Barrieren und Mauern, Fassaden, Du lernst andere niederzumachen, damit Du Dich besser fühlst, etc.

Du lernst zu urteilen

gut/schlecht, richtig/falsch, moralisch/unmoralisch, etc. Du saugst diese Denkkategorien mit der Muttermilch auf und erlernst auf diese Art und Weise das gefährlichste Herrschaftsinstrument, das es gibt, ohne dass Du auch nur den Hauch einer Ahnung davon hast, dass das passiert. Im Gegenteil – Du betrachtest das Beurteilen und Denken in richtig und falsch als einen naturgegebenen Bestandteil menschlichen Zusammenlebens.

Über Dich selbst hast Du z.B. solche Dinge gelernt:

Du hältst Dich selbst für dumm, hässlich, nicht liebenswert, etc.
Du hast Angst davor, zu versagen
Du hast Angst vor Veränderung
Du glaubst nicht, dassw Du Erfolg verdienst
Du wirst entmutigt, auf originelle Weise zu denken
Du wirst in Deiner natürlichen Aufgeschlossenheit und Neugier beeinträchtigt – Du lernst, keine Fragen zu stellen

Diese Zusammenhänge werden im Buch „Etwas mehr Hirn bitte" sehr gut beschrieben. Der Autor Gerald Hüther bezeichnet dort die Beziehungskultur, in der wir leben, mit einem Wort, das mir sehr gefällt: Objektbeziehungen. Als Kind wurden wir durch die Erziehungsmaßnahmen der Eltern zum Objekt von ihren Zielvorstellung darüber, wie wir zu sein haben. Dies ist ein Zustand, der im Hirn die Kohärenz unterbricht (den Zustand des Einklangs) und für Stress sorgt. Die Hirnforschung hat mittlerweile gezeigt, dass dieser Stress bereits nach einigen Tagen tödlich wäre, würden wir nicht Strategien entwickeln, um wieder Kohärenz herzustellen. Leider sind diese Strategien jedoch fatal für unseren Selbstwert und die Augenhöhe in Begegnungen mit andern Menschen.

Die einige dieser Strategien haben wir bereits kennengelernt: Eine besteht darin, aus sich selbst ein Objekt zu machen (ich bin nicht OK). Eine andere Strategie ist, aus anderen erfolgreich Objekte zu machen. Dies dient dazu, eine vermeintliche Kontrolle über Situationen zu erlangen und so zu verhindern, selbst wieder zum Objekt zu werden. Wer andere zum Objekt seiner Zielvorstellung macht, läuft (scheinbar) nicht Gefahr hilflos zu werden. Wir haben diese Haltung und dieses Verhalten bereits kennengelernt als Eltern-Ich.

Interessant ist es, sich klar zu machen, dass dieses „von oben herab" eben nicht Ausdruck einer starken Persönlichkeit ist, sondern eher das Gegenteil. Ich nehme an dieser Stelle gerne mein Lieblingsbeispiel: dieser Typ, der in den Achtzigern und Neunzigern erfolgreicher Popmusikproduzent war und Millionen von Platten verkaufte. Seit etlichen Jahren verdingt er sich als Juror in Casting Shows und freut sich daran, wenn er vor einem Millionenpublikum 17jährige niedermachen kann. In den Medien wird er uns als selbstbewusst verkauft, doch er ist genau das Gegenteil.

Ob Promi, Lehrer oder Personalchef: Warum putzt ein gestandener Mann von über 50 Jahren vor Publikum Minderjährige runter? Ganz einfach – weil er es nötig hat. Er hat es nötig, weil er tief in sich drin ein armes Würstchen ist. Er macht auf dicke Hose, damit es niemand merkt und um sich selbst vorzuspielen, dass er die Kontrolle hat, damit er sich nicht selbst hilflos und ohnmächtig fühlen muss. Eine solche Person ist in Wirklichkeit ein Schwächling. Je größer sich jemand aufbläst, desto leichter ist es auch, ihm die Luft rauszulassen. Du wirst es in meinen Beispielen sehen: Die Prüfer, die Politiker, der Chef, der Lehrer – sie alle benehmen sich von oben herab, sie sind im Eltern-Ich, sie haben erfolgreich andere Menschen zum Objekt ihrer Zielvorstellung gemacht – nicht aus innerer Größe und Stärke, sondern aus Schwäche und einem tiefen Minderwertigkeitsgefühl, für das sie eine riesige Fassade aufgebaut haben und von der sie hoffen, dass sie niemand durchschaut.

Belohnung und Bestrafung

Eine der weit verbreitetsten Ideen über die Erziehung von Menschen ist das Arbeiten mit äußeren Anreizen wie Belohnung und Bestrafung. Auch wenn seit Jahren Studien bekannt sind, die über die verheerende Wirkung von Belohnung und Bestrafung für die menschliche Entwicklung berichten, hält sich der Irrglaube das wäre eine gute Idee immer noch. Das zeigen auch die vielen Ratgeber zu diesem Thema, die Ideen verbreiten wie: „Eltern müssen konsequent sein", oder „Kinder brauchen Grenzen", etc. Gemeint ist damit immer dasselbe: Wie kriegst Du Kinder dazu, das zu tun, was Du sagst. Das heißt nichts anderes als: Wie machst Du Kinder am erfolgreichsten zu Deinem Objekt? Da macht es auch keinen großen Unterschied, ob die Methode den vermeintlich sanfteren Weg über Belohnung oder den etwas strengeren über Bestrafung verfolgt. All diese Annahmen gehen aus „wissenschaftlicher" Sicht zurück auf verschiedene Tierexperimente aus den 50ern und 60ern. Puh – toll! Das ist sicher total aktuell und auch wissenschaftlich garantiert auf dem neuesten Stand.

In dieser Zeit wurde der Begriff „Konditionierung" geprägt und Du kennst den Effekt: Du betrittst die Küche, Deine Mutter hat die Schürze um, auf dem Herd brutzelt es und es riecht nach Deinem Lieblingsgericht. Dir läuft das Wasser im Mund zusammen. Das ist Konditionierung. Du sabberst wie die Hunde von Pawlow, der diese Form der Konditionierung erforscht hat. Er gab Hunden Futter und gleichzeitig hat er ein Glöckchen gebimmelt, bzw. ein Metronom angeschaltet, das ein Klick Geräusch macht. Das hat er eine Zeit lang wiederholt, bis dem Hund nur beim Ertönen des Klingelns bzw. des Klickgeräusches schon der Sabber im Mund zusammengelaufen ist. Das bedeutet, dass es bei lernenden Lebewesen möglich ist, verschiedene Reize zu kombinieren und das Auslösen einer Reaktion an weitere Bedingung zu knüpfen, wie z.B. ein Klingeln, die Kittelschürze Deiner Mutter oder der Duft von Kurzgebratenem.

Einen weiteren Fortschritt in Bezug auf die Erforschung von Lernmustern und Konditionierung brachte dann dieser Typ namens Skinner, der mit Ratten experimentierte. Er fand heraus, dass Tiere (in seinem Fall Ratten) ein bestimmtes Verhalten häufiger und verlässlicher zeigen, wenn Du sie dafür belohnst. Damit wird dieses Verhalten gelernt und gefestigt – und das nennt sich dann operante Konditionierung.

Lass uns den Blick jetzt zur praktischen Seite wenden und dazu gibt es eine nette kleine Geschichte. Das Ganze ist jedoch kein echtes Experiment, sondern lediglich ein Gedankenspiel, das die Funktion und Wirkung von Konditionierung verdeutlichen soll:

Sperre fünf Affen in einen Käfig, hänge an die Decke eine Banane und stell eine Leiter oder Kiste darunter. Wenn nun ein Affe auf die Leiter steigt, um die Banane zu greifen, spritze alle anderen Affen mit kaltem Wasser ab - Affen mögen das überhaupt nicht. Wiederhole dies, bis alle Affen gelernt haben: Wenn einer auf die Leiter steigt, gibt's kaltes Wasser für die anderen. Nun werden die Affen sehr deutlich dafür sorgen, dass es keine gute Idee ist auf die Leiter zu steigen und jeden daran hindern, der es dennoch versucht – im Zweifel mit Gewalt. Stufe eins ist damit gelernt.

Nun tausche einen der fünf Affen aus. Dieser neue Affe hat noch keine Erfahrung mit kaltem Wasser gemacht. Die anderen vier schon. Wenn dann noch immer die Banane an der Decke hängt und eine praktische Leiter darunter steht, dann rate, was der neue Affe versucht! Natürlich werden ihm die anderen Affen klar machen, dass sie ernsthafte Einwände haben und das hier jetzt gar nicht geht - solange bis auch er gelernt hat: „Geh nicht auf die Leiter – warum ist scheißegal – tu es einfach nicht!" Stufe zwei ist erledigt – ein fremder Affe hat gelernt, ohne dass es notwendig war, jemals kaltes Wasser zu benutzen.

Nun tauschst Du nacheinander die Affen aus, bis in dem Käfig kein einziger der ursprünglichen Affen sitzt, der selber kaltes Wasser abbekommen hat. Obwohl die Banane an der Decke hängt und eine praktische Leiter drunter - die Affen werden dasitzen und auf die Banane starren und wissen, dass es was auf die Fresse gibt, sollte es auch nur einer von ihnen noch mal versuchen. Stufe drei gelernt – die Affen versuchen es nicht mal mehr.

Soweit zu diesem Gedankenspiel zur Konditionierung. Sie zeigt, dass über das Lernen scheinbare Erkenntnisse entstehen, die wir nie wieder in Frage stellen, obwohl es vielleicht dringend nötig wäre. Es ist wie bei dem Pferd, das mit seinem rechten Vorderhuf auf einer Metallplatte steht und gelernt hat, dass auf einen Warnton ein elektrischer Impuls durch die Platte geht und dem Pferd einen kleinen Stromschlag versetzt. Recht schnell wird das Pferd das Bein heben, wenn es das Signal hört. Nun kannst Du hunderte Male das Signal abspielen ohne einen elektrischen Schlag, das Pferd wird das Bein heben. Es wird nicht mehr wissen, ob auf der Platte wirklich noch Strom drauf ist – es hat die Abfolge einfach verinnerlicht: Signal, Strom, Aua, Fuß hoch. Auf genau diese Art haben auch wir gelernt, wer wir sind und was wir so alles können - oder vielmehr, was wir alles nicht können.

In letzter Konsequenz endet dieses Lernprinzip in einem Zustand, der mit zwei anderen Metaphern schön zu beschreiben ist. Die erste ist wieder ein Gedankenexperiment und geht so:

Ein Besitzer eines Flohzirkus hält seine Flöhe in einem Glaskasten. Er merkt, dass die Flöhe über den Rand des Glaskastens springen können, also legt er einen Glasdeckel auf seinen Glaskasten. Der Glasdeckel ist durchsichtig und für die Flöhe unsichtbar. Sie versuchen zu springen und stoßen jetzt oben an die Decke. Da sie den Deckel ja nicht sehen, lernen sie, dass da eine unsichtbare Barriere ist und sie springen in der Folge nur noch so hoch, dass sie nicht mehr anstoßen. Nach einer Zeit haben das alle Flöhe gelernt und springen nun nicht mehr höher als zum Rand des Glaskastens und des Deckels. Also kann der Besitzer den Deckel nun wegnehmen. Kommen jetzt neue Generationen Flöhe in dem Glaskasten zur Welt, springen die dann auch nicht mehr höher als bis zum Rand des Kastens. Warum? Weil ja auch kein anderer Floh höher springt und sie es gar nicht anders kennenlernen: Um sie herum springt kein Floh höher als bis zum Rand des Kastens, also versuchen sie es gar nicht. Sie haben die geistige Barriere im Kopf und stellen sie nicht in Frage. Wären sie Menschen, könnten sie sogar perfekte hochintellektuelle Begründungen dafür finden, warum es hier einfach nicht höher gehen kann.

Noch treffender wird dieses Phänomen von der zweiten Metapher beschrieben. Ein Gedankenexperiment von einem Hühnerhofbesitzer, der eines Tages auf seinem Hof ein Ei findet: Er betrachtet das Ei, das deutlich größer ist, als seine üblichen Hühnereier und vermutet ein mächtiges und großes Tier in ihm. Also legt er es zu den Hühnereiern in einen Brutkasten und brütet es aus. Es entschlüpft ein Adlerjunges, das zur Aufzucht zu den Hühnern gibt - das Adlerjunge wächst also heran und wird von Hühnern erzogen. Wenn es in den Himmel schaut und die Greifvögel über dem Hof sieht, träumt er vom Davonfliegen. Doch die Hühner sagen es ihm immer wieder: „Lass das Träumen sein! Du bist ein Huhn, Hühner können nicht fliegen. Gewöhn Dich lieber früh daran, dann hast Du es später besser".

Ganz so ist es mit uns Menschen. Wir sind Adler, die von Hühnern dazu erzogen wurden, Hühner zu sein. Natürlich haben es unsere Hühnereltern gut gemeint, wenn sie zu uns gesagt haben: „Lass das lieber, das kannst Du sowieso nicht", „Geh kein Risiko ein, geh lieber auf Nummer sicher", „Der Spatz in der Hand ist besser als die Taube auf dem Dach". Auf diese Weise haben wir alle diese Dinge im Leben gelernt, die uns kleiner machen, limitieren und blockieren. Wenn wir uns von den konditionierten Überzeugungen trennen wollen, dass wir vieles nicht können, heißt das nicht automatisch auch seine Eltern abzulehnen. Vielmehr heißt es, sich von dem Teil von ihnen zu verabschieden, den sie in uns hinein programmiert haben und der uns heute mehr hinderlich ist als alles andere und der nur den Zweck erfüllt, den Eltern zu gefallen.

Eltern als Feinde? – der Feind ist überall um uns herum

Einen Teil der Arbeit haben wir damit hinter uns: Du bist bereit hinzuschauen, von welchen Mustern Deiner Eltern Du Dich befreien könntest. Nun lass uns die letzten Schritte auf dem Weg gehen, der uns dahin bringt, uns von unseren Eltern endlich zu emanzipieren und sie loszulassen, als diejenigen, die immer noch in unserem Unterbewusstsein unser Leben steuern.

Was haben wir als Säuglinge und Kleinkinder am dringendsten gebraucht? Es sind in erster Linie Schutz und Verbindung. Von Anfang an waren wir abhängig von unseren Eltern und waren auf ihren Schutz angewiesen. Nun haben diese Eltern recht schnell nach unserer Geburt Situationen erzeugt, in denen wir jedoch keinen Schutz erlebt haben: Immer, wenn sie aufgeregt waren und laut wurden, immer wenn sie ängstlich waren und uns zurückgehalten haben und vor allem immer dann, wenn sie uns zum Objekt gemacht haben, weil wir so wie wir gerade waren für sie nicht richtig waren. Was wir dabei auch und vor allem gelernt haben ist, dass es für uns in diesen Situationen eben keinen Schutz gab, dass unsere Eltern damit einerseits die größten Verbündeten und gleichzeitig auch unsere größten Feinde waren.

So haben wir gelernt in einer Situation ständiger Gefährdung zu leben – und daher sind unsere Überlebensprogramme dauernd aktiv: unsere Reptilienhirnprogramme (Kampf, Flucht, Starre). Als Erwachsene sind es nicht nur die Eltern, sondern die gesamte Umwelt, die als potentiell feindlich erlebt wird und immer wenn diese innersten Programme aktiv sind, ist unser Organismus mit Stresshormonen überflutet, denn unsere älteste Gehirnregion meint ja immer noch, dass gleich der Säbelzahntiger um die Ecke kommt. Wir sind in ständiger Lebensgefahr und unser Hirn produziert die meiste Zeit Stress und die dazugehörige Körperchemie. Auf jeden Fall haben wir durch das Erleben einer anhaltenden Gefährdung gelernt, dass Sicherheit das höchste Gut ist, was es gibt. Natürlich würden das die allerwenigsten zugeben, denn das passt nicht zu ihren Fassaden. Gefühlt und unterbewusst sind ihre Seismografen für Gefahr jedoch permanent online und erzeugen beim geringsten Anzeichen von Stress sofort Reptilienhirnreaktionen. Das heißt allerdings, dass bei einer Menge Leute der Pegel von Stresshormonen dauerhaft so hoch ist, dass sie davon krank werden. Burnout oder Herzinfarkt sind oberflächlich betrachtet noch die Erkrankungen, die am leichtesten nachzuvollziehen sind, bei Krebs oder Alzheimer ist der Zusammenhang jedoch weniger offensichtlich und viele Menschen wollen ihn daher auch nicht sehen: Es würde sie an ihre Eigenverantwortung bei der Krankheitsentstehung, wie auch ihre eigenen Möglichkeiten zur Heilung erinnern. Es lebt sich so viel leichter als Opfer, weil dann immer die anderen die Verantwortung haben. Vor allem kann im Krankheitsfall jemand anderem der Auftrag gegeben werden: „Mach das weg!" Egal ob mit Medikamenten, Operationen oder anderen äußeren „Hilfsangeboten". Es erspart den Opfern ihr Leben und damit sich selbst zu verändern. Nur deshalb, weil Sicherheit in dieser Ausgangslage zu einem der zentralen Lebensmotive der meisten Mitmenschen geworden ist, ist es möglich, ihnen Stück für Stück ihre persönlichen Freiheiten zu rauben, ohne dass sie aufmucken: „Mach, was Du willst – scheißegal, Hauptsache Du rettest mein Leben!" Der Coach und Autor Andreas Winter hat einiges dazu geschrieben und ich empfehle ihn hiermit wärmstens.

Schuld und Scham

Schuld und Scham werden in der Literatur, in der es um das Thema Selbstbestimmung geht, als die größten Lebensverhinderer bezeichnet. Scham ist ein Grundgefühl – und ich habe im Buch schon einige Male auf die destruktiven Effekte dieses Gefühls hingewiesen. Schuld hingegen halte ich für ein Konstrukt, denn Schuld hat entweder einen juristischen oder einen theologischen Kontext oder Hintergrund: Wenn eine entsprechende Schuld festgestellt wird, muss die Person abhängig vom jeweiligen Kontext mit gewissen Konsequenzen oder Sanktionen rechnen.

Sich von Schuld als Konstrukt zu befreien, ist relativ einfach und bedeutet lediglich, sich von den Gedankenkonstruktionen hinter der Schuld zu befreien – jedoch bleibt Dir z.B. eine Zahlungsaufforderung nach einer Geschwindigkeitsübertretung dadurch auch nicht erspart. Auf der Ebene der Gefühlsdimension kann auch von Schuldgefühlen gesprochen werden. Hinter diesen Schuldgefühlen steht jedoch meist eine komplexe Mischung aus verschiedenen, grundlegenderen Gefühlen, wie z.B. Scham, Trauer, Einsamkeit, etc., die vom Konstrukt der Schuld verschleiert werden. Statt den Fokus auf „Schuldgefühle" zu legen, ist es meiner Ansicht nach viel sinnvoller, zu lernen diesen komplexen Gefühlscocktail auseinanderzudröseln und herauszufinden, welches grundlegende Gefühl eigentlich lebendig ist und woher das kommt.

Aus diesen Gründen verzichte ich im Folgenden darauf, auf den Aspekt von Schuld einzugehen und konzentriere mich auf den Teil, der wirklich erfolgreich beeinflusst werden kann: Scham.

Einige Leute halten Scham für etwas ganz wesentliches und ganz tolles, nach dem Motto: Wenn der böse Mensch erkennt, dass er böse war, dann schämt er sich, und dann ändert er sich auch - was für ein Blödsinn!

Kein Mensch tickt so, sondern es gilt vielmehr das Gegenteil: Scham ist der größte Hinderungsgrund für Wachstum.

Zunächst ist Scham kein Urgefühl, das heißt, wir bringen es nicht als angelegtes Verhalten mit in die Welt, sondern es wird erst im Umfeld gelernt und natürlich vorrangig von den Eltern übernommen. Scham ist damit ein von außen in uns hineingeschriebenes Programm, dessen Ziel es ist, dass wir uns selbst klein machen und uns beschissen fühlen. Scham ist für manche Menschen ein derartiger Horror, so dass sie alles tun, um das Gefühl von Scham zu vermeiden. Es ist in einigen Studien bereits belegt worden, dass die größte Angst von Menschen nicht die Angst vor dem Tod ist, sondern die Angst vor anderen zu reden. Hinter dieser Angst vor anderen zu reden, steckt die Angst vor Blamage und damit die Angst vor der Scham, die durch Blamage entstehen kann. Als weitere Bestätigung dieser Überlegung können wir mal kurz überlegen, wie es kommt, dass einige Menschen sich mit Mutproben in Lebensgefahr bringen. Auch da ist die Angst vor der Scham größer als die Angst vor dem Tod. Scham ist also wirklich eines der subjektiv am grauenhaftesten bewerteten Gefühle. Wir können auch im gewöhnlichen Alltag beobachten, was Menschen so alles tun, um keine Scham zu erleben: Sie lügen, sie betrügen (sich und andere) und das geht bis zu dem Extrem, dass Menschen aus Scham töten, um z.B. einen Zeugen ihrer Blamage zu vernichten.

Warum ist Scham dadurch ein Wachstumskiller? Es ist ganz simpel: Jedes Mal, wenn Du Dich selbst dabei erwischst irgendeinen Bockmist gebaut zu haben, wirst Du Dich schämen und dann alles tun, um die Scham so schnell wie möglich los zu werden. Die Scham wegmachen heißt jedoch: verdrängen, vermeiden, verleugnen – alles, nur nicht hinsehen. Um zu lernen und sich zu entwickeln, ist das Hinsehen jedoch zwingend erforderlich! Wenn Du Dich also auf die Socken machst Dir selbst auf die Schliche zu kommen, Programme und Muster zu erkennen und Dich zu verändern – Du wirst immer wieder über Deine eigene Scham stolpern. Du wirst sehen, welche peinlichen Fehler Du begangen hast, wo Du gescheitert bist und was Du Dir alles selbst angetan hast - und Du wirst Dich erneut schämen. Du wirst auch sehen, was Deine Fehler für andere bedeutet haben, was Du anderen angetan hast - und Du wirst Dich womöglich noch mehr schämen. Wenn Du Dich schämst, wirst Du Dich selbst verurteilen für das, was Du getan und was Du nicht getan hast.

In dieser Situation hast Du zwei Möglichkeiten: Du gehst in eine geistige Schonhaltung und versuchst Situationen zu vermeiden, in denen Du Gefahr läufst Dich zu schämen - oder Du ärgerst und verurteilst Dich für die Situation und versuchst dagegen anzukämpfen. Das kann auch bedeuten, jemand anderen zu finden, der die Verantwortung für Dich übernehmen soll, Fakt ist jedoch: Wenn Du gegen die Scham ankämpfst, fütterst und nährst Du das in Dir, was Du loswerden willst. Damit ist Scham eines der gefährlichsten Herrschaftsinstrumente überhaupt, denn es dient dazu, Dich klein zu halten. Du bist im Zustand der Scham nur noch mit Dir selber und der Situation, die Du loswerden willst beschäftigt - und solche Zustände werden auch gerne angetriggert, um Dir Angst zu machen. Angst davor, Dein Leben zu verlieren, Angst davor nicht dazu zu gehören, Angst davor nicht gut genug zu sein, Angst davor arm zu sein, Angst davor vor anderen bloßgestellt zu werden etc.

Das alles dient dann dazu, dass Du jeden Blödsinn mitmachst und unnötigen Scheiß kaufst, in der Hoffnung endlich sicher zu sein – Du wirst Beschneidungen Deiner Freiheiten in Kauf nehmen, Du wirst Deinen sinkenden Einfluss in Kauf nehmen, und Du wirst alles bereitwillig mitmachen, nur damit Du scheinbar wieder sicher bist. Du wirst viele Dinge tun, nur um die Illusion aufrecht zu halten, dass Du dazugehörst - und das alles nur aus der Angst davor, Du könntest Dich irgendwann schämen. Aus Angst, dass irgendwann jemand zu Dir Dinge sagt, wie; „Was bist Du für ein Blödmann" oder „Was bist Du für ein schlechter Mensch". Aus dieser Nummer kommst Du nur auf einem dritten

Weg heraus: Es bedeutet, die Scham weitestgehend abzulegen und ist damit einer der wesentlichen Bestandteile auf dem Weg zur Selbstermächtigung. Nicht umsonst finden wir auch in einigen spirituellen Schulen das Ziel, ein Leben ohne Schuld und Scham zu führen – wie wunderbar.

Einen ersten Schritt sind wir sogar gerade schon gegangen: Wir haben es uns bewusst gemacht. Jetzt kommt der zweite Schritt. Wenn Du die Scham einfach nur los werden willst, dann passiert nichts, weil an der Stelle, an der die Scham war ein Vakuum entstehen würde. Stell Dir dieses Vakuum vor als eine riesige Saugkraft, die am Alten festhält und verhindert, dass es sich verändern kann. Damit Du die Scham (zumindest weitgehend) los werden kannst, brauchst Du zunächst einmal einen Ersatz, den Du an die Stelle packen kannst, damit Dein Hirn einen Datensatz oder ein Programm hat, auf das es zugreifen kann, wo bisher das Verhaltensprogramm der Scham abgerufen wurde. Ich schlage als das erste Ersatzprogramm Lachen vor. Aus eigener Erfahrung weiß ich, dass Lachen (am besten über sich selbst) ein sicherer Weg ist, die Scham ganz schnell loszulassen. Du hast Dich gerade dabei erwischt, dass Du Bullshit erzählt hast? Kann vorkommen - jetzt bitte lachen! Lach über Deine Fähigkeiten, viele Varianten von Bullshit zu erzählen und reichere sie um ein weiteres Beispiel an. Leg Dir ein inneres Sammelalbum für Bullshit an und lache dreimal täglich darüber. Der Moment, in dem Du über Dich selbst lachen kannst – und ich meine nicht ein hämisches, schadenfrohes Auslachen, sondern ein liebevolles, umarmendes Lachen über die eigene Situationskomik – ist der Moment, in dem Du die Scham ganz leicht loslassen kannst. Vor allem ist dann auch der nächste Schritt nicht mehr weit. Wenn Du über Dich selbst lachen kannst, anstatt Dich zu schämen, bekommt Du eine unglaubliche Leichtigkeit - und dann kannst Du Dich selbst auch für Deine Schwächen und Fehler lieben und sogar dankbar dafür sein – schließlich bringst Du Dir selbst gerade Freude in Dein Leben. Dann kannst Du eben genau den Teil von Dir umarmen, den Du bisher vorrangig verdrängt oder bekämpft hast. Einfach wunderbar!

Sprache

Hast Du Dir schon einmal Gedanken über Deine Sprache gemacht? Wie sie wirkt und vor allem, was sie in Dir bewirkt? Warum bestimmte Worte so heißen, wie sie heißen? Warum bestimmte Sätze so klingen, wie sie klingen? Vor allem jedoch, dass Du mit jeder Äußerung immer automatisch auch etwas über Dich selbst sagst? Nun – hier haben wir eines der wichtigsten Herrschaftsinstrumente der letzten 6.000 Jahre: Unsere Sprache.

Der amerikanische Psychologe O.J. Harvey forschte seit den späten 50er Jahren zu der Frage, was die Ursache von Gewalt ist. Er meinte dabei die tiefer liegende Ursache und nicht oberflächliche Auslöser – da besteht ein wichtiger Unterschied! O.J. Harvey fand folgendes heraus: Das Maß an Gewalt in einer Kultur hängt unmittelbar davon ab, wie statisch deren Sprache ist. Eine statische Sprache zeichnet sich in erster Linie durch den gehäuften Gebrauch der Worte „ist" und „sind" aus – das klingt für die meisten aus unserer Kultur erst mal verrückt, denn: „Wie soll ich ohne „ist" und „sind" in der Sprache überhaupt auskommen?" werden sich viele fragen. Genau diese Frage zeigt, wie tief das Muster schon sitzt, jedoch ist es nicht unmöglich auf statische Wörter zu verzichten. Tatsächlich gibt es auf diesem Planeten sogar einige Sprachen, die völlig anders funktionieren, als alle die wir üblicherweise kennen.

Wenn wir einen genaueren Blick auf alles, was in diesem Universum existiert, werfen, werden wir ganz schnell erkennen, dass im Grunde nichts in diesem Universum feststehend ist. Selbst ein Steinbrocken auf dem Mars ist Witterung und Wettereinflüssen ausgesetzt und verändert sich – es dauert halt nur länger. Kein Stein auf diesem Planeten ist nach einem Sturm identisch mit dem Stein vor dem Sturm - und seien es nur drei Atome oder Moleküle, die der Wind abgetragen hat. Fakt ist jedoch: Auch der Stein wird verändert. Alles in diesem Universum ist damit Teil eines lebendigen Prozesses, in dem alles „wird" und nichts nur „ist". Mir geht es gar nicht so sehr um die Frage, ob wir Worte wie „ist" aus unserer Sprache verbannen, sondern worum es mir geht, ist eine Schlussfolgerung aus der Forschung von Harvey, insbesondere die Überlegungen von Marshal B. Rosenberg und die von ihm entwickelte „gewaltfreie Kommunikation".

Als Folge der statischen Sprache beurteilen wir die Welt in richtig und falsch, gut und böse, moralisch und unmoralisch, etc. - mit unserer Sprache fällen wir also moralische Urteile. Hier beziehe ich mich zunächst auf die theoretische Ebene der Wirkung von Sprache als Herrschaftsinstrument, die praktische Anwendungsseite dieser Überlegungen folgt dann im 2. Teil des Buches.

Das Denken in richtig und falsch hat zwei Aspekte: Einer ist, dass daraus Recht und Rechte abgeleitet werden und der andere ist, dass es offensichtlich jemanden geben muss, der darüber entscheidet, wacht und urteilt, was nun als richtig oder falsch bewertet wird. Beides beinhaltet jedoch eine absolute Abhängigkeit von einer höheren Instanz oder Autorität, die dann im Alltag bis hinunter in die unreflektiert genutzte Sprache wirkt. Beginnen wir mit der Entscheidung was richtig und falsch ist. „Eins und eins ist zwei, das ist doch richtig" könnten jetzt einige sagen. Das stimmt bis zu einem gewissen Grad, denn es handelt sich auf sprachlicher Ebene nur um eine Vereinbarung und kein Naturgesetz. Richtig und falsch im Zwischenmenschlichen – und darum geht es mir hier - im Gesellschaftlichen ist schlichtweg Unsinn, denn dieses vermeintlich richtige oder falsche ist ja weder zeitlich noch räumlich stabil. Was heute als falsch angesehen wird, galt womöglich vor 70 oder 80 Jahren als völlig „normal" und damit richtig. Mit jedem Fortschritt, technisch und sozial, ändern sich die Rahmenbedingungen und damit die jeweils gültigen Einteilungen in richtig und falsch. Weiter ist das, was hierzulande vielleicht richtig ist, schon zwei- bis dreitausend Kilometer weiter östlich total daneben. Also ist die Einteilung in richtig und falsch etwas völlig Künstliches und vor allem Willkürliches.

Wir sind in unserem eigenen sozialen Umkreis daran gewöhnt, zu glauben, dass eine Mehrheit Aufschluss darüber gibt, was richtig und falsch zu sein hat. Also sind es zwangsläufig immer gewisse Menschen, die darüber entscheiden - und damit wird das Ganze zu einem ziemlich willkürlichen Spiel. Die Tatsache bleibt jedoch, dass wir über die von uns verwendete Sprache auf diese Idee mit richtig und falsch geprägt oder besser gesagt abgerichtet sind. Leider führt dies nach O.J. Harvey zur Gewalt in unseren Köpfen und erzeugt auch die kultivierte Unterwürfigkeit. Kurz gesagt: Wenn Du Macht zementieren willst, hämmere den Menschen das Spiel um richtig und falsch schon früh im Leben ein. Damit hast Du das bestmögliche Kontrollinstrument, denn DU kontrollierst ja was richtig und falsch ist und damit den Geist der Menschen, die sich von nun an an Deine Gesetze halten.
Stellen wir die Frage nach richtig und falsch noch etwas konkreter: Ist die Erfindung von richtig und falsch eine Erfindung, die zu unser aller Nutzen gemacht wurde? Mitnichten – schon seit Anbeginn der menschlichen Kulturevolution war die Frage nach richtig und falsch das Instrument, mit dem die Mächtigen ihre Herrschaft gesichert haben. Jeder Gegner konnte leicht in die Kategorie „falsch" einsortiert werden und dann lag es lediglich am Charakter der Herrschenden, was sie mit ihm gemacht haben.

Nun kommt der zweite Aspekt ins Spiel, nämlich die Geschichte der Rechte. Den meisten von uns wurde in der Schule eingetrichtert, dass die Erfindung der Rechte und insbesondere der Menschenrechte eine Supererfindung war, die ja jedem Menschen ein angenehmes Leben garantiert: leider nur eine Illusion, wie sehr leicht zu zeigen ist. Die Regierung der USA gehören wohl weltweit zu denjenigen, die am lautesten tönen, dass die Menschenrechte einzuhalten wären – sie selber geben jedoch einen Kehricht auf die Menschenrechte. Ich hoffe, ich muss niemandem mehr genauer erläutern, an wie vielen Stellen die USA sich nicht an diese allseits beschworenen Menschenrechte halten. Es zeigt auf jeden Fall, dass die Existenz von „Recht" noch keine Garantie für die Lösung eines Problems ist, sondern es sind nur die Rechtsfolgen des Problems geklärt. Vielmehr zeigt die Geschichte der Rechte eben eine Geschichte von Erlangung und Zementierung der Herrschaft: In der Magna Charta von 1215 sind zwar wörtlich sogenannte Menschenrechte erwähnt, gemeint waren jedoch nur Adlige und deren Herrschaftsansprüche im England des dreizehnten Jahrhunderts. Genauso war es mit darauf folgenden Dokumenten, sei es die Menschenrechtserklärung in der französischen Revolution oder die Verfassung der USA, die Virginia Bill of Rights – es ging immer darum, dass eine neue aufstrebende Schicht ihren Herrschaftsanspruch sichern wollte. Das aufkommende Bürgertum in Frankreich oder eine elitäre Runde in den USA – es ging niemals um das einfache Volk. Auch die Menschenrechtserklärung der UN sorgt keinesfalls für die Lösung von Problemen, die das einfache Volk im Alltag hat – nicht einmal die Rechtsfolgen sind ausreichend verbindlich geklärt, so dass eine Klage tatsächlich irgendeinen Effekt hätte.

Diese grundlegende Art in „Recht/Unrecht" und „richtig/falsch" zu denken, lenkt uns vielmehr davon ab, uns überhaupt um die Probleme zu kümmern. Stattdessen kümmern wir uns um Wortdefinitionen und welche davon jetzt richtig sind. Kommt Dir das bekannt vor? Egal ob ich oder wir uns bei einem Streit um Wortbedeutungen durchsetzen – es bleibt immer ein „Verlierer" übrig, der die Sache so nicht akzeptiert und auf sich beruhen lassen will. Damit ist das Problem noch immer nicht gelöst und ich bin stattdessen perfekt davon abgelenkt, das zu bekommen, was ich gerne hätte – die Befriedigung eines Bedürfnisses. Im Gegenteil, wenn ich mich bei dem Streit um Definitionen durchsetze, dann bringt mich das von der Befriedigung meiner Bedürfnisse weiter weg, weil ich viel Energie für die sinnlose Diskussion verschwendet habe. Um Wortdefinitionen zu streiten, ist also selber ein Problem – sicherlich nicht die Lösung.

Das Fazit daraus lautet: Sprache ist so lange ein Herrschaftsinstrument, wie sie beurteilt, denn es bedarf immer einer höheren Instanz oder Autorität zu klären, was in der Sprache wie zu beurteilen ist. So lange wir das nicht erkennen und verändern, bleiben wir gefangen in einem Herrschaftssystem, das vornehmlich in unseren Köpfen – und damit unsichtbar – etabliert ist. Immer wenn wir auf dieser Basis bleiben und versuchen z.B. eine andere Gesellschaftsordnung zu basteln, wird im Ergebnis wieder etwas Ähnliches herauskommen, weil wieder künstlich unterschieden wird, was richtig und was falsch ist. Denn die Unterwürfigkeitsmatrix bleibt erhalten: Sie ist schon so tief in unser Bewusstsein vorgedrungen, dass sie als Teil des geistigen Parasiten, der unseren Geist in Besitz genommen hat unterbewusst dafür sorgt, dass unsere Welt immer genauso ist, wie sie ist und selbst wenn wir etwas ändern wollten, es sich trotzdem nichts wesentlich ändern kann.
Das bedeutet: So lange wir nicht an die Wurzel des Herrschaftssystems herangehen und unsere Sprache radikal verändern, werden wir nicht wirklich auf Augenhöhe kommen. Ein wichtiger Schritt zur inneren Befreiung ist daher die grundsätzliche Verabschiedung von richtig und falsch als Denkansatz. Nimm dieses Konzept und schmeiß es weg! Ganz konkret kannst Du „richtig" und „falsch" groß auf jeweils ein Blatt Papier schreiben und bei nächster Gelegenheit verbrennen!

Verdinglichung

Ich will noch auf einen weiteren Effekt von Sprache hinweisen, den der Verdinglichung oder Nominalisierung. Sprache macht darüber aus lebendigen Prozessen Dinge. Wir machen z.B. aus Liebe und Partnerschaft, die einen lebendigen Prozess beschreiben ein Ding: die Ehe. Aus einem Menschen, einem lebendigen, sich entwickelnden Lebewesen machen wir: die Person. Die grammatikalische Möglichkeit der Nominalisierung von Prozessen produziert Dinge: Es besteht ein Riesenunterschied zwischen „ich entscheide mich" und ich habe „die Entscheidung" getroffen. Auch hier entfaltet sich die unterbewusste Wirkung von Sprache auf uns. Unsere Sprache ist voll von Verdinglichungen (das Wort Verdinglichung ist übrigens auch schon eine Verdinglichung). Es lohnt sich in jedem Fall, sich damit näher zu befassen und ich empfehle das ein oder andere Video von Vera Birkenbihl. In einem davon erzählt sie davon, dass es Sprachen gibt, die nicht verdinglichen (nominalisieren) – z.B. die Sprache der Hopi Indianer.

Was nun fatal ist, sind die Konsequenzen der Verdinglichung. Das lässt sich gut an dem verdinglichten Wort Eigentum zeigen: Nur in einer verdinglichten Welt gibt es Dinge, die ich besitzen kann, doch was würde passieren, wenn es in der Denkweise schlichtweg überhaupt kein Eigentum gäbe? Hier geht es weder um Karl Marx, noch um die philosophische Betrachtung, dass wir mit nichts in die Welt kommen und sich auch mit nichts verlassen – denn dazwischen geben wir uns der Illusion hin, irgendwas zu besitzen. Streng genommen besitzen wir nicht einmal unser eigenes Leben, denn wir wissen nicht wann und wo und wie es zu Ende geht. Nur in einer verdinglichten Welt kann es überhaupt eine solche Schnapsidee wie Eigentum geben.

Eine weitere Auswirkung der Verdinglichung ist unsere Fixierung auf sogenannte Fakten, anstatt auf die jeweils dazugehörigen Prozesse. Dadurch sehen wir oft genug den Wald vor lauter Bäumen nicht, eben weil wir ja gar nicht davon sprechen. Wald – übrigens auch eine schöne Verdinglichung. Bäume sind Lebewesen und viele Bäume auf einem Haufen sind ein lebendiges System. Was machen wir jedoch sprachlich draus? Ein Ding: den Wald. Auf der Ebene der Dinge gibt es nur Fakten und keine sich entwickelnden und sich verändernden Prozesse. Damit können Probleme nicht in ihrer Gesamtheit wahrgenommen werden und so entstehen im verdinglichten Reden und Denken auch keine passenden Lösungen. Wäre unsere Sprache dagegen prozessorientierter, es wäre sicher sehr viel leichter unsere Probleme zu lösen.

Achte auf Deine Gedanken, denn Deine Gedanken werden Worte!

Achte auf Deine Worte, denn Deine Worte werden zu Taten!

Achte auf Deine Taten, denn Deine Taten werden zu Gewohnheiten!

Achte auf Deine Gewohnheiten, denn Deine Gewohnheiten formen Deinen Charakter!

Achte auf Deinen Charakter, denn Dein Charakter wird Dein Schicksal!

Damit haben wir genug analysiert und uns mit der grundlegenden Theorie beschäftigt – ab jetzt geht's an die praktische Arbeit. Im nächsten Teil des Buches wird es darum gehen, wie Du zuverlässig aus dem Schlamassel herauskommst und auch endlich die Verantwortung für Dich selbst und Dein Schicksal übernimmst.

Teil 2
Raus aus dem Schlamassel

Du hast Dich also entschlossen, den Weg in die Selbstermächtigung und raus aus der Unterwürfigkeit zu gehen. Auf jeden Fall bist Du da, hast hoffentlich auch schon das Buch bis Hierher gelesen und Dich scheint die Idee zu interessieren, zurück zu Dir selbst zu kommen.

Lass mich an dieser Stelle etwas Wichtiges für den zweiten Teil des Buches betonen: Die folgenden Vorschläge und praktischen Angebote, die ich aus meiner Perspektive auf das Thema mache, sind keine wissenschaftlichen Erkenntnisse. Es sind keine sauber aufgelisteten Modelle mit kreativen Namen von unheimlich cleveren Leuten – auf diese Dinge beziehe ich mich im ersten Teil des Buches. Was ab jetzt folgt, ist jedoch noch viel besser als das: Es ist reine Praxis. Alles, was ich Dir ab hier anbiete, habe ich selbst durchexerziert und vielfach mit Klienten oder auch Freunden erarbeitet. Ich weiß aus Erfahrung, dass es funktioniert. Dennoch erhebe ich nicht den Anspruch, dass alles davon bei jedem gleichermaßen zum Ziel führt. Der Weg in die Veränderung führt immer über Deine Selbstreflexion und nur Du selbst kannst die Verantwortung dafür übernehmen, was für Dich funktioniert und was nicht. Ich empfehle Dir daher noch weit über das hinaus, was ich Dir anbiete, selbst auf die Reise zu gehen und herauszufinden, was Dir in Deinem persönlichen Entwicklungsprozess hilft. Es gibt so viele Angebote da draußen, dass Dir sicher noch das ein oder andere für Dich Passende begegnen wird, wenn Du Dich mit den Informationen, die Du nun von mir erhalten hast weiter umschaust.

Bücher, YouTube Videos oder auch Coaching ersetzen jedoch keine Therapie! Wer wirklich eine schwerwiegende Traumatisierung erlebt hat, sollte zuerst einen Traumatherapeuten aufsuchen. Damit stellst Du sicher, dass Deine weitere Arbeit an Dir selber auf einem sicheren Fundament steht und Du die folgende Frage auch tatsächlich beantworten kannst.

Wer bin ich?

Wenn es eine Frage gibt, die aus meiner Sicht ganz grundsätzlich zentral ist, dann ist es diese – und aus der Antwort darauf ergibt sich alles Weitere im Leben. Wenn ich auch hier bei meiner Analogie mit dem Computer bleibe, dann stellt sich damit die Frage nach dem Kern des Betriebssystems. Die meisten Menschen haben nach dieser Analogie Windows im Schädel und dieses Betriebssystem steuert dann, was in ihrem Leben geht und was nicht, denn das Betriebssystem limitiert Dich nun einmal auf das, was im Rahmen dieses Systems vorgesehen ist.

In Wirklichkeit – und um weiterhin in der Metapher zu bleiben – hat der Mensch jederzeit folgende Alternative: Die Erkenntnis, dass wir alle in der Lage sind, den sogenannten Quellcode unseres Betriebssystems zu verändern. Die Erkenntnis, dass wir in Wirklichkeit mit Linux als Betriebssystem funktionieren und viel mehr Gestaltungs- und Veränderungsmöglichkeiten haben, als gedacht. Das bedeutet sinngemäß, Du kannst Dich dazu entschließen, im Kern Deiner Identität ein höheres Ideal zu installieren, das nun dafür sorgen wird, dass all Deine anderen Programme so verändert werden, dass sie Deiner wahren Identität entsprechen.

Dieser Ansatz geht weit über die oberflächliche Methode hinaus, auf der Verhaltensebene gewisse Veränderungen herbeizuführen. Abgesehen davon, dass das lernpsychologisch einer Dressur gleichkommt, ist es im Wesentlichen unwirksam, weil es in dem, was wir uns als Betriebssystem vorstellen, ein paar Firewalls gibt, die verhindern, dass ein anderes Verhalten dauerhaft durchkommt. Wenn Du z.B. glaubst, dass der Rest der Welt bedrohlich ist und Dir in den meisten Fällen an die Wäsche will, dann wird es Dir schlichtweg nicht möglich sein, alleine auf der Verhaltensebene offener zu anderen Menschen zu werden. Dazu müsstest Du schon die Grundeinstellung über Bord werfen, dass der Rest der Welt eine einzige riesige Bedrohung ist. Denn hinter der Überzeugung: „Die Welt ist bedrohlich", steht ein dazugehöriges Betriebssystem – zunächst einmal ist es nicht gerade Ausdruck von innerer Größe und ist möglicherweise sogar aus einem Trauma entstanden. Stell Dir daher für einen kurzen Moment einfach vor, Du wärst innerlich großartig und davon auch richtig überzeugt. Du brauchst es gar nicht wirklich zu sein, stell es Dir einfach nur vor. Wie in Teil I ausführlich dargestellt, bedeutet „innerlich groß" vor allem, dass Du es nicht mehr nötig hast, Dich über andere zu erheben. Also fühl einfach mal rein in diese Idee innerlich absolut großartig zu sein und beobachte, was sich dadurch alles verändert. Durch diese kleine Vorübung bekommst Du ein Gefühl für ein Grundprinzip: Dein Ich, Deine Perspektive auf Dich und die Welt bestimmt, wo es im Leben für Dich lang geht - also lass uns über Dein Ich bzw. Deine Identität reden.

Was ist Identität?

Wenn Du Dich akademisch mit dem Thema beschäftigst, dann befragst Du 10 verschiedene Experten und bekommst 15 verschiedene Antworten, die meist Definitionen sind. Eine klingt inhaltsschwangerer als die andere, jedoch ist keine davon wirklich hilfreich, um sich erfolgreich mit sich selbst zu beschäftigen. Das liegt daran, dass all diese Anstrengungen Identität zu erklären, ausschließlich aus dem Kopf kommen. Identität ist allerdings weit mehr als das, was irgendwelche Köpfe – und seien sie noch so clever – ersinnen können, weil Identität schlicht die Vorstellungskraft des Verstandes übersteigt.

Ich bevorzuge einen pragmatischen Ansatz, der nur leider nicht definierbar und schon gar nicht messbar ist und nach diesem Ansatz sage ich: Identität ist vor allem ein Gefühl. Zu dieser Perspektive inspiriert hat mich, wie in so vielen anderen Fällen, Gerald Hüther mit seiner Beschreibung von Würde. Die Würde steht bei ihm sogar noch eine Ebene höher als die Identität und so sehe ich das auch.

Identität ist damit also weit mehr als das, was die Psychologen unterschiedlichster Couleur in das Wort hineininterpretieren. Identität ist ein Gefühl von „in sich angekommen sein" und der Zustand „sich seiner Einzigartigkeit und gleichzeitig Großartigkeit bewusst zu sein". Es ist das emotionale Grundrauschen, mit dem wir durchs Leben gehen - und beschreibt diesen Zustand mit sich selbst, also der eigenen Identität voll und ganz verbunden zu sein. Das haben wir alle schon einmal deutlich erlebt: Es war vielleicht damals, als wir drei Jahre alt waren und uns irgendetwas richtig gut gelungen ist. Jeder hat Bilder im Kopf von Kindern in dem Alter, die sich selbst genießen und sich gerade richtig klasse finden. Sie laufen mit Stolz geschwellter Brust und geben Jubellaute von sich. Das ist so ein Moment in dem wir Menschen jedweden Selbstzweifel verlieren und uns mit allem und jedem verbunden fühlen. Wir haben in solchen Momenten nicht umsonst Lust, die ganze Welt zu umarmen - und metaphorisch tun wir das auch.

Die Identität verweist also auf das gigantische Potenzial, das in der betreffenden Person lebendig ist und wenn Du mit Deiner Identität und Deinem Ich verbunden bist, dann entsteht ein Zustand, in dem Du Dir auch vollständig bewusst über dieses persönliche Potential bist. Du verstehst vielleicht jetzt, warum uns hier allgemeine Definitionen nicht besonders gut weiter helfen. Statt dessen mache ich Dir in Angebot aus metasprachlicher Sicht, um zu klären, was Identität in meiner Welt ist:

Stell Dir einen Magneten vor. Einen richtig starken, einen Supermagneten. Stell Dir vor, Du führst diesen Magneten über einen Kübel voller bunter Nägel. Der Magnet wird einige der Nägel anziehen und die werden jetzt an ihm haften (und von einem Supermagneten kriegst Du die Dinger auch nur mit Mühe wieder ab). Du wiederholst den Vorgang und jedes mal bleiben weitere Nägel an dem immer dicker werdenden Ding in Deiner Hand haften, bis Du nur noch ein Knäuel aus Nägeln siehst und nichts mehr von dem Magneten.

Genauso verhält es sich mit uns Menschen. Wir sind der Magnet und die Nägel sind all die Programme, die wir im Laufe des Lebens angesammelt haben. Vielleicht sind beim letzten Durchgang ein Haufen roter Nägel hängengeblieben. Du würdest jedoch nicht annehmen, dass der Magnet deswegen auch rot ist, oder? Identität ist unser Wesenskern, der Magnet, der die Dinge anzieht. Vielleicht haben sich um diesen bestimmten Kern eine Menge Nägel gesammelt, die alle mit ihrer Spitze nach außen stehen, weshalb dann dieser Mensch glaubt, es gehöre zum Leben, anderen Schmerzen zuzufügen. Oder weil auf der äußersten Schicht eben hauptsächliche rote Nägel haften, sagt dann jemand von sich selber: „Ich bin halt rot". Deine wahre Identität ist jedoch nur das, was übrig bleibt, wenn Du alle Identifikationen mit den ganzen Nägeln oder Programmen weglässt. Da Identifikationen auch alle aus dem Kopf kommen, kann das was übrig bleibt also zwangsläufig nur ein Gefühl sein.

Ich will an dieser Stelle auch darauf hinweisen, dass es Identität sowohl in einem psychologischen Sinn gibt, wie auch in einem spirituellen Sinn. Das Paradoxe dabei ist, dass es beim psychologischen Weg, der aus meiner Sicht zwangsläufig zuerst kommt darum geht, in der eigenen Identität das allumfassende Potential zu erkennen, also „alles" zu sein, oder zumindest alles, was sich jemand vorstellen kann. Beim spirituellen Weg hingegen geht es – genau umgekehrt – darum, nichts mehr zu sein und zu erkennen, dass in dem Moment, in dem Du vollkommen leer und nichts mehr bist, Du wiederum alles im selben Moment bist. Auf diesen Weg lade ich Dich ein und dazu starten wir mit einem kleinen Gedankenexperiment: Stell Dir vor, Du willst am Wochenende rausgehen: Kneipe, Club, Dorffest, etc. – bevor Du raus gehst, stellst Du Dich vor den Spiegel und machst Dich selbst so richtig runter. Viele Menschen können das sowieso schon ohne Probleme: „Mann, siehst Du scheiße aus, was bist Du für ein uninteressanter Typ, was führst Du für ein langweiliges Leben, mit Dir will doch keiner etwas zu tun haben usw." Nach fünf Minuten in denen Du Dich auf diese Weise vorbereitet hast, verlässt Du das Haus und tust dann nichts anderes als Dich unter Leute zu begeben. Du stellst Dich irgendwo hin und beobachtest, wie die Leute auf Dich reagieren. Was glaubst Du? Wird das ein toller Abend?

Am nächsten Wochenende machst Du genau dasselbe, nur drehst Du Deine kleine Ansprache am Spiegel herum und erzählst Dir fünf Minuten lang, was Du an Dir klasse findest: „Wow, siehst Du gut aus, was bist Du für ein cleveres Kerlchen, was führst Du für ein interessantes Leben, jeder will Dich kennenlernen usw." Dann gehst Du auch wieder unter Leute, stellst Dich irgendwo hin und schaust wie die Leute diesmal auf Dich reagieren. Na? Wird das ein ähnlicher Abend? Natürlich sagt Dir bereits Deine Vorstellung ganz intuitiv, dass es entscheidend von Deiner inneren Haltung abhängt, wie Du auf Menschen wirkst, und wie diese Menschen dann mit Dir umgehen.

Stell Dir nun vor, Du hättest diese positive Haltung zu Dir selbst als eine Art anhaltendes Grundrauschen in Deinem Leben, ganz ohne die Ansprache vor dem Spiegel – und mache Dir bewusst, dass es nur eine Entscheidung ist, ob Dich ein positives Grundgefühl jede Minute auf Schritt und Tritt begleitet.

Übung 1 – Identitätsanker

Gehe für die erste Übung in Deiner Erinnerung in einen der Momente zurück, in denen alles toll war oder Du etwas gemacht hast, auf das Du wahnsinnig stolz warst. In dieser Erinnerung ist das Gefühl vergraben, von dem ich hier rede. Suche in Deiner Erinnerung einen solchen Moment, in dem Du zu Dir selber so etwas Ähnliches gesagt hast wie: „Ich bin ein geiler Typ" oder „Ich bin eine coole Socke" und prüfe einmal, ob in diesem Moment und diesem Gefühl weiterhin auch nur der geringste Selbstzweifel enthalten ist.
Ich habe schon etliche Leute erlebt, denen zunächst absolut nichts einfällt. In Gesprächen fange ich dann an zu bohren und brauche selten länger als zwei Minuten, um etwas zu finden, zum Beispiel:

Bestandene Prüfungen

Erfolgreich abgewickelte Projekte

Im Sport etwas geleistet (Tor geschossen, 10 km gelaufen, etc.)

Applaus bekommen

etc.

An dieser Stelle setzen jedoch dann bei einigen sofort wieder die erfolgreich verinnerlichten Kleinmachprogramme ein, wie: „Ist ja nichts besonderes" oder: „Kann ja jeder". Das ist jedoch gar keine Aussage über etwas, das Du geleistet hast, sondern ein erfolgreich verinnerlichtes und von jemand anderem installiertes Kleinmachprogramm der Marke: „Ich bin nicht gut genug" - das hatten wir ja schon im ersten Teil des Buches und ist das nicht bitter? Nur weil irgendwann in Deinem Leben irgendwer Dir verboten oder Dich davor gewarnt hat, Dich gut zu fühlen und vor allem Dich selbst gut zu finden, läufst Du jetzt klein und unscheinbar herum und freust Dich nicht über Deine Erfolge? Willst Du diesen Scheiß nicht endlich hinter Dir lassen? Vergiss den alten Kram! Du darfst Dich selbst gut finden und Dich natürlich auch gut fühlen! Dazu machen wir jetzt noch einen kleinen Exkurs.

Stell Dir folgenden Dialog vor:

A: „Was ist ein Poser?"

B: „Äh, jemand der vorgibt jemand zu sein, der er nicht ist?"

A: „Ah, da ist schon die Bewertung. Nein, ein Poser ist was anderes. Es gibt doch im Deutschen das Wort ‚Pose'. Was ist denn eine Pose?"

B: „Äh – eine Geste?"

A: „Genau! Eine Pose ist eine Geste. Ein Poser ist also jemand, der Gesten macht - Frage: Ist es möglich überhaupt keine Geste zu machen?"

B: „Versteh ich nicht."

A: „Kannst Du überhaupt irgendwann mal keine Geste machen?"

B: „Nein"

A: „OK, also ist es möglich, nicht zu posen?"

B: „Nein"

A: „Also – Konsequenz?"

B: „Jeder ist ein Poser!" (lacht)

A: „OK, weiter: Was ist eine Rolle? Also nicht Klorolle, Küchenrolle oder Farbrolle, sondern eine Rolle."

B: „Jaa, ich kann eine Rolle spielen."

A: „Das stimmt. Das ist ein wesentliches Merkmal von Rollen – wir spielen sie. Das ist uns meistens nicht bewusst, es stimmt aber. Wir spielen Rollen. Was noch viel wichtiger ist: Rollen sind Vorstellungen davon, wie jemand ist. Rollen sind nur Ideen oder Gedanken. Auf der Bühne interpretiert das der Regisseur und sagt dem Schauspieler wie er zu sein hat. Wie ist das im Leben mit den Rollen? Kann ich mal keine Rolle spielen?"

B: „Ja, wenn ich mal ganz ich selbst bin."

A: „Das hatten wir doch schon. Wer ist denn dieses ‚ich selbst'? Das ‚ich selbst' ist auch nur eine Vorstellung, eine Idee oder ein Gedanke. Wir suchen uns unsere Rollen immer selbst aus, auch wenn uns das meist nicht bewusst ist. Dennoch - wir spielen immer eine Rolle. Selbst jetzt in diesem Moment, in dem ich schreibe und in dem Du das liest, spielen wir beide Rollen. Wir könnten diese Rollen jedoch jederzeit ändern, es wäre nur eine simple Entscheidung. Ich könnte ja jetzt sagen ‚ich bin der Kaiser von China'. Bin ich das dann?"

B: „Nein"

A: „Wer soll mich davon abbringen?"

B: „Der Kaiser von China selbst?"

A: „Ah, dann geht es nicht darum, ob ich es bin, sondern ob ich Wert darauflege, dass mir der Rest der Welt das auch abkauft - das hatten wir doch auch schon. Wie wäre es, wenn mir völlig egal ist, ob mir der Rest der Welt das abkauft? Bin ich es dann?"

B: „..........." (verlegenes Lachen)

A: „Dann können gerne die Jungs im weißen Kittel kommen und mich in die nächste Psychiatrie einliefern - dann bin ich halt dort der Kaiser von China."

B: „..........." (weiter verlegenes Lachen)

A: „Wer sollte denn entscheiden, wer ich bin?"

B: „Na ich selbst."

A: „Gut, genau! Ich bin ja einverstanden, dass der Kaiser von China keine wirklich nützliche Identität ist, die mir im Alltag allzu viel weiterhilft. Da gibt es sicher nützlichere Vorstellungen, wie ‚cooler Typ' - also nimm doch mal die und schau mal, was sich daraus alles ergibt?"

B:(breites Grinsen)

Soviel zu unserem fiktiven Dialog - nun lass uns zurück kommen auf das Ding mit dem: „Wer bist Du?". Wenn im Alltag jemand gefragt wird: „Wer bist Du?", bekommst Du in 95% der Fälle entweder einen Namen zu hören oder einen Beruf. Ist das nicht schade? Nur, das hatten wir ja auch schon im ersten Teil. Wie wäre es, wenn wir anstelle all der limitierenden Annahmen über uns und die Welt einfach ein paar Annahmen aufstellen, die uns guttun, anstatt dass wir weiterhin Annahmen haben, die uns hauptsächlich beschissene Gefühle machen? In Momenten des Erfolgs haben Menschen Sätze über sich selbst im Kopf wie: „Ich bin der Größte", „Ich bin der Beste", „Ich bin der König", „Ich bin ein geiler Typ", „Ich bin der Hammer", „Ich bin eine Bombe". Einer hat sogar einmal gesagt: „Ich bin Chuck Norris" – und da geht doch wirklich nichts mehr drüber.

Um ein solches positives Grundgefühl und ein entsprechendes anhaltendes Grundrauschen in Dir zu erzeugen, komm zurück zu einem Moment, in dem Du bereits einmal großartig warst! Wenn Du noch keinen solchen Moment in Deiner Erinnerung finden kannst, der Dir ein Grinsen ins Gesicht zaubert: Es ist Deine Aufgabe so lange zu suchen, bis Du etwas gefunden hast - unterbrich die Lektüre dieses Buches für eine Weile, selbst wenn es ein paar Tage sind und suche etwas, das Dir dabei hilft, Deine eigene Großartigkeit zu entdecken. Denke dabei nicht zu viel nach! Hier geht es viel eher ums Fühlen, nämlich „gut fühlen". Gib Deinem Unterbewusstsein den Auftrag, nach einem Erlebnis zu suchen und lass diesen Suchauftrag auf Deine Gefühle wirken. Danach lass den Gedanken wieder los und warte einfach eine Weile ab. Vielleicht wartest Du ein paar Tage, vielleicht werden es auch nur Stunden, Dein Unterbewusstsein wird die Antwort jedoch ganz bestimmt nach oben spülen.

Komm erst dann zurück und mach weiter, wenn Du soweit bist, denn ab hier beginnen wir mit Deinem Erfolgserlebnis zu arbeiten – und ohne es ist die folgende Anleitung zur Übung leider nur weitere Theorie. Du benötigst zunächst ein wenig Material: Besorge Dir eine Präsentationskarte, vielleicht ein Karteikärtchen (in A6) oder eines dieser bunten Kärtchen, die bei Präsentationen oder Moderationen an Pinnwände getackert werden. Dann lege Dir auch einen fetten Stift bereit, vielleicht einen Edding, der möglichst dunkel ist, also schwarz oder blau.

Jetzt legen wir richtig los: Stelle Dir Dein Erfolgserlebnis vor und tauche ein in das Gefühl. Du siehst erneut die Bilder dieses Momentes. Lass Dich darauf ein und spüre, wie Du mit den Gefühlen, die entstehen auch immer größer wirst. Erinnere Dich an Töne, Stimmen und Geräusche. Was hörst Du, wenn Du in Dein persönliches Erfolgserlebnis eintauchst? Genieße das Gefühl in Dir, wie großartig sich diese Situation angefühlt hat. Tauche immer tiefer in diese Erinnerung ein und spüre erneut, wie sich dieses bestimmte Gefühl in Dir breit macht, Dich ausfüllt und immer intensiver wird. Stell Dir vor, Du könntest dieses Gefühl sogar noch größer machen! Stelle Dir weiterhin die Bilder und Geräusche vor und bleibe in diesem Gefühl. Lass die Intensität weiter ansteigen - und dann kommt irgendwann der Punkt, an dem das Gefühl am intensivsten ist: Da wo Du am größten bist und Dein großartiges Gefühl am liebsten in die Welt hinausschreien möchtest. Genau in diesem Moment kannst Du den Satz: „Ich bin..." ganz aus Deinem Gefühl heraus weiterführen.

ICH BIN _____

Nun nimm Dein Kärtchen und schreibe Deinen Satz mit großen Buchstaben auf - und schreib ihn auf eine Art und Weise, als ob Du das, was Du da gerade schreibst auch ernst meinst.
Wenn Du an dieser Stelle noch kein: „Ich bin ..." gefunden hast: Lege das Buch wieder für eine Weile zur Seite und suche Deinen Satz. Dabei ist mir folgendes wichtig: Nicht Denken, sondern Fühlen! Mach Dich entspannt auf die Suche nach dem „Ich bin ..." und wiederhole dazu die Übung mit Deinem Erfolgserlebnis. Dein Unterbewusstsein wird Dir Deinen Satz auf dem Silbertablett präsentieren, wenn Du soweit bist. Gib Dir Zeit und erzwinge es nicht durch Denken, sondern lass wieder den Auftrag an Dein Unterbewusstsein zu und entspann Dich.

Die Antwort, die dann irgendwann auch sicher kommt, hat normalerweise eine ziemliche Wucht. Das hat auch so manchem schon gehörig die Tränen in die Augen getrieben - es ist allerdings auch nicht zwingend nötig, Tränen der Freude und der Rührung zu haben, sondern dieses Erlebnis kann auch wie ein positiver Schlag in die Fresse wirken.

Schön – Du hast Deinen Satz, machen wir also weiter.

Zunächst: Du benötigst niemand anderen auf der Welt, der Dir sagt, ob Du den „richtigen" Satz gefunden hast. Die Referenz das zu beurteilen, bist Du selbst und wir können leicht testen, ob Dein Satz auch wirklich passt: Schau darauf und lass ihn wirken? Wie fühlt sich das an, was da steht?

Ist es echt? Ist es wahr? Macht Dich das groß?

Wenn Du bisher mit „Ja" antworten konntest, ist das ein sehr gutes Zeichen, doch wir testen noch ein wenig weiter. Leg das Kärtchen zur Seite und dreh es herum, so dass Du den Satz nicht mehr sehen kannst. Jetzt denke an Deinen letzten Ärger. Wann war das? Gestern? Heute? Es ist egal – es gibt täglich hunderte Anlässe sich zu ärgern. Nimm einfach irgendeinen: Hat Dir jemand im Straßenverkehr die Vorfahrt genommen oder ist jemand mit 30 Sachen vor Dir her geschlichen und Du konntest nicht überholen? Hat Dein Kollege, ein Freund, Dein Lebenspartner irgendeine blöde Bemerkung gemacht? Los, ärgere Dich!
Denk an Deinen letzten Ärger und lass Dich hineinfallen. Ärgere Dich noch mehr und denk an noch mehr Dinge, die Deinen Ärger in der Situation weiter steigern. Ziehe die Stirn in Falten und presse Deine Lippen aufeinander, damit Du den Ärger auch körperlich richtig spürst. Halte Deinen Ärger einige Sekunden - und dann dreh Dein Kärtchen um. Lies Deinen Satz.

Wo ist der Ärger?

Der „richtige" Satz ist in einer solchen Situation eine richtige Wunderpille. Er hilft Dir schlagartig aus einer miesen Stimmung heraus und in einen Zustand zu kommen, in dem Dir wesentlich mehr Ressourcen zur Verfügung stehen. Der „richtige" Satz kann sogar noch viel mehr: Tauche nochmal ein in das gute Gefühl, das Dein Satz Dir gibt und stelle Dir vor, Du würdest alles in Deinem Leben in diesem Bewusstsein tun.

Jetzt weißt Du was ich meine, wenn ich sage, dass Deine Identität dafür verantwortlich ist, was Du in Deinem Leben veranstaltest – also welche Nägel Dein Magnet anzieht. Wenn Du Dir vorstellst, alles aus dieser neuen großartigen Haltung heraus zu tun, weißt Du genau, was Du in jeder Situation tust. Es gibt keine Fragen mehr. Was tust Du, wenn Dir jemand krumm kommt? Was tust Du, wenn

Du eine schwierige Aufgabe zu lösen hast? Was tust Du, wenn Deine Schwiegermutter zu Besuch kommt? Was tust Du, wenn Dein Lebenspartner gerade nicht seine Schokoladenseite auspackt?

Du weißt es, weil es klar ist, dass Du ehrlich Du selbst sein kannst. Schau noch mal hin, eine kurze Überprüfung schadet nicht: Ist das echt? Ist das wahr? Sind da Selbstzweifel? Also – dann sei es doch einfach. Nach wie vor – es ist doch nur eine Entscheidung und Du hast jetzt gefühlt erlebt was diese Entscheidung bedeutet, welchen Unterschied sie macht. Wenn dann schon wieder die alten Programme hochkommen, die versuchen Dich wieder klein zu machen, begegne auch diesen mit Deinem Satz und in der neuen von Dir selbst überzeugten Haltung. Wenn Du diese neue Perspektive im Kopf hast und das Gefühl dazu erlebt hast, dann geht das auch nicht mehr so einfach weg. Triff jetzt eine Entscheidung und sei es. Selbst wenn Du zum Teil noch immer zu Dir sagst: „Ja, ich weiß doch noch gar nicht, wie das geht, so zu sein". Sei es einfach und Du wirst jeden Tag mehr dazulernen, was Du alles dafür brauchst, so zu sein. Nur fang zuerst einfach damit an Du selbst zu sein! Dann wirst Du auch mit jedem Tag mehr davon lernen, was Du noch dazu brauchst. Wenn Du jedoch glaubst, Du müsstest erst genug lernen, wissen oder können, um überhaupt anzufangen, wirst Du es nie sein. Sei es einfach jetzt und bleib dabei!

Damit haben wir einen wesentlichen Schritt gemacht und können Folgendes testen und feststellen: Jetzt bist Du wirklich auf Augenhöhe. Ob Du es auch bleibst, werden wir sehen, doch für den Moment bist Du es und es ist leicht Dir das zu zeigen: Stell Dir vor, Du bist in einem Raum mit 10 anderen Leuten. Ihr habt alle Eure Sätze gefunden und aufgeschrieben - und jetzt stell Dir vor, einer hat den selben Satz wie Du. Ist das ein Problem für Dich? Natürlich nicht. Denn wenn Du innerlich groß bist, hast Du es nicht mehr nötig, dass Du besser als ein anderer bist. Ihr alle seid wie ein Feld voller Blüten, in dem keine Blüte den Vergleich mit einer anderen Blüte braucht. Ihr blüht einfach alle. So habe ich schon erlebt, dass in einem Workshop vier Leute den Satz hatten: „Ich bin der Beste" – doch keiner von ihnen hatte damit ein Problem und wollte noch besser als einer der Anderen sein. Alle konnten wunderbar damit leben, dass die Sätze identisch waren. Das ist Augenhöhe. Das ist weit mehr als ein: „Ich bin OK, Du bist OK". Es ist ein: „Ich bin großartig und Du bist großartig und wenn sich zwei zusammentun, die beide großartig sind, dann kommt auch etwas dabei heraus, das großartig ist".

Augenhöhe erfordert tatsächlich selbst großartig zu sein, denn nur dann kannst Du auch wirklich gut damit leben, dass da jemand anders ist, der etwas besser kann als Du - oder mehr weiß, oder etwas Anderes. Du wirst Dich dadurch jedoch nicht mehr klein oder minderwertig fühlen, weil Du Dich darauf konzentrieren kannst, wer Du wirklich bist und was Du richtig gut kannst - dafür brauchst Du auch keinen Vergleich mit anderen. Gleichzeitig haben wir damit auch die Ursache für Ärger identifiziert: Es ist ein Gefühl, das immer Hand in Hand geht mit dem Auslöser des Gefühls in einer Situation. Es beginnt mit Wut, Enttäuschung, Frustration oder ähnlichem. Doch verwechsle nicht Wut mit Ärger! Wut ist unmittelbar und schnell wieder vorbei. Doch Gefühle von Wut, Enttäuschung oder Frustration alleine machen noch keinen Ärger. Es kommt immer Hilflosigkeit oder Ohnmacht dazu, damit aus den ursprünglichen Gefühlen Ärger wird. Denn der wahre Grund für Ärger ist das empfundene Maß an Ohnmacht oder Hilflosigkeit. Mit Deinem Satz bist Du jedoch nicht mehr hilflos oder ohnmächtig, denn Du kannst nur ohnmächtig sein, wenn Du die Macht abgibst – und damit ist vorrangig die Macht über Deine Gefühle gemeint.

Beantworte mir an dieser Stelle eine Frage: Glaubst Du, dass Du irgendwann nicht Du bist, so wie es in Deinem Satz formuliert ist? Manche werden intuitiv feststellen: Nein. Ich kann gar nicht nicht sein. Stimmt! Du bist immer Du. Dein ganzes Leben lang. Manch einer wird jedoch auch wieder über Situationen nachdenken, in denen etwas nicht geklappt hat oder in denen Ihr vor die Wand gefahren seid. Euch frage ich: „Hat sich Dein Satz dadurch etwa aufgelöst? Ist er verschwunden?" Natürlich nicht. Du hast ihn bloß vergessen. Es ist jedoch das Übelste was Dir passieren kann, dass Du vergisst, wer Du bist. Also arbeite daran, dass Du es nicht mehr vergisst. Male Dir ein großes Plakat mit Deinem Satz und hänge es Dir zuhause hin und dann schau mindestens zehn Mal am Tag darauf. Schreib es Dir an den Spiegel und genieße den Satz beim Zähneputzen. Schreib ihn Dir auf einen gelben Klebezettel und hänge ihn an Deinen PC Monitor. Sorge dafür, dass Du Dein Kärtchen immer dabei hast (z.B. im Geldbeutel) und dann nutze es und schau immer wieder drauf, wenn Du gerade einmal wieder unten bist – vor allem schau immer darauf, wenn jemand anruft, der in Dir normalerweise Unbehagen auslöst.

Den Satz weiter entwickeln

Fürs Erste sind wir zwar durch mit der Frage, wer Du bist. Damit sind wir allerdings noch nicht am Ziel. Ein oder zwei Aufgaben bleiben noch zu erledigen – das hängt auch von Deinem Satz ab. Wir beginnen damit, zu prüfen, ob auf dem Kärtchen eine Eigenschaft steht. Vielleicht hast Du da etwas hingeschrieben wie: „Ich bin

gut

klasse

spitze

großartig

stark

etc."

Dann gib Dir selbst den Auftrag, einen weiteren Ausdruck zu finden, bei dem die Eigenschaft auf dem Kärtchen eine eigene Identität hat. Aus „Ich bin stark" wird vielleicht „Ich bin Mike Tyson" oder „Ich bin eine Waffe". Aus „Ich bin einzigartig" wird vielleicht „Ich bin ein Original". Es geht jetzt darum, einen etwas kraftvolleren Satz zu finden, der vor allem das Potenzial hat, ihn noch weiter zu entwickeln. Es hilft Dir vielleicht Dich zu fragen: „Was für einer bin ich denn, wenn ich so bin?" Oder noch einfacher: „Wer bin ich denn, wenn ich das bin?" Lass den Auftrag dann los und warte, bis sich die Antwort über irgendeine Eingebung (oder einfach das Unterbewusstsein) auf dem Silbertablett präsentiert. Wenn Du eine Antwort gefunden hast, schreib Dir ein weiteres Kärtchen mit dem neuen Satz: „Ich bin……".

Wenn Du diesen neuen Ausdruck Deiner Identität gefunden hast, kannst Du mit dem nächsten Schritt weitermachen: Was auf Deinem Kärtchen steht, ist ja etwas, was Du bist und gerade erfährst und dass Du häufiger empfinden willst. Es ist also auch ein Ziel und vereinfacht gesagt, der Ausdruck von einem: „hin zu". Gleichzeitig geht es ja nach wie vor auch darum, bestimmte blockierenden Anteile Deiner Persönlichkeit loszulassen. Daher brauchen wir als Ergänzung auch ein: „weg von". Versuche also Deinen Satz entsprechend zu ergänzen. Ich gebe Dir dazu ein paar Beispiele:

„Weg von der Kopie, hin zum Original"

„Weg vom Wattebäuschchen, hin zum Hammer"

„Weg vom ängstlichen Häschen, hin zur coolen Socke"

etc.

Nachdem Du im ersten Schritt die Eigenschaft (z.B. Ich bin großartig) in einen neuen Ausdruck gebracht hast, kannst Du den Satz jetzt vervollständigen, durch die Ergänzung eines „weg von"! Auch dieser Prozess kann einige Tage dauern. Gib Dir Zeit. Wenn Du ein Ergebnis an dieser Stelle des Weges hast, bist Du bei Deinem finalen Satz angekommen. Schreibe ihn auf ein Kärtchen, ein Plakat, einen gelben Klebezettel und benutze ihn wie die Kärtchen, Plakate und Klebezettel vorher! Benutze Deinen Satz regelmäßig, benutze ihn so oft es geht und sei es einfach!

Vor allem für Diejenigen, die vielleicht noch keinen Satz haben oder mit dem Ergebnis noch nicht ganz zufrieden sind, ist mir eine Bemerkung sehr wichtig: Der wichtigste Moment in dieser Übung ist Euer Erfolgserlebnis und das Gefühl, das Ihr dabei erleben durftet. Der Satz selber und das Kärtchen sind am Ende nur Anker für dieses Gefühl. Wenn Ihr dem Gefühl eine konkrete Form verleiht durch einen ausformulierten Satz, ist das zwar hilfreich, es ist jedoch nicht zwingend erforderlich. Wer sich mit der Formulierung schwer tut, lebt womöglich in einer Wahrnehmungswelt, in der das Gefühl wichtiger als der Satz ist – und das ist völlig in Ordnung, solange der Effekt auch entsteht. Denn darum geht es am Ende: Sich großartig zu fühlen und das Gefühl der eigenen Großartigkeit zu genießen. Mit einem ausformulierten Satz, Kärtchen und Plakaten lässt sich dieses Gefühl allerdings viel besser im Alltag verankern. Damit nochmal klar wird, worum es bei dieser Übung eigentlich geht, möchte ich euch noch ein Gedicht von Marianne Williamson schenken, das durch Nelson Mandela bekannt geworden ist.

Unsere tiefste Angst ist es nicht, dass wir unzulänglich sind.

Unsere tiefste Angst ist, dass wir maßlos kraftvoll sind.

Es ist unser Licht, nicht unsere Dunkelheit, das uns am meisten ängstigt.

Wir fragen uns: `Wer bin ich denn, um brillant, großartig, talentiert und fabelhaft zu sein?'

In Wirklichkeit: Wer bist du, dies nicht zu sein?

Du bist ein Kind Gottes.

Es dient der Welt nicht, dass du dich klein spielst.

Es ist nichts Erleuchtetes darin, dich klein zu machen, damit sich andere Menschen nicht unsicher um dich fühlen.

Wir sind geboren, um die Ehre Gottes zu manifestieren, die in uns ist.

Sie ist nicht nur in einigen von uns.

Sie ist in jedem von uns.

Und während wir unser eigenes Licht scheinen lassen, geben wir unbewusst anderen Menschen die Erlaubnis, dasselbe zu tun.

Während wir von unserer eigenen Angst befreit werden, befreit unsere Anwesenheit automatisch Andere.

Der kleine Weg

Diejenigen unter Euch, die sich schon mit Spiritualität beschäftigt haben, werden jetzt womöglich den Eindruck bekommen haben, dass ich hier eine Anleitung gebe, sein Ego aufzublasen. Jedoch geht es bei dem Ziel in seine eigene Großartigkeit zu kommen, ganz und gar nicht darum nur das Ego zu stärken, sondern es geht darum zu erkennen, wer wir tief im Kern wirklich sind. Es ist das, was schon in dem schönen Gedicht von Marianne Williamson zum Ausdruck kommt. Wie Du dieses Licht oder diesen Wesenskern nennst, ist mir dabei sogar egal - in jedem Fall lauert darin eben nicht ein Ego, das „aufpoliert" werden will, denn dort ist kein Schrei nach Anerkennung, nach mehr Bedeutung oder mehr Aufmerksamkeit. Dort ist vielmehr das tiefe Bewusstsein, dass ich gesehen werde und geschätzt werde - vor allem von mir selbst. Nicht umsonst steht in der Bibel dieser schöne Satz: „Liebe Deinen Nächsten wie dich selbst!" Jedoch wird der zweite Teil des Satzes häufig unterschätzt oder gleich ganz vergessen: „… wie Dich selbst" – es ist eine einfache Binsenweisheit: Wer sich selbst nicht liebt, kann auch andere nicht lieben.
Ich sehe diesen Punkt ganz ähnlich wie Vera Birkenbihl, die schon 1993 vom „kleinen Weg" sprach: Wenn wir immer nur in unseren Kleinmachprogrammen agieren, dann ist dort vor allem sehr viel Angst. Die Angst ist es auch, die verhindert, das Ego überhaupt erst als Illusion oder als Programm wahrzunehmen. Die Angst wirkt dann wie eine Firewall und hält alles ab, was dem Ego gefährlich werden könnte – und sie verhindert damit auch jegliche (Weiter-)Entwicklung der Persönlichkeit.

Deshalb ist es auch immer eine gute Idee, sich selbst zu stärken. Wenn Du sogar über Dich selber lachen kannst und Dich weniger ernst nimmst, kann auch Dein Ego sich langsam Stück für Stück immer weiter zurückziehen. Es wird ohnehin niemals ganz aufgelöst sein, darum ist es von Anfang an viel interessanter zu fragen: „Habe ich ein Ego oder bin ich es?" - das allerdings werde ich erst später vertiefen. Fürs Erste nimm Deinen Satz, schau ihn an, genieße den Zustand in den Dich Dein Satz bringt und vertraue auf die weitere Reise. An dieser Stelle kannst Du auch einmal tüchtig feiern, was Du bis hierher erreicht hast, anstatt gleich weiterzusprinten: Es gibt sowieso keine Abkürzung zur Erleuchtung.

Kopfkino

Im Folgenden wird es um die Macht der inneren Bilder gehen, mit denen Du Deine Reise in die Selbstbestimmung weiterbringen kannst, denn Bilder sind meiner Ansicht nach so etwas wie die Programmiersprache unseres Gehirns. Die Methoden, die ich Dir hier vorstellen werde, sind alle Bestandteil von weit größeren und/oder komplexeren Prozessen in unserem Gehirn. Wir haben bereits weiter vorne im Buch behandelt, wie lächerlich wenig unser Verstand zu melden hat und auch hier wird es wieder deutlich: Bilder beeinflussen uns nicht nur oberflächlich in allen Alltagssituationen, sondern sie steuern uns auch unterbewusst, vergraben irgendwo in den Untiefen unseres Gehirns, wo sie dennoch permanent aktiv sind. Das ist vergleichbar mit den unzähligen Hintergrundanwendungen auf dem Computer, die alle unbemerkt ständig mitlaufen. Thorsten Havener veranschaulicht das einfach und prägnant mit einem genialen Experiment. Er bittet das Publikum: „Strecken Sie doch alle bitte mal Ihren rechten Arm senkrecht nach oben!" Dabei streckt er selbst seinen rechten Arm waagrecht zur Seite und siehe da – die überwiegende Zahl der Zuschauer bewegt den Arm zur Seite.

Im Folgenden biete ich Dir ein paar einfache Übungen an, die das Ziel haben, Dir dauerhaft andere Filme und Bilder in Deine Funkzentrale zu schrauben, damit Du damit aufhörst, Dir Horrorfilme anzuschauen - und stattdessen selbst produzierte Heldenfilme genießen kannst, die dich stärken statt runterziehen. Du kannst diesen Ansatz natürlich auch vertiefen, indem Du ein paar coole Bücher liest. Herausragend ist z.B.: „Die Macht der inneren Bilder" von Gerald Hüther - oder gib den Suchbegriff „innere Bilder" mal auf Google ein und schau was Dir angeboten wird. Du könntest auch tausende Euro ausgeben, um eine NLP Ausbildung zu machen. Das kann sogar zu einem bestimmten Zeitpunkt sinnvoll und nützlich für Dich sein, an diesem Punkt halte ich es jedoch für unnötig. Genauso könntest

Du auch den Weg der gewaltfreien Kommunikation gehen und Dich dort weiterbilden, Workshops und Übungsgruppen besuchen, eine Jahresausbildung machen. Auch das kann sehr bereichernd für Dich sein – zum gegebenen Zeitpunkt. Aus meiner Erfahrung ist die Qualität, die Du mit diesen Modellen erlebst und praktizieren kannst jedoch stark davon abhängig, wie weit Du schon damit gekommen bist, das alles aus einer gefühlten inneren Großartigkeit zu üben – und genau daran arbeiten wir jetzt mit dem praktischen Teil dieses Buches!

Wir machen dazu ein weiteres kleines Gedankenexperiment: Denk an eine Situation, die Dich klassischerweise ängstigt! Was ist es? Situationen im Auto? Nachts alleine durch den Wald spazieren? Auf der Aussichtsplattform eines Wolkenkratzers stehen? Nun schau Dir die Bilder genauer an, die dabei hochkommen - schau mal auf den Film, den Du dabei ansiehst! Lass mich raten: Du stürzt von dem Wolkenkratzer oder Du wirst nachts im Wald von einem Monster aus der fünften Dimension lebendig gefressen oder Du siehst Dich mit Deinem Auto in einen LKW krachen? Mitunter sind die Situationen etwas alltäglicher und harmloser und die entsprechenden Bilder auch. Allerdings ist genau das schon ein weiterer Irrtum: Die Vorstellung von der vermasselten Prüfung klingt oberflächlich betrachtet zwar harmloser als der eigene Tod durch ein Weltraummonster - trotzdem bewirkt auch schon das Bild der vermasselten Prüfung bei vielen Leuten Schweißausbrüche und Übelkeitsanfälle. Noch fieser sind die Bilder, die Dir gar nicht mehr wirklich präsent sind und trotzdem noch immer wirken: Du warst 3 Jahre alt. Du hast geschlafen. Plötzlich wachst Du mitten in der Nacht auf. Du bist verwirrt, rufst nach Mama und Papa. Sie kommen nicht. Du begibst Dich auf die Suche und irrst durch Euer Haus oder Eure Wohnung – sie sind nicht da. Wie auch immer die Story ausgegangen ist – irgendwie hast Du sie damals schließlich überlebt und Du bist jetzt hier - doch diese Bilder sind sehr mächtig und es ist anspruchsvoll sie aufzulösen.

Daher wiederhole ich es an dieser Stelle nochmals: Dieses Buch ist keine Abkürzung oder gar ein Ersatz für die Auflösung von echten und schweren Traumata. Die gehören für mich nach wie vor in eine Traumatherapie. Wir schauen uns hier einige Themen des Lebens aus einer neuen, völlig anderen Perspektive an und spielen damit, um Dein Potential zur Selbstbestimmung anzuregen und zu entwickeln. Das ist sinnvoll, weil es Dein Leben in all seinen Facetten bereichern kann. Dabei entscheidest Du selbst, ob Du Dir in Deinem Kopfkino vorstellst, wie Du Macht, Reichtum ansammelst und den Rest der Welt Deinem Willen unterwirfst oder ob Du dazu beiträgst, die Welt zu verbessern und zu befreien. Du wirst in jedem Fall ein Feedback aus Deiner Umwelt erhalten, wie Dich das eine oder das andere innere Bild verändern wird: Falls Du also in Deinem Kopfkino ständig Darth Vader bist, brauchst Du Dich auch nicht zu wundern, wenn Dich die meisten Leute einfach für ein Arschloch halten.

Übung 2 – Qualität von Bildern

Bilder haben einen unmittelbaren Einfluss auf unsere Gefühlswelt und zwar sofort. Wie banal das ist, kannst Du an der folgenden Übung von Chris Mulzer, dem besten NLP Trainer, den ich kenne, ganz leicht nachvollziehen: Stell Dir einfach einen unglaublich leckeren Eisbecher mit den vier Kugeln Deiner Lieblingssorte vor, garniert mit Schlagsahne, einer Waffel und darüber läuft diese wunderbare Sauce aus Schokolade oder Himbeeren. Du fängst an zu sabbern? Sag ich doch – innere Bilder. Wir bleiben beim Eis und spielen zunächst einmal mit diesem Bild. Deine Vorstellung war gerade ziemlich real, in wunderbaren Farben und nah an dem Eisbecher, den Du am liebsten sofort essen würdest. Jetzt verändere zur Übung ein bisschen die Bildqualität - verwende die klassischen Parameter, die auch jedes Videobearbeitungsprogramm zur Verfügung stellt: Helligkeit, Farbe, Kontrast und Schärfe. Mach das ganze Bild etwas dunkler, dreh die Farben raus, mach es blasser und nimm Schärfe weg – wirkt das noch immer so lecker wie eben? Zu guter Letzt ändere sogar noch die Farben des Eises! Mach die Schlagsahne grau, die Eiskugeln neongelb, -grün und -orange. Na – noch Lust das zu essen? Mit dieser Übung kannst Du Dir die Vorstellung von einem tollen Eisbecher sogar gründlich austreiben. Wir verwenden diesen Mechanismus allerdings für den gegenteiligen Effekt und schrauben diesmal an einem Bild aus Deiner Erfahrungswelt.

Hier geht es darum, ein negatives Erlebnis zu bearbeiten. Hattest Du mal ein Erlebnis, bei dem Dich jemand so richtig runter gemacht hat und Du Dich danach echt beschissen gefühlt hast? Vor allem, wenn dieses negative Gefühl noch immer hochkommt, wenn Du darüber nachdenkst, ist es eine prima Gelegenheit diese Übung zu machen. Also lass uns diesmal am Bildinhalt schrauben: Mach die Augen zu und stell Dir die Situation noch einmal vor! Schnell bemerkst Du, wie dieses unangenehme Gefühl wieder hochkommt, wenn Du die Person vor Dir siehst und ihre Stimme hörst. Nur diesmal - mach den/die anderen einfach 30 cm kleiner! Schau wie Du Dich fühlst! Setz dem/der anderen eine alberne Mütze auf und schau wie Du Dich fühlst! Jetzt noch eine rote Clownsnase. Dann mach ihn/sie nochmal 10 cm kleiner und gib ihm/ihr eine Stimme wie Speedy Gonzales oder Mickey Maus! Und jetzt genieße, was Du siehst! Ist das noch immer bedrohlich? Fühlst Du noch immer irgendeine Art von Beklemmung? Sicher nicht – Du könntest Dich wahrscheinlich im Gegenteil gerade schlapp lachen.

Wenn Du diese Übung regelmäßig machst, musst Du in Zukunft sogar aufpassen, solltest Du diese Person wiedersehen: Bisher musstest Du Dich zusammenreißen, Dich nicht beschissen zu fühlen. Ab jetzt musst Du womöglich sogar aufpassen, dass Du nicht anfängst zu lachen.

Bist Du bereit für die nächste Runde? Oder brauchst Du zwischen den einzelnen Schritten eine Pause? Ich rate Dir vor allem bei den Übungen dazu, alles immer wieder zwischendurch ruhen zu lassen und Dir Zeit zu geben, die veränderte Perspektive zu verarbeiten - vielleicht schläfst Du sogar eine Runde darüber, denn wir werden diese Methode im Folgenden noch intensivieren.

Du kannst mit diesen Veränderungen Deiner inneren Bilder zum Einen zu Dir selbst in Distanz kommen und dabei auch noch die Veränderungen der Bildparameter beobachten. In der Fachsprache heißt das: Dissoziieren mit Submodalitäten. Los geht's - wir starten wie mit dem Eisbecher und verändern die Bildelemente. Nur machen wir dasselbe mit einer weiteren Situation aus Deinem Leben. Diese Übung kann auch ungemein hilfreich beim Verarbeiten von Prüfungsängsten und ähnlichem sein. Ich habe schon Leute gecoacht, die haben schon ein halbes Jahr vor einer Prüfung jeden Morgen gekotzt und konnten ihren Stress mit dieser Übung erfolgreich reduzieren.
Wir brauchen zunächst ein Erlebnis, das noch sehr lebendig für Dich ist – jedoch zunächst etwas Leichteres, um erst ein

bisschen zu probieren, zu spielen und zu experimentieren. Es gibt Leute, die haben z.B. Schwierigkeiten bei Präsentationen. Das ist für Dich vielleicht auch eine vergleichsweise harmlose Situation, an der Du Dich selbst ausprobieren kannst. Wenn Du etwas Anderes hast, was in eine ähnliche Richtung geht, nimm das! Wir gehen auch in den Bildern in die Zukunft, also die Vorstellung davon, wie etwas sein könnte. Nimm also eine Situation, die Dir unangenehm ist, und an der Du arbeiten möchtest. Bist Du bereit?

Bei dieser Übung schließt Du die Augen, setzt Dich entspannt hin und atmest einfach! Nun stell Dir vor Du sitzt in einem Kino! Versuche die folgende Übung, wie es Dir am besten passt mit abwechselnd lesen, sich vorstellen oder vielleicht springst Du dabei auch hin und her, liest es noch mal und probierst es noch mal aus. Es geht darum, dass Du eine spürbare Wirkung hast, die Du sofort merkst.

Also Du hast die Augen zu und sitzt in Deinem kleinen Kopfkino. Welche Farbe haben Deine Sitze? Meine sind rot. Der Vorhang ist noch vor der Leinwand, das Licht ist noch an und es läuft noch Musik. Du hast vor Dir, was auch immer Du im Kino vor Dir hast – eine Flasche Bier, Popcorn, Nachos. Neben Dir liegt eine Fernbedienung, mit der Du den Film beeinflussen kannst, wie Du willst. Während Du Dich weiter entspannst, wird die Musik leiser, das Licht wird runtergedimmt und der Vorhang geht langsam zur Seite. Dann ist die Musik aus, es ist dunkel und Zack – siehst Du vorne auf der Leinwand ein Bild. Ein Bild von Dir in dieser unangenehmen Situation.

Jetzt ist es wichtig, Dich darauf zu konzentrieren, wie Du Dich damit fühlst, das zu sehen. Schließlich ist das erst mal nur ein Bild auf einer Leinwand und Du sitzt ganz gemütlich in Deinem Kinostuhl und bist völlig unbeteiligt. Also was macht der Anblick der Situation mit Dir? Ist das Gefühl immer noch mulmig oder unangenehm? Das bedeutet, Du bist noch zu stark innerhalb der Situation. Stell Dir also vor, Du setzt Dich im Kino weiter nach hinten, damit

Du mehr Abstand zu dem Bild vorne hast! Mache Dir deutlich, dass das Bild gar nichts mit Dir und Deiner aktuellen Situation zu tun hat, sondern es ist nur ein Bild von jemandem, der aussieht wie Du! Du selber sitzt noch immer im Kinostuhl und schaust auf eine Leinwand. Beobachte einmal: Hat sich das Gefühl verändert? Ist es jetzt weniger mulmig? Wunderbar, so soll es sein.

Im nächsten Schritt schau Dir das Bild genauer an! Zunächst frage Dich: Ist es ein Film ist oder ein Standbild? Wenn es ein Film ist, drücke mit der Fernbedienung auf Pause, damit Du ein Standbild hast! Schau Dir das Bild ganz genau an. Wie fühlst Du Dich? Möchtest Du dem Typen da vorne vielleicht helfen? Das kannst Du mit der Fernbedienung sogar tun. Ändere die Bildparameter wie in der vorigen Übung und probiere aus, was jeweils passiert und wie Du Dich damit fühlst! Fang am besten an mit der Helligkeit. Spiel mit der Helligkeit und schau, wann Du Dich mit dem Bild besser fühlst. Sollte es heller oder dunkler werden? Erfahrungsgemäß hilft es den meisten, das Bild heller zu machen. Schau Dir danach die Farben an! Erscheint die Situation überhaupt in Farbe oder ist das schwarz/weiß? Sorge in jedem Fall für Farbe! Doch sind die Farben leuchtend oder zunächst nur blass? Gib Stoff auf die Farben! Mach es geil, spiel damit herum, bis Du Dich damit richtig wohl fühlst! Mach Dir auf bewusst, ob das Bild überhaupt scharf ist und kontrastreich und überprüfe immer wieder, wie Du Dich bei dem Anblick fühlst! Verändere das Bild so lange, bis es sich gut anfühlt! Dann stell Dir vor, auf Deiner Fernbedienung ist ein Knopf, da steht „Full HD" drauf: Drück den Knopf und schau, was mit Dir passiert! Wie fühlst Du Dich jetzt?

Danach schrauben wir auch noch an den Bildinhalten: Wo in dem Bild bist Du? Wie groß bist Du? Wenn Du zunächst klein und am Rand bist, mach einen Kameraschwenk, damit Du in der Mitte der Leinwand bist und vor allem mach Dich größer! Schau weiterhin genau darauf, wie sich Dein Gefühl verändert mit dem Verändern des Bildes! Zuletzt schau, ob noch andere Personen in dem Raum sind, spiel auch mit ihnen! Verändre ihre Größe, Position, etc. und tue das alles mit dem Fokus darauf, das Bild so zu gestalten, damit es sich für Dich gut anfühlt!

Das wird in nächster Zeit Deine Aufgabe sein: Die Dinge in Deinem kleinen Kopfkino so zu gestalten, dass Filme entstehen, die für Dich positiv sind und sich gut anfühlen. Wo wir gerade beim Thema Film sind – bisher war das ja ein Standbild, wenn Du die Bildparameter optimal gestaltet hast, mach einen Film draus! Das bedeutet auch, dass Du Dir überlegst, wie die Situation sich weiterentwickeln soll und Dein neuer Film weiter geht. Sobald Dir das klar ist, drück auf Deiner Fernbedienung „Play" und schau Dir den bearbeiteten Film zu Ende an! Sollte sich doch irgendetwas so verändern, dass es Dir nicht gefällt, gestalte den Film so weit um, dass er sich wieder gut anfühlt! Lass den Film so enden, wie Du es gerne hättest und das wiederholst Du jetzt einfach mit allen möglichen Situationen!

Mach Dir in dem Zusammenhang etwas klar: In dem Moment, da Du Dir etwas zunächst einfach nur vorstellst, benutzt Dein Gehirn bereits die Regionen, die es später in der realen Situation benutzen wird. Damit betreibst Du zum Einen eine Form von mentalem Training, genau wie viele Sportler, wenn sie sich auf Wettkämpfe vorbereiten. Zum Zweiten entwickeln die Bilder und Filme in Deinem Kopf eine Sogwirkung, die wie ein Staubsauger auf alles wirkt, was Du tust. Dadurch brauchst Du nicht dauernd Ziele und Pläne notieren, weil stattdessen Dein ganzes, inneres System den Auftrag verfolgt, die entstandene Vorstellung wahr werden zu lassen. Ach ja – apropos Sport: Wusstest Du wann sich entscheidet, ob ein Sportler in einem Wettkampf sein ganzes Potenzial abrufen kann und damit eine Chance hat? Tatsächlich entscheidet es sich schon Tage vorher. Welche Gedanken hat der Sportler im Kopf, welche Bilder entstehen dabei, wie fühlt er sich damit? Mit welchen Bildern schläft er ein, wovon träumt er und woran denkt er den Tag über?

Der letzte Gedanke, bevor Du einschläfst, ist auch der erste Gedanke, mit dem Du aufwachst. Jedoch bekommst Du hier keine Garantie dafür, dass allein diese Übung Deine innere Revolution ist. Du bekommst eine Methode, die Dir hilft, in Zukunft leichter an bestimmte Situationen heranzugehen - und wenn Du das regelmäßig wiederholst, wird es nachhaltig seine Wirkung bei Dir entfalten. Probier es aus!

Die Heldenreise – innere Bilder verfeinern

Jeder von uns hat viele innere Anteile, die unterschiedliche Ziele haben, unterschiedlich denken und dadurch auch unterschiedlich handeln wollen. Als Beispiel nehmen wir wieder das Eis: Du sitzt im Restaurant und hast gut gegessen, vielleicht ein saftiges Steak mit reichlich Sauce und Beilagen oder auch gerne fleischlos einen herrlichen Nudelauflauf mit Käse. Jetzt kommt der Kellner und fragt, ob Du noch einen Nachtisch möchtest. Ja sagt der Teil in Dir, der vorhin bei der Vorstellung dieses leckeren Eisbechers gesabbert hat. Auf der anderen Seite gibt es den Teil in Dir, der langfristiger denkt und Dir so etwas sagt wie: „Achte auf Deine Figur!" oder „Das wird sich doch schon in spätestens zwei Stunden rächen und dann liegt Dir alles bleischwer im Magen." Das zeigt, es ist überhaupt nichts ungewöhnliches, unterschiedliche Stimmen im Kopf zu haben. Denn damit sind unterschiedliche Aspekte unserer Persönlichkeit gemeint oder noch deutlicher ausgedrückt: Das sind alles unterschiedliche Typen oder Persönlichkeiten. Wenn wir jedem dieser Anteile eine Person zuordnen, als eine Art Sinnbild, dann wäre der Typ mit der vernünftigen Stimme der „innere Klugscheißer", während der Typ, der das Eis gerne gehabt hätte, der „innere Genießer" sein könnte. Im Grunde genommen geht es in der Übung darum, passende Bilder für Deine unterschiedlichen inneren Anteile zu finden, um damit zu spielen. Wenn Du eine Weile mit Deinen inneren Anteilen gespielt und gearbeitet hast, wirst Du sie auf diese Art und Weise wie ein Team zusammenbringen und dann die jeweiligen Anteile auch ausleben können, indem Du die passenden Situationen oder Momente findest, in denen Du aus diesem Anteil heraus denkst, fühlst und handelst. Alles wird seinen Platz haben und lebendig sein - und natürlich wird sich diese innere Balance Deiner Anteile auf Dein gesamtes Sein auswirken.

Passende Bilder und Beispiele für innere Anteile können wir zum Beispiel in Märchen finden. Märchen haben einen ungeheuren Einfluss auf unsere Entwicklung schon in frühen Phasen unseres Lebens. Sie kristallisieren innere Bilder, die in allen Kulturen vorkommen und universell die gleiche Wirkung auf Menschen haben. Darum kommen bestimmte Figuren und Motive auch in allen möglichen Märchen quer über diesen Planeten vor, wie beispielsweise das Bild der „weisen alten Frau". Sie sind Anzeichen dafür, dass bestimmte Bilder und Motive tief ins Unterbewusstsein jedes Menschen eingegraben sind und überall auf der Welt gleich wirken. Der Psychologe C.G. Jung war der erste, der dieses Prinzip unter dem Titel von „Archetypen" bekannt gemacht hat. Nach ihm kamen zahlreiche weitere Modelle für Archetypen hinzu.

Grundsätzlich abstrahieren Archetypen die inneren Anteile auf wesentliche Teile der Persönlichkeit. Von den zahlreichen Modellen für Archetypen bevorzuge ich persönlich das Modell von Richard Rohr. Es darf jede/r zu ihrem/seinem eigenen Archetypenmodell kommen und es gibt viele wundervolle Märchen mit archetypischen Charakteren. In etlichen Büchern über die tiefenpsychologische Wirkung von Märchen findest Du Anregungen dazu und heutzutage kannst Du Dich auch von modernen Märchen inspirieren lassen. Die heißen dann „Herr der Ringe" oder „Star Wars" - auch da könnten wir auf den archetypischen Charakter eingehen und würden eine Schatztruhe an Bildern finden. Ich deute es zumindest einmal an, denn in beiden Werken geht es um Selbstfindung: Der Weg von Luke Skywalker zum Jedi Ritter ist nichts anderes als ein Bild über die Initiation zum Mann und im „Herr der Ringe" ist es ähnlich, nicht umsonst heißt der dritte Teil „die Rückkehr des Königs".

Dennoch bevorzuge ich die Archetypen nach Rohr und will sie hier kurz vorstellen. Wichtig ist, dass auch für Frauen das Folgende gleichermaßen gilt, der Anteil heißt nur gelegentlich anders. Danach empfehle ich auch hier ein spielerisches Ausprobieren und Erkunden. Dabei geht es darum, innere Filme zu drehen – am besten ganze Epen. Abendfüllende Spielfilme mit Helden und dunklen Mächten und großen Schlachten und natürlich einem großartigen Happy End.

Die Archetypen

Der König

Der König ist in der eigenen Entwicklung als Erwachsener der Fokus und der zentrale innere Anteil. Er ist der innere Anteil, der dafür zuständig ist, ein Ziel zu definieren, die Richtung vorzugeben und eine Vision zu entwickeln. In unserer Kultur ist der innere König jedoch bei den meisten Leuten entweder extrem schwach ausgebildet bis nicht vorhanden oder ist ein fürchterlicher Tyrann, der andauernd versucht, den Rest der Welt zu unterdrücken.

Der König ist ein König, nichts anderes und das ist wichtig zum Verständnis der gesamten Arbeit mit den Archetypen: Hier geht es nicht darum, die Vorstellungen unseres Egos zu verwirklichen, das vielleicht einen demokratischen König oder einen bescheidenen Bettelmönch für erstrebenswert hält. Nein, der König ist ein König und der König sagt und bestimmt, wo es lang geht. Wir haben uns in unserer Kultur vielleicht auch schon zu sehr daran gewöhnt, dass der innere Anteil des Königs schlichtweg abwesend ist: Ein König ist stolz, geht aufrecht, zeigt Stärke und Präsenz. Er oder sie hat eine entsprechende Bekleidung (z.B. eine Galauniform), er allein ist derjenige, der sein Reich definiert und auch abgrenzt, d.h. der König sagt auch, wo die Grenze ist.

Der Krieger

Der Krieger ist der Teil in uns, der nicht lange fackelt, wenn etwas getan werden muss. Er handelt im Auftrag des Königs und sichert die Grenzen des vom König definierten Reichs. Er ist Diener des Königs und kommt im Alltag auch als der Anteil daher, den wir den inneren Macher nennen. Der Krieger führt im ausgewogenen Zustand der Archetypen kein Eigenleben. Doch wenn der König abwesend oder zu schwach gelebt ist, entwickelt der Krieger ein Eigenleben. Solche Menschen führen in ihrem Leben sehr viel Krieg – entweder im Inneren oder im Äußeren, im Kleinen oder im Großen. Es kann jedoch auch sein, dass der Krieger abwesend ist und dann entsteht überspitzt ausgedrückt ein „Weichei". Andererseits kann ein zu stark ausgeprägter Krieger dazu führen, dass diese Menschen zu Sadisten werden.

Der Magier

Der Magier ist in der westlichen Kultur der am stärksten ausgeprägte Anteil: Es ist der Lehrer, der Klugscheißer, der Denker. Der Magier ist jemand, der keine Entscheidungen trifft und er ist auch nicht wirklich ein Macher oder Kämpfer, vielmehr sucht er die Diskussion.

Der Magier ist wichtig, wenn es darum geht, seinen Verstand zu bemühen, doch wenn der Magier grundsätzlich die Führung übernimmt, wird es schwierig. Ein solcher Mensch lebt oft in einem Dämmerzustand und glaubt, es ginge im Leben primär um Ratio, Verstand, etc. Der Magier wird die anderen inneren Anteile dann so „vollquatschen", dass sie resigniert aufgeben. Gleichzeitig wirkt er wie eine Bremse für Gefühle, Selbstachtung und Würde, weil der Magier ständig gute Gründe dafür sucht, warum das, was ist, gerade so ist, wie es ist - und dabei greift er leider meist ziemlich daneben und verhindert so Wachstum und Entwicklung.

Der Liebende

Hier steckt die Botschaft schon im Namen. Der Liebende tut die Dinge aus Liebe. Es ist der Anteil in uns, der die Zeit vergisst und in einer Aufgabe so aufgeht, dass wir die Welt um uns herum ganz vergessen und an nichts anderes mehr denken. Das ist der Teil, der ein wundervolles Essen genießt, der Teil, der Musik liebt und die Augen schließt, wenn es draußen ganz still ist. Das ist der Typ, der gerne in die Natur geht oder auch dafür sorgt, dass wir so etwas wie Begeisterung erleben.

Auch dieser Anteil ist bei vielen Menschen schon verschwunden oder nur sehr klein. Wenn z.B. Städter für eine gesunde Umwelt demonstrieren, obwohl sie selbst nie in der Natur sind. Dann regiert in Wirklichkeit der Magier, der das Thema intellektualisiert, denn der Liebende würde stattdessen viel lieber ein paar Stunden im Wald spazieren gehen.

Das Kind

Das Kind ist nicht nur ein Archetyp, sondern darüber hinaus auch Bestandteil vieler psychologischer Schulen und Methoden. Es geht hier darum, dass in uns ein kleines Kind lebt. Dieses Kind sind wir selbst, als wir noch sehr klein waren. Dieses innere Kind benötigt die Freiheit sich in Deinem Leben auszutoben, kreativ zu sein, zu spielen, albern zu sein - eben ein Kind zu sein. Dieser Teil von Dir wird auch immer in Dir lebendig sein – selbst wenn Du 95 wirst. Die Frage ist nur, ob Du das Kind lebst und wo.

Du erinnerst Dich an den ersten Teil dieses Buches? Als wir darüber gesprochen haben, dass wir mehr oder weniger alle traumatische Erfahrungen aus der Kindheit mit uns herumschleppen? Das innere Kind trägt eine Menge Ballast mit sich herum, der dafür sorgt, dass es auf vielfältige Art und Weise betäubt, verdrängt oder abgeschaltet wird. Da gibt es Erwachsene, die tun den ganzen Tag so unheimlich erwachsen, rational und vernünftig – doch das ist wieder der Magier, der die Kindererziehung übernommen hat, anstatt des Liebenden, der viel besser geeignet ist. Diese Leute sind nie albern, und wenn sie lachen, kichern sie eher verschämt. Die haben ihr inneres Kind wirklich abgeschaltet. Andere verdrängen das Kind und wollen es nicht wahrhaben. Wenn sie darauf angesprochen werden, weisen sie es weit von sich.

OK – und genau da wird gleich die Arbeit mit den Archetypen beginnen. Da wir fast alle traumatisiert sind, hat sich in uns allen derselbe Prozess abgespielt. Unser Innerstes hat sich in drei Teile gespalten: Ein Teil von uns ist das immer noch schwer verletzte Kind – ein anderer Teil in uns hat in der damaligen Situation zwar unser Überleben gesichert, doch darf nun aufhören z.B. durch Dissoziation aus sich selbst herauszutreten und das Ganze wie einen Film zu betrachten - und dann gibt es zum Glück immer noch einen gesunden Anteil. Leider sorgt jedoch der Überlebensanteil, der den notwendigen Selbstschutz umsetzt dafür, dass das innere Kind blockiert und verdrängt wird. Damit wird jedoch auch der Heilungsprozess und der gesunde Anteil blockiert. Dieser Überlebensanteil wird im schlimmsten Fall immer größer und stärker, bis ein Mensch durchgängig pathologisch (also krankhaft) handelt und existiert.

Das wird also die erste Aufgabe sein, wenn Du mit den Archetypen arbeitest: Befreie Dein inneres Kind! Nimm durch die Archetypen Kontakt zu dem inneren Kind in Dir auf! Begegne ihm und lerne es kennen! Erkunde seine Gefühle und wie es so geworden ist, wie es ist und gib ihm in Deinen Traumreisen genau das, was es in diesem Moment braucht! Meist ist es Liebe, Fürsorge, eine Umarmung, Annehmen, Bestätigen, Sehen, etc. Probiere es aus und schau was mit Dir passiert!

Der wilde Mann

Der wilde Mann ist sehr speziell, bei Frauen heißt dieser Archetyp Wolfsfrau. Der wilde Mann oder die Wolfsfrau sind einfach wild. Sie sind frei und unabhängig. Sie lassen sich von niemandem etwas vorschreiben und sie wahren ihre Würde, vertrauen ihren Urinstinkten und ihren Gefühlen. In diesem Archetyp steckt ein gewisser Anteil von jedem anderen Archetypen mit drin: Sie besitzen Würde, gehen gerne in die Natur, sind genauso gern auch albern, bei Gefahr sind sie bereit, sich zu wehren und sogar sich körperlich zu verteidigen. Der wilde Mann und die Wolfsfrau können sogar etwas, was keiner der anderen mag: Sie können gut alleine sein. So mancher Mensch mag gerade deshalb das Sitzen am Lagerfeuer, weil das einer der ganz wenigen Situationen ist, in denen dieser Archetyp kurz Freigang bekommt.

Doch leider sitzt bei den meisten von uns der wilde Mann oder die Wolfsfrau irgendwo tief unten in den Katakomben unserer Seele, eingesperrt in einen Kerker und schreit sich schon seit Jahrzehnten die Seele aus dem Leib: „Lass mich raus!" – ob Mann sich eine Krawatte umbinden lässt oder Frau sich in High Heels präsentiert, damit wird dieser Archetyp domestiziert und dahin verbannt, wo er jetzt dahinvegetiert.

Die Arbeit mit den Archetypen

Wenn Du mit Deinen Archetypen arbeiten willst, leg Dich hin, mache es Dir gemütlich und entspann Dich. Vielleicht legst Du Dir eine angenehme Musik auf, dann schließe die Augen und begib Dich auf Deine persönliche Heldenreise. Zuerst begegne einfach Deinen Anteilen in der Gestalt von Archetypen: Suche Deinen König und schau ihn Dir an. Erkunde ihn, lerne ihn kennen und baue eine Verbindung zu ihm auf, bis Du mit ihm verschmilzt. Probiere aus, wie es sich anfühlt diesen König zu leben und achte im Alltag darauf, wie es ist, wieder einen inneren König zu haben.

Ich will Dir hier jedoch keine haargenaue Anleitung für Traumreisen mit den Archetypen geben, weil Du das auf ganz vielfältige Art und Weise praktizieren kannst. Es geht nicht darum, dass ich die eine gültige oder beste Methode habe und Du die jetzt genauso machst, wie ich es Dir sage, sondern es geht darum, dass Du selbst spielerisch erkundest, was Du alles mit Dir selbst bewirkst, wenn Du damit arbeitest. Du selbst machst etwas, Du erlebst etwas – und das hat eine Wirkung, es macht etwas mit Dir, Du machst etwas damit. Dieser Prozess wird nur passieren, wenn Du es ganz und gar selbst gestaltest und nicht wieder Anleitungen von Experten befolgst. Du darfst selbst herausfinden, was Dich weiterbringt und Dir hilft, und genau das machst Du dann einfach. Du selbst bist die Referenz. Es gibt natürlich wunderbare geführte Traumreisen, auch auf YouTube von Leuten wie Matthias Beck, Robert Betz oder Andreas Winkler. Schau Dir das ruhig an und was Dir gefällt, das machst Du und was Dir nicht gut tut, das lässt Du. Schließlich geht es ja auch darum, dass Du so was wie Selbstwirksamkeit trainierst.

Auf diese Art und Weise gehst Du dann immer wieder in Traumreisen durch alle möglichen Archetypen und stellst Kontakt mit ihnen her. Ein weiterer Schritt in dieser Arbeit ist es dann auch Verbindungen zwischen den Archetypen aufzunehmen: Sei Dein innerer König und begegne Deinem inneren Kind. Lerne es aus der Perspektive dieses Anteil kennen. Stell Verbindung her, nimm es in den Arm. Sei bei ihm und schenk ihm alles, was es bisher vermisst hat.

Das Ziel dieser Arbeit mit den Archetypen ist es, dass sie alle gemeinsam an einem Tisch sitzen und jeder genau das macht, wozu er da ist. Es entsteht dabei eine Art inneres Team, in dem jeder seinen Platz hat und alle gesehen werden. Wenn dann in dieser illustren Runde auch das innere Kind seinen Platz hat und gesehen wird, ernst genommen und geliebt wird, dann irgendwann taucht auch der wilde Mann bzw. die Wolfsfrau wieder auf. Denn dieser Archetyp kommt in Traumreisen nicht so einfach um die Ecke. Du kannst ihn zwar wie im Kopfkino visualisieren, doch damit ist dieser Anteil noch lange nicht wirklich echt. Das gelingt erst, wenn alle anderen in Harmonie und Einklang sind: Dann tritt dieser Anteil auf den Plan – doch dafür umso mächtiger.

Eines ist mir an dieser Stelle noch wichtig: Dieser Prozess wird dauern! Mache Dir bewusst, dass die Bretter wirklich dick sind, die da zu bohren sind. Ich hatte gesagt, es gibt einen Weg aus dem Schlamassel, doch ich sage nicht, dass der Weg einfach ist und/oder schnell geht. Manchmal kann dieser Weg sogar mitten durch die Hölle führen. Ich sage allerdings noch etwas wichtigeres: Der Weg lohnt sich!

Ein Ausgangspunkt für die Heldenreise

Falls Du im Moment noch gar keine Vorstellung davon hast, wie Du anfängst und wo Du nach verlorenen Anteilen suchen kannst, gebe ich Dir ein oder zwei Anhaltspunkte. Der erste ist simpel: Mach die Augen zu und denk an einen Krieger! Spontan, schnell – je länger Du nachdenkst, desto verzerrter wird das Bild sein, dass sich in die aufbaut. Es geht ja schließlich darum, das Unterbewusstsein in Form von Bildern, nach oben zu spülen. Also – schnell – was siehst Du? Sieh Dir diesen Krieger ganz genau an! Wie sieht er aus und wie ist seine Situation? Steht er knietief in der Scheiße? Was könnte das bedeuten? Liegt er fix und fertig in der Ecke? Das ist sicher kein Zufall. Vielleicht siehst Du Deinen Krieger auch tobend vor Wut hinter einer Horde anderer Leute herlaufen? Auch das könnte etwas bedeuten.

Denk auf diese Art an einen Deiner Archetypen, stell ihn Dir bildlich vor und dann arbeite mit dem, was da ist! Zunächst ist es völlig ausreichend, einmal ganz genau hinzusehen.
Eine weitere Möglichkeit in die Arbeit mit den Archetypen zu starten sind Bildreisen. Ich werde Dir jetzt erst einmal nur beschreiben, was Du tun kannst. Die Auflösung findest Du dann am Ende des Buches, damit Du nicht sofort durch die Bedeutungen vorgeprägt bist und Deine Bildreise dadurch ihre Wirkung verliert.

Also stell Dir vor, dass Du irgendwo im Freien sitzt, an einem Ort, an dem Du Dich wohlfühlst. Du lässt den Blick in die Ferne schweifen und erblickst irgendwo eine Art Schloss oder Burg. Nun begib Dich auf die Reise dorthin! Wenn Du angekommen bist, schau, ob Du ins Innere dieses Schlosses oder der Burg gelangen kannst! Schau Dich um und jetzt erkunde das Haus! Schau, ob da Leute sind und schau Dir genau an, was Du siehst! Dann such den Thronsaal und schau, was dort so los ist! Sind dort Leute? Wer ist dort? Ist dort auch ein König? Wo ist der König? Erkunde das Schloss und die vielen Räume und unterhalte Dich vor allem mit jedem, den Du triffst! Jeder kann Dir eine Auskunft darüber geben, was hier los ist. Suche die Trainingskammer der Ritter, die Kammer des Alchimisten und schau, ob Du auch eine Art Barden oder Hofnarren findest! Gibt es auch Kinder in dem Schloss/Burg und ist es dort überhaupt lebendig? Schreibe auf, was Du gesehen hast, bevor Du es vergisst. Dann kannst Du gleich ans Ende des Buches springen und die Auflösung zur Geschichte lesen und das ist dann ein wunderbarer Startpunkt für die weitere Heldenreise.

Sprache verändern

An dieser Stelle geht es nicht um Definitionen und Wortbedeutungen. Du erinnerst Dich: Es geht um Selbstermächtigung. Das letzte, was Du dazu brauchen kannst, sind Leute, die Dir sagen, wie Worte definiert sind. Erwarte bitte auch nicht von mir, dass wir an dieser Stelle über Genderkram reden! Männliche Form, weibliche Form, Mischform – das ist mir alles egal. Mir geht es hier um etwas ganz anderes.

Schon im ersten Teil des Buches habe ich ausführlich dargestellt, dass wir in Sprache, bzw. in Dialogen denken, das schließt in gewisser Weise an Übung 2 an: unterschiedliche Stimmen sprechen in uns. Nun verwenden wir die konkreten Worte nicht einfach zufällig, sondern sie bringen etwas bestimmtes in uns zum Ausdruck. In einer Folge der Serie Inspektor Colombo sagt ein Verdächtiger unbedacht: „Sie war eine wunderbare Frau" und damit weiß Colombo, dass dieser Mann der Mörder ist. Denn die Verwendung des Wortes „war" ist verräterisch, weil zu diesem Zeitpunkt der Ermittlungen der Mörder der einzige ist, der wissen kann, dass die vermisste Frau nicht mehr lebt. Ganz ähnlich ist es mit vielen Worten und vor allem mit bestimmten Sprachmustern in unserer Kultur. Sie sind nicht nur Ausdruck einer inneren Haltung, sondern sie reproduzieren gleichzeitig auch immer wieder identische Schleifen aus Denken, Fühlen und Handeln. Wenn ich mir die ganze Zeit selbst erzähle, wie böse die Welt um mich herum ist, und dass ich ein Opfer dieser Welt bin, dann ist es nicht verwunderlich, dass ich mich immer tiefer in meine Opferexistenz hinein grabe.

Also lass uns mal das Augenmerk auf ein paar Worte und Formulierungen werfen, mit denen Du Dich selbst sabotierst! Ersetze sie durch andere, die Dir mehr nützen! Meine Vorschläge sind einfach und doch sind sie gleichzeitig schwierig umzusetzen, obwohl sie sich nur auf ein paar

Worte beschränken. Auch wenn ich den Spruch aus dem Talmud schon im ersten Teil des Buches zitiert habe, wiederhole ich ihn hier nochmal, denn ich lege auf diesen Aspekt tatsächlich viel Wert.

Achte auf Deine Gedanken, denn sie werden Worte.
Achte auf Deine Worte, denn sie werden Handlungen.
Achte auf Deine Handlungen, denn sie werden Gewohnheiten.
Achte auf Deine Gewohnheiten, denn
sie werden Dein Charakter.
Achte auf Deinen Charakter, denn er wird Dein Schicksal.

Damit ist im Grunde alles darüber gesagt. Sei aufmerksam mit Dir selbst und mit anderen! Werde jemand, der schädliche Sprachmuster im Alltag erkennt und identifiziert – das wird Dir später den Umgang mit anderen Menschen erleichtern!

Übung 3 - Achtsamkeit

Es wird eine Menge Aufhebens um die Thematik der Achtsamkeit gemacht, doch gerade sie wird Dir im Sinne des Spruchs aus dem Talmud helfen, bei der Veränderungsarbeit wirklich weiter zu kommen. Die Hirnforscher hatten ja schon vor 15 Jahren festgestellt, dass Meditation das Hirn komplett verändert – ja sogar dazu führt, dass sich das Gehirn komplett umbaut. Wenn Du also Lust hast zu meditieren, dann tu es! Meditieren ist sicher eine der genialsten „Erfindungen" für die tägliche Übung. Es gibt viele tolle Möglichkeiten Meditation zu erlernen. Auch hier kannst Du ohne Problem bei YouTube anfangen oder Dir eine App für Meditationen besorgen. Speziell für die Achtsamkeit gibt es natürlich auch **Achtsamkeitsmeditationen**. Das alles braucht bewusste Entscheidungen und die entsprechende Zeit dafür. Wenn Dir die Meditation nicht so liegt, kann ich Dir auch einen eher pragmatischen Ansatz empfehlen, denn viel wichtiger als zu meditieren, ist wirklich das „achtsam mit sich selbst sein": Hör Dir selbst zu, wenn Du redest, schau Dir selbst zu, wenn Du handelst!

Bei alledem geht es um eine einfache Ursache/Wirkungs-Beziehung. Wenn Du bestimmte Worte oder Muster verwendest (Ursache), dann hat das auf Dich eine bestimmte Wirkung. Wenn Du nun eine andere Wirkung willst, ist es sinnvoll und notwendig, die Ursache zu verändern. Deshalb empfehle ich Dir wärmstens, Deinen Umgang mit Worten und Sprachmustern bewusst wahrzunehmen.

Ganz praktisch empfehle ich Dir, lass einfach die folgenden Worte ganz weg:

man

soll

muss

eigentlich

versuchen

aber

kann nicht

sowie auch sämtliche Konjunktive, also: „Ich würde..."
„Man sollte..." „Du könntest..." „

oder Formulierungen, wie: „Ich bin nicht so der..."

Nimm Dir jedoch nicht gleich vor, alles gleichzeitig zu verändern, sondern setze Dir kleine Ziele und erreiche sie! Nimm jede Woche ein Wort in den Fokus, mit dem Ziel, aufmerksamer mit Dir selbst und Deiner Sprache zu sein. Nimm Dir vor zu erkennen, wann Du das Wort oder Muster verwendest und beginne damit, Dich selbst zu korrigieren!

Mach Dir bei diesem Veränderungsprozess klar, wie lange Du diese Muster oder Blockaden schon hast. Bist Du Mitte zwanzig, dann schleppst Du sie schon zwanzig Jahre mit Dir herum. Bist Du Mitte Vierzig? Dann doppelt so lange. Wenn Du also diese Muster schon seit so langer Zeit täglich trainierst – was glaubst Du, wie lange es dauern wird, bis Du sie halbwegs aus Deiner Gewohnheit entfernen kannst? Natürlich wird es nicht ebenso viele Jahre brauchen eine dauerhafte, nachhaltige Veränderungen in Dir anzustoßen. Nur erwarte nicht, dass das innerhalb von drei Tagen und ohne viel Aufmerksamkeit über die Bühne geht. Es ist ein wichtiger Schritt im Veränderungsprozess, zu lernen, dass es Höhen und Tiefen gibt. Phasen in High-Speed und Sieben-Meilen-Stiefeln und dann wieder Phasen, die kommen Dir wie in Zeitlupe vor. Wichtig ist, dass Du dranbleibst und es als Aufgabe betrachtest, täglich auf Dich selbst acht zu geben: Was Du denkst, was Du fühlst und wie Du handelst. Jedes Mal, wenn Du Dich z.B. selbst dabei erwischst, bestimmte Sprachmuster zu benutzen, halte kurz inne und korrigiere Dich selbst! Es braucht Übung, um sich auf Dauer zu ändern. Jedes Mal, wenn Du Dich dabei erwischst, dass Du gerade einen mächtigen Bock schießt und wieder tief in die Kiste der alten Muster zurückgreifst, halte kurz inne und frage Dich, was Du da gerade machst! Nimm die Situation wahr und arbeite daran! Frag Dich dabei auch, wer genau da gerade handelt!

Bis hierher hast Du vielleicht schon einiges umgesetzt von dem, was ich anbiete. Womöglich hast Du jetzt einen Identitätsanker. Möglicherweise hast Du einige Deiner inneren Bilder oder Filme erfolgreich verändert und vielleicht hast Du schon den ein oder anderen abendfüllenden Spielfilm mit Deinen Archetypen in Deinem Kopfkino angeschaut. Dann bist Du jetzt in der gefährlichsten Phase der Veränderung, denn durch all diese Veränderungen hat Dein Ego bemerkt, dass es wohl auf kurz oder lang in den Hintergrund gedrängt werden wird - und natürlich setzt es sich dagegen zur Wehr. Denn das Ego ist ein Meister der Tarnung und hat viel mehr Tricks drauf, als Du glaubst. Daher werden Dich Deine alten Muster und Programme immer wieder einholen und jedes Mal, wenn Du glaubst: „Jetzt hab ich es geschafft", kommt Dein Ego wieder um die Ecke und stellt Dich auf die Probe.

Der fieseste Trick des Egos in dieser Phase ist, dass es vordergründig Deine Veränderung nutzt, um Dir vorzugaukeln, es würde Dir sogar dabei helfen, diesen Prozess zu bewältigen. Es tut so, als ob es selbst völlig begeistert von der Veränderung wäre und schwingt sich vielleicht sogar zum größten Verfechter dieser Veränderung auf. Das merkst Du daran, wenn Du anfängst, Deine eigene Veränderung (oder auch die von anderen Leuten) zu intellektualisieren und zu „verklugscheißern". Mach Dir klar: Dein Ego wird niemals verschwinden. Es ist ein Werkzeug und es ist wichtig, weil Du genau dieses Werkzeug brauchst, um schwierige und/oder komplexe Probleme zu lösen. Nur lass Dich nicht von diesem Werkzeug regieren! Im Zusammenhang mit diesem Buch ist das Ego ohnehin nur ein Teil der Arbeit. Wesentlich wichtiger ist es mir nach wie vor, Dir Möglichkeiten an die Hand zu geben, ein paar Deiner alten Programme durch neue zu ersetzen.

Mit Sprache bewusst und kompetent umzugehen, ist vergleichbar mit Autofahren lernen. Am Anfang sind Deine Lenkausschläge ziemlich groß und Du bist dauernd am hin- und herlenken, so dass das Auto in manchen Situationen schlingert. Mit der Zeit werden Deine Lenkbewegungen jedoch feiner, bis Du schließlich in der Lage bist, das Auto sogar mit einem kleinen Finger zu steuern. Auch wenn es kaum noch so wirkt: Du wirst nicht aufhören zu Lenken, weil die Straße niemals gleichförmig geradeaus geht. So ist es auch mit der Sprache. Wenn Du sie mit der Zeit immer bewusster verwendest, hat das wiederum eine Rückkopplung auf Deine Wahrnehmung, was wiederum Deine Haltung verändern wird. Wenn Du in das Thema zur Wirkung von Sprache noch tiefer einsteigen willst, empfehle ich Dir das Kapitel „Sprache – die Struktur der Herrschaft" aus meinem ersten Buch über Kommunikation. Dieses Kapitel kannst Du als Podcast auf meinem Youtube Kanal hören – oder Du besorgst Dir auch mein erstes Buch, es heißt Kommunicorona. Hier halte ich es dagegen eher kurz und gebe Dir ein paar praktische Tipps an die Hand, die schnell umsetzbar sind und Dich auf den Weg bringen.

Bewertungen –
Sprache bewusster einsetzen

Wenn es auf diesem Planeten etwas gibt, das ursächlich hinter dem ganzen Wahnsinn steht, den Du Dir täglich in den Nachrichten anschauen darfst, dann ist es die Bewertung oder die Beurteilung - ich verwende ab jetzt nur noch die Bezeichnung Bewertung. Es bedeutet, den Dingen Eigenschaften zuzuordnen und/oder sie mit dem Wort „ist" oder „sind" in Stein zu meißeln. Dadurch entstehen zwei Kategorien, die laut dem amerikanischen Psychologen O.J.Harvey die Ursachen für jede Gewalt sind: Das Denken in den Schubladen „richtig" und „falsch". Doch es gibt kein richtig und falsch. Damit haben wir uns auch im ersten Teil des Buches schon ausführlich beschäftigt und hier ist wieder die praktische Seite relevant: Eine Bewertung löst gedankliche Gewalt in Dir aus, weil sie Dir selbst unangenehm ist. Als kleine Vorübung zu diesem Schritt kannst Du Dich selbst beobachten, wenn Du etwas lediglich wahrnimmst und einfach nur hinnimmst im Unterschied dazu, was passiert, wenn Du es bewertest. Probiere es aus und erkenne den Unterschied!

Es ist auch absolut nicht hilfreich, wenn Du alles im Sinne von positivem Denken als gut bewertest – das ist für mich eine vollkommen verdrehte Sicht auf wirklich positives Denken. Es ist ein massiver Betrug an Dir selbst, wenn Du versuchst, Dir selbst zu sagen, dass alles immer „gut" ist. Viel sinnvoller ist es, die Bewertung an sich zu unterlassen! Nichts ist gut oder schlecht, nichts ist richtig oder falsch. Bewerten ist ganz grundsätzlich wie Gift trinken und darauf hoffen, dass der andere daran stirbt. Denn eine Bewertung schneidet Dich mental nicht nur von Dir selbst, sondern auch von Deinen Mitmenschen ab. Bewertung verhindert, dass sich jemand wirklich tief mit Dir verbinden will und darunter leidet die Qualität all Deiner Beziehungen. Bewertungen erzeugen ganz grundsätzlich den

Effekt, Menschen zu teilen und von einander zu trennen. Sie teilen sich dann z.B. in die Moralischen und die Unmoralischen, doch wer entscheidet eigentlich, wer in welche Schublade gehört?

Wenn Du dagegen aufhörst in solchen Kategorien zu denken, wirst Du zumindest sprachlich (und dann auch in allen anderen Bereichen) vollkommen unabhängig von anderen. Wenn Du statt zu bewerten darüber sprichst und denkst, wie es Dir gerade geht mit dem, was passiert und was Du womöglich lieber hättest, dann winkt Dir als Preis ein entspanntes und glückliches Leben – das ist das wunderbarste an dem Ziel, Bewertungen für alle Zeit sein zu lassen.

Vor allen anderen Dingen wirst Du Dich auch nur noch ganz selten ärgern. Wir hatten den Ärger schon an anderer Stelle und haben festgestellt, dass er lediglich eine Reaktion auf ein Gefühl von Ohnmacht ist. Wenn Du nicht mehr bewertest, entsteht keine Ohnmacht mehr, denn auch die gefühlte Ohnmacht ist häufig lediglich ein Resultat der Bewertung einer Situation im Gehirn. Natürlich gibt es auch Situationen, in denen Du einer unangenehmen Erfahrung nicht aus dem Weg gehen kannst: Doch kennst Du diese vollkommen nutzlosen Diskussionen, in denen es zum Beispiel um die Definition von Worten geht? Du kannst Dich von diesem Quatsch und einem Großteil der als Ohnmacht erlebten Situationen befreien, wenn Du nicht mehr bewertest, denn dann gibt es keine Diskussion mehr über Wortbedeutungen. Wortbedeutungen sind immer Bewertungen - hör also auf, Dinge als gerecht oder ungerecht zu beurteilen, dann wirst Du auch nie wieder eine Diskussion mit jemand führen wollen, was jetzt Gerechtigkeit ist!

Hier ist mir der Verweis auf die gewaltfreie Kommunikation nach Marshal Rosenberg wichtig, denn was ich über die Sprache geschrieben haben, ist eine Kurzzusammenfassung einiger wesentlicher Elemente daraus. Es gibt mittlerweile etliche Bücher zur gewaltfreien Kommunikation sowie eine große Menge Videos auf YouTube. Ich lade Dich ein, Dich damit intensiv zu beschäftigen, weil es Dich auf dem Weg zur Selbstermächtigung enorm weiterhelfen kann. Als praktische Anregungen zum Üben – oder vielmehr zum achtsamen Unterlassen – gebe ich Dir hier noch einige Beispiele für Bewertungen und zwar zunächst die Kategorien der Bewertung sowie zugehörige Beispielsätze:

Eigenschaftsworte

Das ist unverschämt

Du bist faul

Ich bin zuverlässig

Klaus ist dumm

etc.

Gedanken lesen

Das machst Du nur, um mich zu verletzen

Du denkst nicht nach

Du hörst mir nicht zu

Das interessiert Dich doch überhaupt nicht

etc.

Verallgemeinerungen

Immer kommst Du zu spät

Nie hörst Du mir zu

Überall liegen Deine Socken herum

Das sieht doch jeder so

etc.

Vergleiche

Du bist ja schon wie Deine Mutter

Meine Mutter konnte besser kochen

Der Schmitz ist ein viel besserer Verkäufer als Sie

Du kannst viel besser singen als Deine Schwester

etc.

Verdienen

Ich habe eine solche Behandlung nicht verdient

Der Sieg des FC war unverdient

Der verdient eine ordentliche Bestrafung

etc.

Noch ein wesentlicher Aspekt des Bewertens: Die Bewertung lenkt Deinen Fokus weg von dem, was tatsächlich ist, hin zu dem, was sein soll und dann in den meisten Fällen nicht so ist, wie es sein soll. So konditionierst Du Dich selbst darauf, hauptsächlich zu sehen, was nicht so ist, wie es sein soll und trainierst es Dir ab, darauf zu achten, was tatsächlich Sache ist - und schon beginnt wieder der Ärger. Mal ein einfaches Beispiel:

Schau Dir das folgende Bild an! Was siehst Du?

Möglichkeit 1: Du siehst Möglichkeiten von Langeweile, Rumlümmeln, Müdigkeit, Unverschämtheit. Dann siehst Du nicht was ist, sondern dann siehst Du Dinge, die nicht so sind, wie sie sein sollten. Oder Du siehst Möglichkeiten von Entspannung, Genuss – also Deine Bewertung davon, wie etwas sein sollte. Fakt ist dennoch: Du siehst nicht was IST.

Möglichkeit 2: Du siehst zunächst eine Strichzeichnung. Dann siehst Du in der Strichzeichnung einen Mann, dessen Beine überkreuzt auf dem Tisch liegen. Er hat sich zurückgelehnt und die Augen sind geschlossen. Jetzt siehst Du tatsächlich was IST.

Du kannst an diesem Beispiel sofort erkennen, was Bewertung und was das Denken in Soll-Zuständen mit Deiner Wahrnehmung macht. Das ist auch einer der wesentlichen Gründe, warum die meisten Menschen nur sehr bedingt fähig sind, Körpersprache zu lesen. Denn ihnen entgehen wesentliche Details, weil sie durch ein Bewertungsraster fallen und davon verzerrt werden. Wirklich brutal ist diese Erkenntnis, wenn Menschen, die nach Aspekten ihres Lebens gefragt werden, nicht damit antworten, wie es ihnen tatsächlich geht oder wie sie etwas tatsächlich tun, sondern damit, was sie glauben, wie es ihnen gehen sollte, oder was sie glauben, dass sie tun sollten. An denen geht sogar das eigene Leben komplett vorbei.

Bewertung ist also ein weiteres gelerntes Programm, das es mit Achtsamkeit und täglicher Übung zu reduzieren gilt. Natürlich wirst Du immer wieder bewerten – ich tue das auch. Nur mach es Dir bewusst und dann korrigiere Dich selbst! Übe es und lerne täglich die Dinge zu sehen, wie sie sind, ohne zu bewerten. Sag zu Dir selbst immer wieder: „Es ist wie es ist!"

Lass Dir dabei auch keine Hintertür offen: Denn es gibt genügend Leute, die erzählen Dir, dass es eine Art von Bewertung gibt, die Dir weniger schadet und nur Ausdruck ist von „gefällt mir" oder „gefällt mir nicht" - ich stimme dem sogar zu. Nur wenn Du schon am Anfang die harmlosen Ausnahmen legitimierst, dann wirst Du in den Situationen, in denen es wichtig wäre, die neuen Programme zur Verfügung zu haben, wahrscheinlich auch wieder die alten Programme auspacken. Setz Dir das Ziel, Bewertung komplett sein zu lassen! Selbst wenn Du dann nur schaffst, 50% Deiner Bewertungen sein zu lassen, hast Du schon 50% gewonnen. Was glaubst Du, wie viel niedriger Deine Quote sein wird, wenn Du Dir das Hintertürchen offen lässt, dass bestimmte Bewertungen in Ordnung sind?

Dazu erzähle ich gern die Geschichte von dem König, der seine komplette Armee auf Schiffe verladen hat, um ein anderes Land zu erobern. Dort angekommen wartete der König, bis alle Mann von Bord gegangen waren und dann ließ er die komplette Flotte verbrennen. Wozu wohl? Weil er davon ausging, dass seine Leute jetzt deutlich motivierter kämpfen würden, denn es gab ja kein Zurück mehr und keine Möglichkeit zu flüchten. So sehe ich es mit der Bewertung. Verbrenn Deine Flotte! Mach es ganz oder gar nicht!

Dein Gehirn macht es Dir dabei auch einfach: Deine Gewohnheiten, die in Deinem Hirn die achtspurigen Autobahnen sind, werden zwar am liebsten benutzt, jedoch kannst Du durch Übung auch einen selten benutzten Feldweg zu einer Autobahn umbauen. Dafür musst Du neue Feldwege – also neue Gewohnheiten - anlegen und möglichst oft benutzen, vor allem in Alltagssituationen. Auf diese Art und Weise baust Du sie aus. Wenn Du die Feldwege allerdings nur benutzen willst, wenn die Situation kritisch wird, wird es nicht klappen. Je größer der Stress ist, desto eher will das Gehirn die Wege benutzen, die gut ausgebaut sind und Energie sparen - also die Autobahnen, die auch mit jeder Benutzung breiter werden. Daher ist es wichtig, gerade wenn es nicht darauf ankommt, die neuen Programme so oft wie nur möglich zu nutzen, denn sonst stehen sie in den wichtigen Situationen nicht zur Verfügung.

Diese sogenannten Feldwege zu benutzen, ist zwar zunächst anstrengend, nur ist das Hirn so geil konstruiert, dass aus Autobahnen durch Nichtbenutzen wieder Feldwege werden können und aus Feldwegen Autobahnen. Also mach es Dir zur Aufgabe, die Autobahn namens Bewertung, langsam zuwuchern zu lassen und lerne den Feldweg des bewertungsfreien Beobachtens auszubauen zu einer möglichst großen Straße und dann schau mal was dabei rauskommt!

Im „Jetzt" leben

Wir wollen ja nach wie vor aus der erlernten Unterwürfigkeit hinein in die Selbstbestimmung gelangen - in der vorigen Übungseinheit zur Sprache habe ich darauf hingewiesen, dass eine Vielzahl von Menschen Schwierigkeiten damit hat, das IST zu erkennen und damit umzugehen. Dieselben Menschen haben häufig auch extreme Schwierigkeiten im JETZT zu leben: Der „normale" Alltag spielt sich also häufig so ab, dass sie dauerhaft zwischen gestern und morgen hin- und herspringen – dummerweise genau die beiden Tage, an denen laut Dalai-Lama überhaupt nichts verändert werden kann. Menschen schauen auf gestern, ärgern sich, sind traurig oder enttäuscht, und dann schauen sie in die Zukunft und haben Angst davor, dass sich alles wiederholt und handeln aus dieser Angst heraus, treffen dabei meist nachteilige Entscheidungen, über die sie sich wiederum ärgern oder enttäuscht sind.

Erinnerungen sind Erinnerungen und die verändern sich nicht. Alles, was auf Deiner Festplatte gespeichert wurde, bleibt dort gespeichert. Bis zum Schluss. Das geht nicht mehr weg. Das menschliche Gehirn funktioniert an dieser Stelle total anders als der Computer, den wir kennen. Wir kennen Speichermedien, auf denen wir Datensätze löschen können. Das kann unser Gehirn nicht (es sein denn, wir schnippeln einen Teil des Hirns raus). In Bezug auf unsere Kindheitsprogramme haben wir schon im ersten Teil des Buches Überlegungen angestellt, was uns wirklich hilft: Was wir erreichen können ist, den Erinnerungen eine andere Bedeutung zu geben. Das allerdings findet eben nicht statt, indem wir uns in der Vergangenheit suhlen, sondern einzig alleine im Jetzt. Denn es gibt nur diesen einen Moment: Jetzt - und dieser eine Moment währt ewig. Alles andere sind bloße Gedankenkonstrukte. „Gestern" ist eine Fiktion, denn das gibt es nicht mehr. Gestern ist zwar Geschichte und hat irgendwie stattgefunden, allerdings erinnern wir uns bewusst nur an einen winzigen Bruchteil dessen, was wirklich passiert ist, den Rest erfindet unser Gehirn mal wieder dazu. „Morgen" ist eine noch größere Fiktion, denn morgen gibt es tatsächlich noch nicht und niemand weiß wirklich, ob er morgen überhaupt erleben wird.

Dein Leben spielt sich im Jetzt ab, und wenn Du Dich darauf konzentrierst, verschwinden viele Dinge schlagartig von der Bildfläche. Du ärgerst Dich über irgendwas von gestern? Konzentriere Dich auf das, was jetzt gerade ist! Du atmest, Du spürst Deinen Herzschlag, Du bist am Leben. Und wenn es Dir jetzt auch noch gelingt, dieses ständige Geplapper in Deinem Hirn auszuschalten, dann bist Du vollkommen im Jetzt angekommen, und dann ist da Stille oder Ruhe oder Frieden oder wie immer Du das nennen magst – Du weißt ja, das Wort ist nicht das Phänomen. Nimm diesen Moment an und mach Dir klar, dass das das Einzige ist, was Du in diesem Leben je bekommen wirst: Das, was jetzt da ist!

Wenn Du vielleicht morgen 2 Millionen Euro im Lotto gewinnst, dann lass dieses Ereignis morgen, wenn es soweit ist, genau in dem Moment ein Geschenk sein. Wenn Du jedoch heute glaubst, Dein Morgen planen zu können, wird es Dir beschissen gehen, wenn Dein Plan nicht in Erfüllung gegangen ist. Oder Du planst am Wochenende einen Ausflug und das Wetter kommt dazwischen. Ärgerst Du Dich? Wenn ja, hast Du mal wieder geglaubt, das Leben sei dazu da, dass Dein Plan aufgeht. Ist es das? Wenn Du stattdessen Samstagmorgen aufstehst und im Jetzt bist, denkst Du gar nicht an Deinen lächerlichen Plan. Du freust Dich, dass Du z.B. mit Deiner neuen Freundin im Bett liegen und mit ihr den Tag genießen kannst. Statt an den geplanten Ausflug zu denken, verbringst Du einfach eine wundervolle Zeit mit ihr und das ist gut so.

Wir haben Ziele und Pläne und dann ärgern wir uns, wenn sie nicht aufgehen oder wir sie nicht erreichen. Woran liegt das? Daran, dass wir nicht im Jetzt sind. Wenn ich im Morgen bin oder im Gestern, dann werden Dinge plötzlich ungemein wichtig, z.B. wenn ich gestern Ärger hatte, und ihn morgen mit aller Macht verhindern will. Deshalb mache ich Pläne, damit ich eine solche Situation nicht mehr erlebe, doch selbst wenn es mir gelingt, diese Situation zu vermeiden, dann ärgere ich mich über etwas anderes. Denn der Ärger liegt nicht am Auslöser (dem Objekt oder Subjekt meines Ärgers), sondern in mir selbst.

Übung 4 – Was ist wirklich wichtig?

Jetzt wird es hart, doch stell Dir mal vor, Du hättest nur noch eine Woche zu leben. Wieso ist das eigentlich hart? Irgendwann passiert es – jedem von uns. Du kannst dem Gedanken an Deine Sterblichkeit maximal Dein Leben lang davonrennen, bis es zu spät ist, sich damit zu beschäftigen. Ich sage: Der Tod ist ein verdammt guter Ratgeber. Wenn Du also noch eine Woche zu leben hättest – was würdest Du tun? Fernsehen? Playstation zocken? Selfies machen? Einen Scheißjob erledigen, der Dir keinen Spaß macht? Anderen Leuten gefallen? Erwartungen erfüllen? Wohl eher nicht, doch wieso tust Du all diese Dinge dann jetzt? Wenn wir ehrlich sind: Du hast keine Ahnung, ob das mit der Woche nicht komplett real ist, selbst wenn die Statistik und Dein Alter noch etwas anderes sagen.

Es ist so herrlich einfach: Im sicheren Bewusstsein der eigenen Sterblichkeit werden plötzlich viele Dinge, die uns vorher so unglaublich wichtig waren so richtig scheißegal – und das ist wunderbar. John C. Parkin hat zu diesem Prinzip ein phantastisches Buch geschrieben mit dem Titel „Fuck it". Die treffende deutsche Entsprechung für „Fuck it" lautet: „Scheiß drauf".

Sag Dir selbst einfach ein paar Mal hintereinander „Scheiß drauf" und genieße die Entspannung, die dabei durch Deinen Körper fließt! Genau das ist eines der wesentlichen Instrumente, um ins Jetzt zu kommen: Sag „Scheiß drauf"! Damit werden die Dinge weniger wichtig und sie verlieren ihre übergroße Bedeutung. Alles was uns wichtig ist, ist auch gleichzeitig die Quelle unseres Leids, weil wir uns wieder und wieder darüber aufregen, wenn diese Dinge nicht so passieren, wie wir es gerne hätten. Wenn Du drauf scheißt, sind tatsächlich nur noch ganz wenige Dinge wichtig, doch vor allem entscheidest Du selbst darüber, was Dir wichtig ist und nicht der Rest der Welt. Sag zu allem was Dich nervt zunächst einmal „Scheiß drauf", schau auf den Identitätsanker auf Deinem Kärtchen, mach Dir ein paar coole Bilder im Kopfkino und dann beobachte, was passiert!

„Ich kann doch nicht..."

„Scheiß drauf"

„Ich muss doch noch…"

„Scheiß drauf"

„Das darf der doch nicht…"

„Scheiß drauf"

„Ich habe hochtrabende Ziele…"

„Scheiß drauf"

„Die erwarten das von mir…."

„Scheiß drauf"

Entspannst Du Dich schon? Schaffst Du es, Dich mehr und mehr darauf zu konzentrieren, was gerade wirklich das Jetzt ist? Fühlst Du Stille in Dir, Ruhe und Zufriedenheit? Atme einfach und lass es fließen! Egal was kommt. Und was auch immer kommt – beobachte es, ohne es zu bewerten und denk Dir dabei „Schau mal an – es denkt"! Amüsiere Dich darüber, was dieses komische Ego alles veranstaltet, um Dich immer wieder aus dieser wundervollen Stille herauszuholen! Betrachte es aus einer entspannten Distanz: Du darfst gerne denken was Du willst - Du musst nur nicht alles glauben, was Du denkst.

Neue Erfahrungen machen

Wir haben nun ausführlich gesprochen über Programme, die uns steuern und die Möglichkeiten ein neues Betriebssystem und neue Perspektiven zu installieren – doch der Erfolg von alledem steht und fällt mit den neuen Erfahrungen, die wir damit machen. Daher will ich Dir hier noch einen wichtigen Hinweis mitgeben, der für den weiteren Weg und für Deinen Umgang mit den praktischen Übungen entscheidend sein wird: Je öfter wir neue Erfahrungen machen, desto besser funktionieren die neuen Programme – Du erinnerst Dich an die Metapher mit dem Straßennetz. Unsere Haltung, mit der wir durchs Leben laufen – das habe ich früher schon als Grundrauschen bezeichnet - ist auch so ein Programm und die dauerhafte Haltung entsteht laut Hirnforschung, wenn wir wiederholt im ähnlichen bis selben Kontext ähnliche bis gleiche Erfahrungen machen. Nur so kann sich also die Haltung nachhaltig verändern: Durch Wiederholung von neuen Erfahrungen. Das heißt, wir können uns ganz wunderbar hinsetzen, ein gutes Buch lesen, uns inspirieren lassen und beschließen, dass wir jetzt eine andere Haltung haben - das allein reicht nur einfach nicht aus. Wenn die Erkenntnisse nur intellektuell verarbeitet werden und eine (theoretische) Wunschvorstellung bleiben, ist eben noch nichts passiert. Eine echte Veränderung bedarf tatsächlich wiederholter neuer Erfahrungen, damit daraus eine stabile veränderte innere Haltung wird.

Wenn wir also alles, was wir bis jetzt veranstaltet haben, um uns neue Programme zu geben, mit in den Alltag nehmen, dann müssen wir es dort auch immer wieder anwenden, damit wir andere Erfahrungen machen dürfen und sich das neue Programm dadurch festigt: Du hast Dich beispielsweise bisher immer wieder geärgert, wenn Du in einen Stau gefahren bist und hast Du Dir überlegt, wie Du das in Zukunft vermeiden willst, indem Du Dir bei Stau eine schöne Zeit machst, mit z.B. Musik. Erst wenn Du diese Idee in die Tat umsetzt, wirst Du eine andere Erfahrung machen. Erst dann wirst Du feststellen, dass es tatsächlich eine Alternative zum Ärgern gibt und das wiederum muss sich auch ein paar Mal wiederholen, bevor es eine stabile neue Gewohnheit wird. Geschieht dies, wird der Tag kommen, an dem Du nicht mehr weißt, wie es war in einen Stau zu fahren und sich zu ärgern. Oder Du suchst einen Job und hast jetzt eine Idee, wie Du in Zukunft Vorstellungsgespräche führst? Natürlich wirst Du im ersten Gespräch noch unsicher sein, weil Du zum ersten Mal etwas Neues ausprobierst. Dennoch wirst Du eine neue Erfahrung machen und dann wirst Du von Mal zu Mal sicherer, bis Du das Ding irgendwann rockst - Du musst es halt einfach tun.

Mit absoluter Sicherheit kann ich Dir sagen: Du wirst all diese Veränderungen nicht alleine in Deinem Oberstübchen hinkriegen. Du brauchst vor allem auch andere Menschen, die Dich darin unterstützen oder zumindest begleiten und mit denen Du gemeinsam neue Erfahrungen machst. Wenn Du willst, dass sich etwas ändert, musst DU Dich ändern! Dieses Buch hat Dir nun einiges mitgegeben, was Dir helfen kann diese Veränderung selbst zu gestalten, doch Du musst es selber auch tun!

Auf diesem Weg werden Dir vor allem zwei Dinge weiterhelfen: Humor und Begeisterung. Den Humor brauchst Du für jede Gelegenheit, bei der Du feststellst, dass bei Dir mal wieder ein altes Programm aktiv war - denn es ist immer sehr viel leichter, Dinge loszulassen, wenn Du über Dich selbst lachen kannst. Freue Dich einfach darüber, dass Du es bemerkt hast, das hilft Dir in jedem Fall am besten, sag „Scheiß drauf" und lach Dich mit Dir selbst zusammen schlapp. Die Hirnforschung sagt, dass das Gehirn sich immer in dem Maße weiterentwickelt, wie es mit Begeisterung benutzt wird. Die Begeisterung wird also Dein Katalysator für die Veränderung sein, wenn Du Dich für den in Dir reifenden Prozess begeistern kannst. Begeisterung entsteht, wenn die Erfahrungen für uns so bedeutend sind, dass sie Emotionen auslösen. Wenn Du es schaffst, wieder in den Zustand zurück zu kommen, in dem Du schon mal als Kind warst, dann begeistern Dich alle neue Erfahrungen - und mit zunehmender Begeisterung für Dich selbst und Deinen Prozess, baut sich Dein Gehirn selbst Stück für Stück um.

Übung 5 – Veränderung würdigen

Mit Hilfe vom Kopfkino, das ich Dir in den ersten Übungen vorgestellt habe, kannst Du mit Deinen neuen Erfahrungen spielen: Schau sie Dir auch nochmal in Deinem Kopfkino an. Schau Dir die neuen Erfahrungen sowohl assoziiert an und schau sie Dir auch dissoziiert an. Ändere die Bilder, ändere den Film. So kannst Du verschiedene Übungen gut miteinander verknüpfen. Danach gehe noch einen Schritt weiter: Visualisiere mögliche Situationen vorher in Deinem Kopfkino. Variiere diese immer wieder mit unterschiedlichen Reaktionen der Leute auf das was Du sagst oder tust. Ich habe selbst ziemlich gute Erfahrungen damit gemacht, Situationen vor meinem geistigen Auge in unterschiedlichsten Varianten durchzuspielen, damit ich in meinen Programmen auch eine entsprechende Flexibilität entwickle.

Erfolg zeigt sich jedoch nicht unbedingt nur dann, wenn sich Dein Wunschergebnis einstellt. Erfolg ist auch, wenn Du etwas gelernt hast oder einfach eine neue Erfahrung gemacht hast. Verändere also Deine Vorstellung von Erfolg und feiere die zahlreichen zusätzlichen Erfolge, damit Dein Hirn durch viele Anlässe die Möglichkeit hat, die Emotionen zu erleben, die für Deinen Entwicklungsprozess wesentlich sind.

Ändere die Vorstellung von Dir selbst

Eine Menge Dinge hast Du bis jetzt kennengelernt, um auf den richtigen Weg zu kommen - raus aus der Unterwürfigkeit, rein in die Selbstermächtigung. An dieser Stelle will ich etwas aufgreifen, das wir schon behandelt haben, nämlich die Frage danach, wer Du bist (bzw. was Du bist). In aller Deutlichkeit fasse ich hiermit noch einmal zusammen: Du bist die Vorstellung, die Du von Dir selbst hast. Du hast eine Vorstellung davon, wer Du bist, wie Du bist, was Du bist - und all das drückt sich in Deinem täglichen Leben aus. Wie gehst Du durch die Stadt? Wie sitzt Du mit anderen am Tisch? Welche Kleidung trägst Du? Wie gehst Du mit verschiedenen Situationen um? Wie Du etwas im realen Leben umsetzt, drückt die Vorstellung von Dir selbst aus, ist also eine Idee, ein Gedanke, ein Programm. Es ist so, als ob Du der Schauspieler Deiner eigenen Persönlichkeit wärst: Es gibt Leute, die laufen den ganzen Tag herum, als hätten sie 100.000 Volt im Hintern. Zackige Bewegungen, laute Stimme, dozierender Tonfall. Die ganze Körpersprache ist auf Aufmerksamkeit ausgelegt, die Stimme ist laut und die Sprache klingt meist wie ein akademischer Vortrag. Welche Vorstellung hat derjenige wohl von sich selbst und wie sieht er sich? Jemand anderes schlurft mehr durchs Leben, der Gang ist wippend, die Schultern hängen nach vorne. Die Stimme ist leise und hoch, weil sie fast nur aus Hals und Kopf kommt. Was für eine Vorstellung von sich selbst hat der wohl?

Wir haben diesen praktischen Teil des Buches begonnen mit der Frage: Wer bin ich? Jetzt ist es für Dich an der Zeit, den Kreis zu schließen und noch einmal einen genaueren Blick darauf zu werfen, was für eine Vorstellung Du von Dir selbst hast. Du wärst gerne eine mitfühlende und sanfte Person, doch es will Dir einfach nicht gelingen? Wie ist denn das Bild, das Du von Dir hast? Wie ist die Vorstellung? Glaubst Du vielleicht immer noch daran, dass der akademische Klugscheißer mit 100.000 Volt im Hintern attraktiv und erstrebenswert ist? Dann wird Dir beim genaueren Hinsehen wohl klar, dass das nicht zusammenpasst? Ganz drastisch gesagt: Was wundert Dich dann, wenn Deine Veränderung nicht in die Gänge kommt, wenn Dein Ideal zwar ein Jedi Ritter ist, Du jedoch vor Deinem inneren Auge immernoch als Hulk durch die Gegend rennst?

Stelle Dir also nochmal vor: Wenn Du vollkommen selbstbestimmt und selbstermächtigt wärst – wie würde die Vorstellung davon aussehen? Doch komm jetzt bitte auch nicht mit Mad Max auf dem Trip gegen den Rest der Welt! Der Typ ist nicht selbstermächtigt und auch ein Haufen anderer Leute haben sich zwar die Selbstermächtigung auf die Fahnen geschrieben, jedoch erzählen sie nur anderen, wie die bitte selbstermächtigt zu sein haben. Sie erzählen Dir, was Du tun musst und spulen dabei eine solche Masse von unreflektierten Verhaltensmustern ab, zeigen einen Kommandoton oder auch eine ziemlich paranoid anmutende Körpersprache. Inzwischen kannst Du Dir vorstellen, wie viel authentische Selbstermächtigung bei solchen Leuten tatsächlich dahintersteht. Achte also immer darauf: Wenn Dir jemand Anweisungen erteilt, was Du tun sollst, geht es dabei niemals um Dich. Das gilt im Übrigen auch für Dich: Lass es sein, die gewonnene Selbstbestimmung nun anderen als Mission um die Ohren zu schlagen oder zu predigen!

Ändere Deine Vorstellung davon, wie Du bist, aussiehst, sprichst, fühlst, handelst. Es ist diese Vorstellung, die sich jede Minute aufs Neue verwirklichen will – und es lohnt sich immer wieder neu hinzusehen, zu prüfen und vor allen Dingen weiterzuentwickeln: Was für eine Vorstellung von einem komplett selbstermächtigten Menschen hast Du? Siehst Du einen Wanderprediger? Oder einen klugscheißenden Akademiker? Oder ein schüchternes Hascherl?

Übung 6 – Alles Neu!

Ich lade Dich zu ein paar kleinen Gedankenreisen ein: Stell Dir vor, Du dürftest an irgendeinen Punkt Deines Lebens zurück gehen und dort von vorne anfangen. Was würdest Du anders machen? Wie hätte sich Dein Leben möglicherweise verändert und was wäre aus Dir geworden? Spiel einmal mit dieser Vorstellung.

Oder stelle Dir vor, es käme eine gute Fee und würde mit einem Fingerschnippen bestimmte Erinnerungen löschen, die andere Leute an Dich haben. Diese Menschen würden Dich alle neu kennenlernen können. Was würdest Du jetzt alles nicht mehr so machen wie vorher? Würdest Du aufhören, irgendeine alberne Fassade aufrecht zu erhalten?

In einem Moment, wenn Du einen großen Teil Deiner eigenen Geschichte als Selbstbetrug erkennst, kann es sehr hilfreich sein, einen Schlussstrich unter das Leben zu ziehen, alles loszulassen und sich selbst komplett neu zu „erfinden".

Die Veränderung stabilisieren

Auf die folgende Idee hat mich einer der zahlreichen Vorträge von Vera Birkenbihl gebracht: Sie spricht davon, dass wir Menschen danach streben, unser Inneres und unser Äußeres in Deckung zueinander zu bringen. Wir haben eine innere Vorstellung davon, wer wir sind, und wie wir sind, und jetzt hätten wir gerne, dass diese innere Vorstellung auch im Außen so wirkt. Wenn Du Dich bis hierher ernsthaft um den Weg zur Selbstermächtigung bemüht hast, ist Dir der Gedanke bestimmt schon gekommen: Wie bringst Du jetzt Deinem Umfeld Deine neue Vorstellung von Dir bei?

Es gibt Leute, die besuchen Seminare, um zu lernen, wie sie nach Außen so erscheinen können, dass ihnen die Leute ihre Wunschvorstellung von sich selbst auch abkaufen. Das heißt sie wollen lernen, wie sie ihre Fassaden noch schöner gestalten, damit die Leute um sie herum auch daran glauben und nicht annehmen, dass hinter der Fassade einfach nur eine offene Prärielandschaft ist. Solltest Du die Idee haben, das auch so zu machen – vergiss es! Es funktioniert nie. Der Moment, in dem wir erkennen, dass unsere Vorstellung von uns selbst eine komplett andere ist, als unsere tatsächliche Wirkung auf andere, ist leider ein Moment, der sehr schmerzhaft ist. Im Hirn entsteht in diesem Moment eine Inkohärenz und oft zeigt sich diese dann in Form von Scham. Damit haben wir uns an anderer Stelle schon beschäftigt und erinnere Dich: Es hilft gewaltig, sich klar zu machen, dass es Dir auch scheißegal sein kann, wie Dich andere sehen. Ebenso hilft es, sich klar zu machen, dass niemand da draußen ohne diesen ganzen Quatsch lebt. „Wer ohne Sünde ist, der werfe den ersten Stein", baue ich um in „wer ohne Scham ist...".

Vielleicht habt Ihr das schon beobachtet: Eine Menge Leute, die gerne mit dem Rauchen aufhören wollen, wollen davon gleichzeitig so wenig Leuten wie möglich Bescheid sagen. Der Grund dafür ist die Unsicherheit, ob sie ihren Plan auch wirklich schaffen und die Idee, der Scham aus dem Weg zu gehen, wenn es nicht klappt.

Stattdessen kannst Du das Feedback aus Deinem Umfeld nutzen. Lerne über Dich selbst zu lachen und dann mache daraus ein Instrument Deiner Veränderung! Je mehr Leuten Du erzählst, was Du vorhast, desto mehr erzeugst Du damit einen Sog auf Deinen Veränderungsprozess, denn jetzt bietest Du nach Außen ein Bild von Dir an, bei dem Dein Inneres bestrebt sein wird, dies auch zu erreichen.

Übung 7 - Erzähl es vielen Leuten

Nimm die Rückmeldungen aus Deiner Umwelt als ein weiteres Angebot an, etwas über Dich zu lernen. Ja, es stimmt: Wenn Dir jemand sagt, dass Du Dich wie ein Vollpfosten benimmst, dann darf Dir das am Arsch vorbei gehen. Auch wenn es Dir zehn Leute sagen, darf es Dir noch immer herzlich egal sein - und wie ist es, wenn es Dir hundert Leute sagen? Grundsätzlich noch immer genauso. Dennoch könnte das Feedback von außen auch ein wertvoller Hinweis darauf sein, dass da etwas nicht ganz stimmt im Verhältnis von Deiner Vorstellung, die Du von Dir hast und dem, wie Du Dich tatsächlich benimmst. Ich kann Dir nicht sagen, bei wie vielen Feedbacks aus der gleichen Richtung Du anfangen kannst, Dir Gedanken zu machen. Einen Tipp habe ich allerdings: Gerade bei den Leuten, die Dir wichtig sind, sind Feedbacks ein wichtiger Teil Eurer Beziehung und Du kannst aus diesen Feedbacks sehr viel über Dich selbst lernen. Gute Freunde nehmen kein Blatt vor den Mund und das ist wesentlich für Dich. Zum Zweiten fühlen wir uns sicher alle ganz toll, wenn wir positives Feedback erhalten, das geht manchmal runter wie Öl. Dennoch ist es gerade das schmerzhafte Feedback, das uns wirklich weiter bringt. Du musst also nicht jeden Blödsinn sofort für bare Münze nehmen, wenn ihn Dir jemand erzählt. Die interessante Frage ist jedoch, ob Du damit dennoch in Resonanz gehst, ob also irgendwo in Dir etwas angestoßen wird, das irgendetwas auslöst. Wir haben an anderer Stelle schon davon gesprochen: Wenn ein Feedback in Dir Widerstand auslöst, dann hast Du gerade gewaltig Resonanz, die Du vielleicht nicht wahrhaben willst.

Wenn Du Dir also einen Gefallen tun willst, erzähl Deiner Umwelt so viel wie möglich davon, dass Du gerade dabei bist Dich zu verändern und was Deine Vision von Dir selbst ist! Wenn Du Dir einen noch größeren Gefallen tun willst, dann bitte einige Leute um Dich herum, Dir regelmäßig darüber Feedback zu geben, wie es mit der Umsetzung so klappt!

Auf zu neuen Ufern

Da stehen wir nun – wir beide: Du und ich und all Deine Erkenntnisse, Erfahrungen und Veränderungen, die Du bisher mit diesem Buch gemacht hast. Als Du angefangen hast dieses Buch zu lesen, hattest Du vielleicht zunächst eine mittelschwere Schockstarre, weil Du festgestellt hast, dass Du mehr oder weniger fremdbestimmt bist. Doch Du hast Dich entschlossen das zu ändern. Jetzt bist Du soweit, dass Du zu einer coole Socke wirst, Deine inneren Anteile auslebst und in Deinem Kopfkino Heldenfilme drehst. Du hast Deine Vorstellung von Dir selbst gewandelt – vielleicht in eine Mischung aus Bruce Willis und dem Dalai-Lama.

Jetzt fragst Du Dich, wie es von hier weiter geht und ich sage: Einfach nicht mehr mitmachen! Wann immer Du in Zukunft mit Situationen konfrontiert bist, in denen Dich jemand zu seinem Objekt machen will - Du bist nicht gezwungen mitzumachen. Es ist wie im Tai-Chi: Mach einfach einen Schritt zur Seite.

Da ist dieser Job, den Du machst und der Dich schon lange ankotzt: Wann schmeißt Du ihn endlich hin? Wartest Du auf einen besseren? Oder bewirbst Du Dich schon und willst erst dann kündigen, wenn Du den neuen Job schon sicher hast? Da sind diese Leute, mit denen Du Dich umgibst und die Dir einfach nicht guttun: Wann endlich gehst Du den Schritt, Dich von diesen Leuten zu lösen? Dann hättest Du ja niemanden mehr, entgegnest Du vielleicht. Solange Du immer noch glaubst, dass falsche Freunde besser sind als alleine zu sein, ist Deine Komfortzone vielleicht doch noch zu kuschelig.

Wie weit bist Du also inzwischen bereit, aus Deiner Komfortzone heraus zu kommen? Was also willst Du ab jetzt alles nicht mehr mitmachen? Den miesen Job? Die kaputte Beziehung? Leute, die Dich nur runter ziehen? Das ständig piepsende Handy, dessen Sklave Du geworden bist? Die inneren Programme, die Dich klein machen? Andere Leute, die Dir sagen, was Du zu tun hast? Dem Geld hinterherhecheln? Dummes Zeug kaufen, das Du nicht brauchst?

Vielleicht hilft Dir dieses Beispiel für den letzten entscheidenden Schritt: Da gibt es einen Typen, der kann mit Tieren sprechen. Eines Tages ist er zu Besuch bei einem Bekannten, der ein riesiges Aquarium in seinem Wohnzimmer hat, in dem er allerhand exotische Fische in einer perfekt abgestimmten Umgebung hält. Also fragt er die Fische, wie sie sich so fühlen in diesem wunderschönen Aquarium und sie berichten auch artig, dass sie sich sehr wohl fühlen. Der Mann fragt, ob man denn diesen Fischen noch weitere Wohltaten angedeihen lassen könnte, damit es ihnen noch besser geht. Ja, antworten diese – der Spielbereich für die Kleinen könnte größer sein und für die Älteren könnte es einen Bereich geben, in dem sie mehr Ruhe hätten. Das Futter könnte noch abwechslungsreicher sein. Da fragt der

Mann, ob sie denn nicht lieber als wilde Fische zurück in den Ozean wollten, doch da antworteten die Fische: Ja bist Du denn des Wahnsinns? Im Meer leben gefährliche Raubfische und da müssten wir ja unser Futter selber suchen. Stell Dir mal vor wir finden keins und dann gibt es auch noch Temperaturschwankungen und gefährliche Strömungen - das ist ja lebensgefährlich.

Das ist das Verlockende und Gefährliche an der Komfortzone: Wer den Kopf zu lange im Aquarium hatte, hat irgendwann das Aquarium im Kopf.

Begib Dich also zurück in diesen kraftvollen Zustand, als Du Deinen „Ich bin..." Satz gefunden hast. Fühl hinein in das Gefühl, was hochkommt und erst wenn Du vollständig angekommen bist – Du wirst es vielleicht an dem fetten Grinsen im Gesicht merken – fang an zu überlegen, was Du wirklich brauchst! Dann wird Dir vielleicht auch klar, in welchem Aquarium Du nicht mehr leben willst. Selbstermächtigung ist in aller erster Linie eine Sache des Fühlens und des Tuns. Du kannst Dir mit Deinem Intellekt selbst eine weitere, wundervolle Fassade hinzufügen und Deine Veränderung als eine intellektuelle Herausforderung betrachten. Doch dann wird sehr wahrscheinlich nicht wirklich viel passieren. Komm stattdessen ins Fühlen! Bei was also willst Du nicht länger mitmachen?

Teil 3
Der große Weg

Zu Beginn des zweiten praktischen Teils habe ich euch zum „kleinen Weg" der Spiritualität eingeladen. Dieser war dennoch vornehmlich ein psychologischer Weg, um Altlasten los zu werden oder sie in ihrer Bedeutung und Wirksamkeit herabzustufen. Der kleine Weg war auch schon in der ersten Version dieses Buches enthalten und hier und da angereichert mit Elementen eines spirituellen Weges. Heute bin ich fünf Jahre weiter und daher soll in der neuen überarbeiteten Version von Augenhöhe auch eine erweiterte Perspektive auf Spiritualität einen Platz finden.

Ich war zwar vor fünf Jahren auch schon spirituell unterwegs und der „kleine Weg" war definitiv in dieser Perspektive begründet, doch ich war damals unsicher, ob ich auch den „großen Weg" in das Buch aufnehmen wollte. Schließlich war meine Zielgruppe vor fünf Jahren noch eine andere und meine eigene Klarheit über diesen Weg und seine Bedeutung noch nicht so ausgeprägt: Heute weiß ich aus eigener Erfahrung und aus der Arbeit mit anderen, dass früher oder später der Moment kommt, in dem es nur den konsequenten Weg nach Innen und zu sich selbst gibt - der Moment, den ich meine, ist die Beschäftigung mit der eigenen Sterblichkeit. Erst wenn dieser Schritt getan wird, ist es möglich, wirklich zu Selbstermächtigung und Freiheit fähig zu werden.

Auch deswegen steckt die westlich orientierte Kultur in einer so tiefen Depression. 200 Jahre lang wurde die traditionelle Religion ersetzt durch eine neue Religion, die sich Wissenschaft nennt. Dies hatte allerdings die tragische Folge, dass die Menschen mit dem Thema Tod alleine gelassen wurden, denn dafür waren die Religionen zumindest gut: Sie gaben den Menschen Trost und Orientierung angesichts der Vergänglichkeit der eigenen Existenz. Nicht umsonst hat sich daher als tiefste und vordringlichste Motivation der Wissenschaft die Angst vor dem eigenen Tod etabliert: Egal wohin Du schaust, der wissenschaftliche Fortschritt versucht, den Tod auszutricksen und einen alten Menschheitstraum wahr zu machen – unsterblich werden. Zum Beispiel durch einen Chip im Hirn, der sie mit einer künstlichen Intelligenz vernetzt und mit dem sie ihr Bewusstsein von Körper zu Maschine und zurück in einen anderen Körper transferieren können.

Die Corona Situation hat diese Flucht vor einer unabänderlichen Tatsache – der eigenen Sterblichkeit - so deutlich zutage gefördert, dass es nicht mehr zu übersehen ist: So lange Menschen vor dem Gedanken an den eigenen Tod wegrennen wollen, ist jede weitere Arbeit an sich selbst sinnlos. Viele Menschen laufen ihr Leben lang vor dem Gedanken an den Tod davon, obwohl der Tag unweigerlich kommen wird, an dem das Davonlaufen endet. Nicht umsonst steht in der Bibel der Satz: „Du kannst rennen, aber Du kannst Dich nicht verstecken" - und doch laufen so viele Leute weg und bilden sich ein, sie könnten sich verstecken. Dummerweise ist der Moment, in dem jemand endlich aufhört zu rennen meist so spät im Leben, dass es fast zu spät ist, sich doch noch auf den Weg nach Innen zu machen.

Leider entsteht durch diese allgemeine Angst vor dem Unvermeidlichen ein riesiges Problem: Du kannst damit jeden Menschen zum perfekten Untertanen machen. Du kannst einer Kuh nicht damit drohen, Du würdest sie schlachten, wenn sie nicht mehr Milch gibt – oder einen Bienenschwarm dazu bringen mehr Honig zu produzieren. Doch beim Menschen funktioniert eine (scheinbare) Todesgefahr, um sie dazu anzuheizen noch mehr Leistung zu bringen. Ich habe schon so viele Führungskräfte erlebt, die diesen Blödsinn glauben, dass „Management by Lebensgefahr" die effektivste Form der Mitarbeiterführung ist. Dummerweise geht diese Art der „Führung" nach einer Weile unweigerlich auf die Gesundheit der Betroffenen: Mach Dir klar, dass Dauerstress unweigerlich tötet. Dennoch funktioniert Angst als Steuerungsinstrument ganzer Gesellschaften. Schau Dir nur an, was das Corona Narrativ aus den Menschen gemacht hat. Schau Dir an, was das Klima Narrativ aus einer ganzen Generation junger Menschen macht.

Es ist überall das gleiche Motiv: „Tu was ich Dir sage, sonst musst Du sterben".

Wenn überhaupt, dann stimmt auf jeden Fall „nur" die Behauptung: „Du musst früher sterben" - und jetzt stell Dir mal vor, was passieren würde, wenn alle Menschen auf diese Drohung antworten würden: „Na und, früher oder später sterbe ich sowieso und wenn jetzt der Moment ist, dann ist eben jetzt der Moment. Es ist ohnehin nur mein Körper der stirbt und das was verloren geht, ist bloß das Ego. Um das ist es jetzt wirklich nicht so schade. Also mach doch einfach". Dann hätte wohl niemand mehr Macht über irgendjemanden. Also ist doch das Loslassen dieser Urangst das ultimative Mittel der Wahl, um Menschen zur Selbstermächtigung zu verhelfen.

Ich habe es hier im Buch bereits an einigen Stellen erwähnt: Es gibt auf dem Weg zur Selbstermächtigung keine Lösung im Außen. Sondern es ist notwendig und sinnvoll, bestimmte Erfahrungen zu machen, die als Quelle zur Verfügung stehen, um mit der Angst und Panik angesichts der eigenen Sterblichkeit fertig zu werden. Denn wenn Du erst eigene Erfahrungen des „All-eins-seins" gemacht hast, wenn Du Dein höheres Selbst erfahren hast, wenn Du den reinen Seinszustand erfahren hast und eine Begegnung mit der Unendlichkeit hattest, dann kann Dich niemand mehr mit dem Tod bedrohen, weil Du dann nicht mehr glaubst, nach dem Tod kommt nichts mehr.

Nun haben zu diesen spirituellen Themen schon hunderte weiser Leute seit 2500 Jahren allerhand echt geiles Zeug geschrieben. Da brauche ich jetzt nicht mit irgendwas um die Ecke zu kommen, was Du schon kennst oder von anderen tiefer und ausführlicher gezeigt bekommen kannst. Falls das Thema jedoch noch recht neu für Dich ist, zeige ich Dir im Folgenden einen Einstieg so wie ich die Dinge sehe und verweise auf einiges, das mich auf meinem Weg inspiriert hat.

Spiritualität und Naturwissenschaft – Hand in Hand

Wusstest Du, dass fast alle großen Physiker ziemlich gläubige Menschen waren? Newton war gläubig, Einstein war es auch, Max Planck, Heisenberg und das sind nur ein paar ausgewählte Beispiele. In der Neuzeit wurde im deutschen Raum vor allem Hans Peter Dürr bekannt, der kein geringerer als der Nachfolger von Heisenberg am Lehrstuhl für Elementarteilchenphysik der Uni in München war. Von ihm gibt es diverse Videos auf Youtube, in denen er sehr anschaulich zeigt, wie albern die Vorstellung mancher Naturwissenschaftler ist, weiterhin am lange gängigen (aber überholten) materialistischen Weltbild festzuhalten.

Das materialistische Weltbild geht davon aus, dass alles aus Materie besteht – und die Reaktionen von Materie sind mehr oder weniger vorbestimmt und damit planbar und vor allem ausrechenbar. Dagegen sind alle langfristigen komplexen Entwicklungen in der Natur durch Zufallsprozesse bestimmt. Eine solche Perspektive macht den Glauben möglich, dass eine alte mechanische Wanduhr, die in ihre Einzelteile zerlegt und dann in einer Kiste geschüttelt wird, sich spätestens nach ein paar Millionen oder sogar Milliarden Jahren auf zufällige Weise wieder perfekt zusammensetzt, sich zufällig aufzieht und wieder funktioniert. Eine alberne Vorstellung - und spätestens mit der Quantenphysik bröckelt dieses Weltbild. Weil es sich jedoch viele Wissenschaftler in der Komfortzone des materialistischen Weltbildes kuschelig und bequem gemacht haben, bezweifeln sie die Quantenphysik oder tun sie als Philosophie ab.

Die Quantenphysik kann jedoch klären, warum Forscher seit 100 Jahren erfolglos versuchen der Essenz von Materie auf den Grund zu gehen: Sie zerkleinern die Teilchen immer mehr und mehr in der Hoffnung am Ende auf so etwas wie die Urmaterie – eine Art Urkügelchen – zu stoßen. Doch je tiefer sie suchen, je weiter sie ins Atom hineinschauen, desto weniger ist da noch etwas vorhanden was auch nur den Anschein von Materie erweckt. Je tiefer wir in die Strukturen von Materie eindringen, desto weniger Materie ist noch vorhanden und immer mehr Physiker erkennen, dass das alles nur noch irgendwie geartete Energie ist. Und Schwupps – reichen sich die Esoteriker und die Physiker die Hände und der geneigte spirituelle Lehrer lächelt und sagt: „Das haben die alten Veden schon vor zweieinhalbtausend Jahren gesagt".

Wer also Schwierigkeiten damit hat, sich auf einen spirituellen Weg zu begeben, den lade ich ein, zunächst einen kleinen „Umweg" über die Physik zu machen und sich im Speziellen die Teilchenphysik genauer anzuschauen. Zum Einstieg empfehle ich einige Videos über die Kernexperimente der Quantenphysik. Schau Dir auch ruhig die kritischen Vertreter darunter an und ziehe Deine eigenen Schlussfolgerungen. Wenn Du bei Youtube unter den Stichworten „Doppelspaltexperiment" und „nicht Lokalität" suchst, wirst Du schnell fündig und den Rest erledigt dann der Youtube Algorithmus. Schau Dir auch Videos von Hans Peter Dürr an, denn er ist ein wirklich guter Erzähler – oder etwas von Ulrich Warnke. Er ist jemand, der Dir den Teil der Landkarte zeigen kann, an der sich Spiritualität und Naturwissenschaft die Hand geben und vor allem in welchen Phänomenen die Alltagsrelevanz der Quantenphysik zu bemerken ist.

An dieser Stelle wünsche ich Dir viel Spaß dabei, Dein materialistisches Weltbild in seinen Grundlagen zu hinterfragen!

Die andere Seite - Religionen

Ich habe mal eine witzige Geschichte im Netz gefunden über eine Zusatzfrage der Prüfung im Fach Chemie: Ist die Hölle exotherm (gibt Hitze ab) oder endotherm (absorbiert Hitze)? Die meisten Studenten begründeten ihre Meinung unter Bezug auf das Boyle'sche Gesetz (Gas kühlt sich ab, wenn es expandiert und erhitzt sich, wenn es komprimiert wird) oder mit einer Variante davon. Ein Student allerdings schrieb folgendes: Zuerst müssen wir wissen, wie sich die Masse der Hölle über einen bestimmten Zeitraum hinweg verändert. Deshalb benötigen wir Angaben über die Rate mit der Seelen sich in die Hölle hineinbewegen und mit welcher Rate sie sie wieder verlassen. Ich denke, wir können mit ziemlicher Sicherheit annehmen, dass eine Seele, einmal in der Hölle angekommen, diese dann nicht mehr verlässt. Deshalb: Keine Seele verlässt die Hölle. Um zu ermitteln, wie viele Seelen die Hölle betreten, müssen wir die verschiedenen Religionen betrachten, die es auf der ganzen Welt gibt. Die meisten dieser Religionen legen fest, dass die Seelen all derjenigen, die nicht der eigenen Glaubensrichtung angehören unweigerlich in die Hölle kommen. Da es mehr als eine Glaubensrichtung gibt und Menschen in der Regel nicht mehr als einer von ihnen angehören, können wir also mit ziemlicher Sicherheit folgern, dass alle Seelen in die Hölle kommen. Bei den derzeitigen Geburts- und Todesraten können wir erwarten, dass sich die Anzahl der Seelen in der Hölle exponentiell vergrößert.

Jetzt sollten wir einen Blick auf die Volumensänderung der Hölle werfen, da das Boyle'sche Gesetz besagt, dass Temperatur und Druck in der Hölle nur unverändert bleiben, wenn das Volumen der Hölle proportional zum Zugang neuer Seelen expandiert.

Dies lässt uns zwei Möglichkeiten:

1. Falls das Volumen der Hölle langsamer expandiert als der Neuzugang von Seelen, wird sich die Hölle unweigerlich aufheizen, bis sie explodiert.

2. Falls es schneller expandiert als die Zunahme der Seelenanzahl, verringert sich die Temperatur, bis die Hölle einfriert.

Was also trifft nun zu?

Ziehen wir an dieser Stelle Teresas Aussage in Betracht, die sie mir gegenüber im ersten Semester machte: „Eher friert die Hölle ein, als dass ich mit Dir schlafe" und außerdem die Tatsache, dass ich in der letzten Nacht mit ihr geschlafen habe, dann muss Annahme 2 zutreffen. Also bin ich sicher, dass die Hölle exotherm und bereits eingefroren ist. Die logische Konsequenz dieser Theorie ist, dass die Hölle zugefroren ist und deshalb keine neuen Seelen Aufnahme finden können. Somit bleibt nur noch der Himmel, womit auch die Existenz einer göttlichen Macht bewiesen ist... und das wiederum erklärt auch, warum Teresa letzte Nacht andauernd: „Oh, mein Gott! Oh, mein Gott!" ausrief. Dieser Student erhielt als einziger die Bestnote.

Diese Geschichte ist ein wundervolles Beispiel dafür, wie jemand mit Leichtigkeit die spirituelle Welt und die der Naturwissenschaft – hier auf eine sehr humorige Art und Weise – zusammen bringen kann und ich habe mich schlapp gelacht, wegen der witzigen Wendung am Schluss. Ich will jedoch auf einen bestimmten interessanten Aspekt der Geschichte eingehen: Es ist die Erwähnung der verschiedenen Religionen und die Tatsache dass es kaum möglich ist, an mehrere davon zu glauben.

Aus der Sicht einer einzelnen Religion ist ein Andersgläubiger zwangsläufig ein Ketzer oder Ungläubiger, der in der Hölle landet. Rein formallogisch ist also die Schlussfolgerung, dass damit alle Menschen zwangsläufig in die Hölle kommen absolut korrekt. Doch ist damit nicht jede Religion zwangsläufig ein ziemlicher Betrug, wenn sie ihren eigenen Anhängern Erlösung verspricht und gleichzeitig andere Menschen nur aufgrund der „falschen" Religion in die Hölle verdammt?

Um ein bisschen Licht in dieses Dickicht zu bringen, will ich zunächst eine Unterscheidung einführen: Es existiert bei allen Glaubensrichtungen so etwas wie die eigentliche Religion. Diese beruht meist auf schriftlichen Dokumenten, wie z.b. Bibel oder vedischen Schriften oder Koran. Darüber hinaus gibt es noch Institutionen, die von sich behaupten im Namen der jeweiligen Religion unterwegs zu sein. Das ist z.b. die katholische Kirche. Diese beiden Ebenen werden gerne verwechselt, doch die Unterscheidung ist wichtig, denn Institutionen sind seit jeher reine Machtinstrumente, die die spirituelle Ebene der jeweiligen Religionen entkernen und durch Dogmen und Machtinstrumente ersetzen. Sie haben meist nichts mit der eigentlichen Religion gemein und stellen dies in ihrem täglichen Handeln zur Genüge unter Beweis. Von dieser Ebene rede ich nicht, denn sie interessiert mich nicht, sondern ich beziehe mich auf die eigentliche Religion, den spirituellen Kern – oder den Geist, der meist in den jeweiligen Dokumenten enthalten ist und dieser ist gemeint, wenn ich im Folgenden über Religion spreche.

Der Ausgangspunkt dieser Betrachtung von Religion ist, dass wir uns vorstellen, wie die Menschen gelebt haben, als die Dokumente verfasst wurden. Vor allem interessiert mich dabei die zeitgenössische Sprache. Ich meine: Kann eine menschliche Kultur vor 2000 Jahren z.B. eine solch technisch ausdifferenzierte Sprache gehabt haben wie wir? Sicherlich nicht und dabei geht es mir nicht um all die technischen Fachausdrücke die wir haben, um Dinge zu beschreiben, die es vor 2000 Jahren noch nicht gab. Es geht mir viel mehr um die grundsätzliche Art zu sprechen. Anthropologen haben dazu herausgefunden, dass die Menschen damals viel mehr in Bildern und Metaphern gesprochen haben als wir es heute tun. Darin liegt z.B. eines der Probleme von Leuten, die die religiösen Texte allzu wörtlich nehmen und das, was da steht als 1:1 Anweisung begreifen. Ihr Irrtum könnte größer nicht sein.

Ein weiterer wichtiger Punkt ist, sich zu fragen worüber Religionen überhaupt berichten? Da werden keine Action-stories erzählt, sondern es geht um ganz bestimmte Erfahrungen, meist religiöser Natur: Jemand hat eine tiefe Erkenntnis oder einen Moment der Erleuchtung oder ein Gefühl des All-eins-seins oder der Verbundenheit mit dem Universum. Doch damit haben wir ein Problem, weil es sich um eine Erfahrung handelt, für die es eben in keiner Sprache der Welt eindeutige oder konkrete Worte gibt. Denn jede Sprache der Welt beinhaltet zwangsläufig irgendeine Art von Form, doch die angesprochenen Erfahrungen haben eben keine Form. Wie will ich also mit einer Form etwas beschreiben, was keine Form hat? Das geht einfach nicht. Also werden die Erfahrungen umschrieben mit Metaphern, Bildern, Vergleichen, Analogien oder einfach nur durch Platzhalter, bei denen ein Wort erfunden wurde. Ich weiß nicht wie viele Worte für „Gott" es auf diesem Planeten gibt. Ich weiß aber, dass jedes einzelne von ihnen einfach nur ein Platzhalter ist, der dafür gemacht wurde, über etwas zu reden, über das man in Wirklichkeit gar nicht reden kann.

Die jeweiligen Religionen haben also Metaphern und Bilder verwendet, die in ihrer Kultur üblich waren und die im Alltag vorkamen, denn so konnten diese Beschreibungen von den Menschen damals ohne weiteres verstanden werden: Jesus wurde in der Wüste erleuchtet, die war um die Ecke. Buddha wurde unter der nach ihm benannten Feige erleuchtet – die Dinger stehen dort überall herum. Wenn der nächste Messias aus Dortmund käme, wäre es nicht verwunderlich, wenn er im Sauerland Erleuchtung finden würde und wenn er aus Hamburg käme, vermutlich an der Nordsee.

Religiöse Erfahrungen finden häufig an Orten statt, in denen die Umgebung bei Menschen ein tiefes Gefühl von Demut auslöst – und wenn wir uns einmal darauf einlassen, dass die Botschaft in fast allen Religionen gleich bis identisch sind und dass lediglich verschiedene Bilder und Worte zur Beschreibung verwendet wurden, dann entdecken wir überraschende Gemeinsamkeiten. Damit lassen sich plötzlich sogar Religionen miteinander verbinden, bzw. es ist möglich das, was an einer anderen Religion attraktiv ist, auch in der eigenen Religion zu finden.

Alle Religionen haben einen spirituellen oder esoterischen Kern – und dieser ist in der zentralen Botschaft ziemlich gleich: Nächstenliebe heißt bei den Buddhisten Mitgefühl. Die Todsünden der abrahamischen Religionen sind bei den Buddhisten in der zweiten edlen Wahrheit enthalten. Die 99 Namen Allahs können in drei Gruppen zu jeweils 33 Namen unterschieden werden, die der Dreifaltigkeit des Christentums entsprechen. Wir könnten die Suche nach solchen Analogien in allen möglichen Religionen noch das lange fortsetzen. Wichtig ist die Erkenntnis: Die eigentliche Botschaft der Religionen ist überall die gleiche. Nur haben Menschen, die alles wortwörtlich nehmen leider keine Chance, genau das zu erkennen.

Unabhängig von konkreten Formen, wie z.B. Engel, den Teufel oder Dämonen und Gespenster können sich auch Anhänger der unterschiedlichsten Religionen wunderbar austauschen. Doch sobald jemand eine Form braucht oder ein Denkkonzept oder eine Metapher wörtlich genommen wird, ist es vorbei. Dann gelingt kein Austausch über Spiritualität, sondern es wird ein Streit über materialistische Formen der Religion. Ich verliere da auch immer sofort das Interesse. Wenn Du in diese Dinge tiefer eintauchen willst: Mir hat Ken Wilber dazu die Augen geöffnet mit seinem Buch „Spektren des Bewusstseins" – und er schafft es darin sogar auch noch die Verbindung zur westlichen Psychologie und Philosophie zu ziehen.

Der spirituelle Kern – reines Bewusstsein

Das materialistische Weltbild und die Konditionierung auf die „richtige" Form macht es also schwierig über den spirituellen Kern oder den Geist zu sprechen. Viele Menschen halten sich gerne an Formen fest und denken bei Geist womöglich an ein Gespenst. Doch Gespenster haben nichts mit Geist zu tun und der Geist von dem ich hier spreche ist auch keine Energie. Denn Energie kannst Du zumindest irgendwie messen – den Geist nicht.

Wenn wir uns mit dieser Erkenntnis die Stelle genauer anschauen, an der sich Spiritualität und Naturwissenschaft die Hand geben, dann ist dort nichts anderes als reines Bewusstsein. Es gibt auch Interpretationen der christlichen Religion, die den christlichen oder jüdischen Gott eher als etwas transzendentes sehen (wie z.b. die Gnostiker) und diese Richtungen gibt es auch bei den Muslimen. In der Naturwissenschaft können wir uns dieser transzendenten Perspektive annähern, wenn wir über den Urknall reden und fragen was denn vor dem Urknall war. Viele Physiker werden dann antworten, dass es „vor" dem Urknall nicht gibt, weil ja die Zeit und der Raum erst mit dem Urknall entstanden sind. Was ist also der Ursprung eines Universums, das durch einen Urknall entstanden ist, der selbst wiederum Voraussetzung dafür war, dass dieses Universum überhaupt so existieren kann. Das Universum kann ja schlecht aus Materie entstanden sein, wenn Materie erst nach dem Urknall entstand. Aus was ist es also entstanden? Aus Nichts? Was also ist der Ursprung? Da bleibt nichts anderes mehr übrig als Bewusstsein und es gibt Modelle in der Physik, die dafür eine eigene Dimension eingeführt haben, die sich z.B. Informationsraum nennt. Dieser Informationsraum ist ohne zeitliche und räumliche Ausdehnung – und ist dann irgendwie in Form geraten, durch was auch immer – die Urknalltheorie ist nicht umsonst gerade mächtig unter Beschuss.

Ich schlage vor, wir betrachten diese Herausforderung auf drei Ebenen, so wie es bereits in den vedischen Schriften angelegt ist. Es gibt den Zustand des Raums, der ist unendlich und ist reines Bewusstsein. Dieser Raum verdichtet sich in Energie, die immer noch weit ist, aber schon eine Form hat und endlich ist und Energie wiederum verdichtet sich zu Masse. Wir können im Alltag bei uns selbst ganz praktisch beobachten, dass wir in diesen drei Bewusstseinszuständen leben und handeln. Wir können Raum sein, dann sind wir weit und offen. Wir können Energie sein, dann haben wir Kraft, Richtung und Fokus. Oder wir können Masse sein, dann sind wir unbeweglich und starr wie Beton und kämpfen, statt das Leben fließen zu lassen.

Niemand ist dauerhaft in einem der drei Zustände und jeder einzelne Zustand kann in bestimmten Situationen sinnvoll sein. Manchmal braucht es dann nur einen kleinen Impuls (einen Trigger) um von einem Zustand zum anderen zu wechseln: Du ärgerst Dich gerade gewaltig über Deinen Nachbarn, Deinen Kollegen oder Deine Frau und plötzlich springt Dir ein junges Kätzchen auf den Schoß. Dein Herz weitet sich schlagartig zu einem saftigen Steak und Du schmilzt dahin. Nix mehr Ärger, nix mehr Masse – einfach nur reines Sein und weiter, endloser Raum – pure Liebe.

In Teil II habe ich Dir einige solcher Trigger oder Anker an die Hand gegeben, doch je mehr ich über das reine Sein rede, desto mehr merkst Du, dass ich keine Ahnung habe, wovon ich rede. Nicht umsonst gibt es diesen schönen Satz von Lao Tse: Der Wissende redet nicht und der Redende weiß nicht. Wenn jemand im Zustand des reinen Seins ist, dann redet der tatsächlich nichts, weil da nichts ist, worüber man reden könnte oder müsste. Denn dafür gibt es auch gar keine Worte und in diesem Seins-zustand fehlt jedwede Motivation auch nur einen Grunzlaut von sich zu geben.

In diesem Zustand weißt Du tatsächlich und Du redest eben nicht: Denn sobald Du zu reden beginnst, beginnst

Du zu denken und sobald Du denkst ist es vorbei mit dem Wissen.

Ich weiß, jetzt werden etliche Leute empört ein Loblied übers Denken singen und darüber, was sie doch alles wissen, dank des Denkens – geschenkt. Ich rede hier über eine Erfahrung und eben nicht über ein Denkkonzept oder das Ergebnis einer Überlegung. Konzepte oder logischer Herleitungen können durch Denken nachvollzogen werden, doch ich kann Dir keine Erfahrung in den Kopf quatschen – Du musst sie selber machen, sonst bleibt alles wertloses Gerede.

Alles was ich Dir dazu auf den Weg geben kann, sind Hinweise, die Dir dabei helfen können, einen solchen Zustand zu erreichen. Eckhard Tolle hat beispielsweise ein paar schöne Übungen parat, wie z.b. den inneren Körper zu fühlen. Zum meditieren empfehle ich unbedingt Mooji, vor allem seine „Invitation to Freedom". Ich bin damit innerhalb von Minuten in diesem Zustand und das Denken ist endlich „ausgeschaltet" und im Kopf herrscht Stille. Wenn Du dieses Erlebnis einmal hattest, weißt Du was Verbundenheit mit dem Universum bedeutet. Dann kannst Du fühlen, was ich hier beschreibe - und zwar nicht als Denkkonzept, sondern als Erinnerung an eine eigene gelebte Erfahrung.

Hirnfick - Das Ego denkt?
Oder wird das Ego gedacht?

In Teil I des Buches haben wir uns schon mit verschiedenen Erkenntnissen und Illusionen über das Denken beschäftigt. Wenn wir uns erinnern, was die Hirnforscher über das Denken sagen, dann stelle ich jetzt noch ein paar Fragen aus einer eher spirituellen Perspektive: Wenn das Denken irgendwelche Aktivitäten im Hirn sind, ist damit dann auch schon etwas darüber gesagt, was die eigentliche Ursache des Denkens ist? Ist damit etwas darüber gesagt, woher der Gedanke überhaupt ins Gehirn hinein kommt oder wie er durchs Gehirn läuft - und wer derjenige ist, der den Gedanken denkt?

Wenn Menschen sagen, dass sie denken, dann klingt das oft so, als ob sie das aktiv machen. Ist das wirklich so? Denken wir aktiv? Denn: Wir können unsere Gedanken zwar ein paar Sekunden lang lenken, doch dann ist es damit auch schnell wieder vorbei. Es kommt der erstbeste Impuls und wir sind abgelenkt. Wer hat uns jetzt abgelenkt? Haben wir uns selbst abgelenkt? Wenn Du in einer Prüfung sitzt und Dich konzentrieren willst und dann kommt ein ablenkender Gedanke: An das nächste Mittagessen, den Idioten, der Dich auf dem Weg heute morgen geschnitten hat, an den Sex gestern Nacht. Machst Du das selbst aktiv? Findest Du es sinnvoll, während einer Prüfung über andere Dinge oder sogar Ärger nachzudenken oder ist es vielmehr so, dass Du Deine Gedanken gar nicht vollständig kontrollieren und steuern kannst?

Ist es möglich, auch einfach nicht oder nichts zu denken? Ich kenne Leute, die praktizieren seit Jahren bis zu einer Stunde täglich Meditation und auch die schaffen es „nur" 5 bis 10 Minuten tatsächlich Leere im Kopf zu haben und nicht zu denken. Die Buddhisten haben dazu eine Menge sogenannter Koans. Das sind kleine Geschichten oder Sätze, die keine für den Verstand begreifbare und intellektuell erfassbare Antwort haben, zum Beispiel: Welches Geräusch macht eine einzelne Hand, die klatscht? Solche Fragen sind nicht dafür gemacht, sie intellektuell zu durchdenken und zu beantworten, sondern sie sind dafür gemacht, Deine Birne leer zu machen und für Erfahrungen zu öffnen, bei denen Dir Dein Verstand nur im Weg steht. Die zentrale Frage bei all dem ist jedoch: Wer denkt, wenn nicht wir selbst aktiv denken?

Für den Moment ist es vielleicht hilfreich einfach das Pronomen zu ändern. Nicht ich denke oder er denkt, sondern „es" denkt. Doch was wäre, wenn Denken gar nicht in unserem Schädel stattfindet und unser Gehirn gar kein Denkorgan, sondern ein Empfangsorgan ist?

Das Ego

Den Begriff Ego habe ich schon verwendet, doch was ist das eigentlich? Frag mal 10 Leute, was das Ego ist, dann erhältst Du zwischen 15 und 20 verschiedene Antworten. Doch Fakt ist: Wer redet hier gerade über das Ego? Wer schreibt hier gerade über das Ego? Natürlich das Ego - ohne Ego geht vieles nicht und das ist schon einmal ein erster Hinweis, der uns vielleicht dabei hilft diese ständige Verurteilung des Egos loszulassen. Denn das Ego ist auch ein verdammt gutes Werkzeug, um Probleme zu lösen.

Die Hirnforschung sagt, dass der Verstand ein Werkzeug ist, um Probleme zu lösen - oder in den Worten von Gerald Hüther ist das Gehirn ein Problemlösewerkzeug und kein Denkwerkzeug. Es geht daher nicht darum, das Ego irgendwie aufzulösen oder verschwinden zu lassen, das ist nämlich überhaupt nicht nötig. Die Frage ist jedoch, ob ich ein Ego habe oder mein Ego bin. Für die meisten Menschen gilt letzteres und leider sind sie sich dessen nicht im geringsten bewusst.

Lass uns mit diesem Gedanken einmal eine kleine Reise unternehmen und zurückgehen in Deine ganz frühen Jahre: Bevor Du etwa 18 Monate alt warst, gab es das, was Du heute als „ich" bezeichnest noch überhaupt nicht, denn in dieser Zeit gibt es für den Säugling noch gar keine Trennung von seiner Mutter. Das „ich-Gefühl" entsteht erst in diesem Zeitraum, indem der Säugling Erfahrungen macht, die ein Getrennt-existieren von der Mutter als Realität aufzeigen – und ja, das worüber wir reden, ist erst mal ein Gefühl, ein Gefühl für „ich". Es ist doch witzig, sich vorzustellen, dass wir 18 Monate existierten, wuchsen, Glück, Freude und Leid erlebt haben ohne dass wir dafür ein „ich-Bewusstsein" benötigt haben. Wozu benötigen wir es also heute?

Im Laufe unseres Leben haben wir viele weitere Erfahrungen gesammelt, die wir an die Urerfahrung von „ich" angehängt haben. Wir hatten das Bild schon: Dein Wesenskern ist wie ein Magnet mit dem Du Dinge anziehst – z.B. Nägel, die sich Schicht um Schicht um den Magneten anlagern, bis er plötzlich die Größe eines Handballs hat. So ähnlich ist es mit dem Ego. Das Ego ist dieser Ball aus Nägeln, mit dem Magneten als Kern und der Magnet heißt „ich". Zu den Nägeln gehören auch Ideen von meins und deins, dann kommen Nägel, die das ich in Bezug zu anderen Dingen setzen und so formt sich etwas, das von verschiedenen Schulen verschieden benannt wird und doch im Kern immer gleich ist.

In der Beschäftigung mit dem Ego geht es nicht darum, die Nägel in ihrer Unterschiedlichkeit zu betrachten oder zu schauen, ob sich vielleicht auch ein paar Schrauben darunter gemischt haben, denn der jeweilige konkrete Inhalt des Egos ist völlig egal. Das Entscheidende am Ego ist die grundlegende Struktur, die immer gleich ist – eben wie der Ball aus Nägeln mit dem Magnetkern. Doch was bedeutet das für eine spirituelle Perspektive?

Das Ego ist also eine Ansammlung von Erfahrungen in bestimmten Kontexten und deren Verknüpfung mit dem ich. Es sind aber nicht die eigentlichen Erfahrungen selbst, die sich mit dem Ego verbinden, sondern die Gedanken und Vorstellungen darüber: Das Ego ist also eine Ansammlung von Programmen, die um das Ich-Gefühl kreisen und die dabei wiederum Gedanken über Erfahrungen produzieren, die dann wiederum dem Ich-Gefühl hinzugefügt werden. Das klingt wie ein Perpetuum Mobile und Du kannst das jedes mal erfahren, wenn Du Dich ärgerst, denn der Ärger funktioniert genau nach diesem Prinzip. Dein Ego nimmt etwas auf, produziert daraus Gedanken und Du erzählst Dir selbst eine Geschichte, die aus der Beziehung Deines Egos zum Gegenüber oder zu der Situation geprägt wird und dann ärgerst Du Dich vermutlich. Und wer ärgert sich? Das bist nicht Du, sondern es ist Dein Ego und vermutlich ist es jetzt auch genau auch Dein Ego, das dieses Buch liest. Huch – da wird Deinem Ego plötzlich ganz schnell ganz komisch, wenn es merkt, dass es entdeckt wurde und sofort spürst Du ein flaues Gefühl im Bauch. Das ist kein Problem und geht vorbei, entspann Dich. Aber jetzt weiß das Ego Bescheid, dass die Zeit zu Ende geht, in der es unbemerkt in Dir wirken konnte und Dir vorgaukeln konnte, es sei Du.

Das Ziel ist es, die Dominanz des Ego zu beenden und sich vor allem nicht mehr mit dem Ego zu identifizieren. Erinnere Dich an meine Ausführungen über die Identität in Teil 2 - es ist die Identifikation mit dem Ego, die uns Probleme bereitet, weshalb es z.B. so schwer fällt, liebgewonnene Komfortzonen zu verlassen und Glaubenssätze loszulassen, wenn diese wie die Nägel am Magneten, am Ich-Gefühl hängen. Doch Vorsicht, das Ding mit dem Ego ist echt kompliziert. Denn es hält ja selten die Klappe, sondern plappert uns von morgens bis abends, pausenlos den Schädel voll. Jedem von uns, auch mir. Die Kunst ist das Loslassen dieser Gedanken oder inneren Dialoge und sich nicht mit ihnen zu identifizieren. Vor allem geht es eben nicht darum, das Ego vor den inneren Scharfrichter zu stellen. Es geht viel mehr darum es anzuerkennen, zu lieben und zu umarmen und ihm dann den Platz zuzuweisen, für den es da ist, nämlich als Werkzeug.

Hilfreich ist dabei dieses: „Ach kuck mal, es denkt", das uns immer wieder ins Bewusstsein bringt, dass unser Ego gerade wieder dabei ist, sich auszutoben. Je genauer Du Dich damit beschäftigst, desto verrückter wird die Sache: Das Ego ist also ein Programm, also ein Gedanke oder eine Ansammlung von Gedanken, die wiederum Gedanken verursachen, die wiederum zum Ego-Programm hinzugefügt werden und nirgendwo spielst Du wirklich irgendeine Rolle, denn das was da abläuft passiert ganz unbemerkt und ungesteuert in Dir, denn es ist vollautomatisch und wird nicht von Dir aktiv gestaltet. Es ist wie ein Parasit, der von Dir Besitz ergriffen hat. Klingt gruselig, ist aber so und ich habe über diese unsichtbaren inneren Programme schon in Teil 1 ausführlich geschrieben.

Damit jedoch endet hier der Raum für weitere Worte und vor allem Diskussionen machen ab diesem Punkt keinerlei Sinn mehr, denn ab hier betreten wir die Welt der Erfahrungen. Du wirst diesen Raum nicht betreten können, mit den Dingen, die Du gewohnt bist, denn die sind meist intellektueller oder verstandesmäßiger Natur. Du kannst nur erfahren, wie es ist, wenn Dein Schädel tatsächlich einmal leer ist und keine Gedanken durch Dein Hirn rauschen und sei es nur für 10 oder 20 Sekunden – Du kannst die Erfahrung nicht durch Gedanken oder Konstrukte ersetzen. Diese Erfahrung ist dermaßen spektakulär, dass es danach keiner Worte mehr bedarf. Und dann, genau dann, weißt Du was das Ego ist. Es ist all das, was in diesem Moment nicht da ist und was ansonsten Deinen Alltag zu 99% bestimmt.

Natürlich ist es gerade mein Ego, das dieses Buch hier schreibt. Ohne Ego könnte und wollte ich überhaupt nichts schreiben. Ich hatte es schon erwähnt: Das Ego ist ein Werkzeug. Solange das Ego also dazu dient, dem Sein einen Ausdruck zu verleihen, also etwas in die Welt zu bringen, was tatsächlich Deinem Wesenskern entspricht oder dem Leben im Allgemeinen zu dient, dann erfüllt das Ego genau seine eigentliche Aufgabe. Ich bin vor ein paar Jahren auf die inspirierende Beschreibung eines erwachten Lebens in vier Stufen gestolpert. Das Ego in seiner eigentlichen Aufgabe entspricht der letzten Stufe zu einem erwachten Leben.

Diese vier Stufen sind:

1. es passiert mir
2. ich lasse es zu
3. ich mache das
4. es geschieht durch mich

Der innere Beobachter

Irgendwo in Dir gibt es eine Instanz, die in der Lage ist, eine distanzierte Perspektive einzunehmen, also in eine Art Vogelperspektive zu wechseln. Genau diese Instanz kann zu Dir selbst so etwas sagen wie: „Da denke ich mir gerade aber wieder mal einen geilen Scheiß zusammen". Der innere Beobachter ist Dein erster praktischer Schritt, die Dominanz Deines Egos zu überwinden. Je öfter es Dir gelingt, in diese Beobachterposition zu wechseln, desto mehr verliert Dein Ego seine Macht. Wenn Du Deinen inneren Beobachter „eingeschaltet" hast, dann ist da keine Be- und Verurteilung mehr, dann ist da einfach nur Wahrnehmen ohne den Dingen sofort einen Namen zu geben oder sie zueinander ins Verhältnis zu setzen. Besonders schön ist für mich auch immer wieder der Satz: „Ich darf denken, was ich will. Ich muss ja nicht glauben, was ich denke." In solchen Momenten verlieren die Dinge ihre Bedeutung und vor allem ihre Wichtigkeit (was ja die Ursache von Leid generell ist) und dann wird es leicht und Du kannst vollständig loslassen und aus Deinem Wesenskern heraus handeln und nicht aus den Gedanken eines geistigen Parasiten, der sich von Deinen Gefühlen nährt – vor allem vor Deinen unangenehmen.

Es gibt Leute, die führen Diskussionen darüber, ob dieser Beobachter tatsächlich existiert oder ob er nur ein weiterer, versteckter Teil des Egos ist – doch wer stellt diese Frage eigentlich? Ich halte solche Gedankenspielchen für wenig nützlich. Der Beobachter ist einfach hilfreich und gut ist's. Wenn wir fragen: „Wer beobachtet den Beobachter?" landen wir ganz schnell wieder bei Auseinandersetzungen, die für den Kopf gemacht sind. Doch das worüber ich hier schreibe, hat nichts mit dem Kopf zu tun und ist im Kopf nicht erfahrbar: Du kannst Erleuchtung nicht herbei diskutieren!

Doch diese Diskussion gibt zumindest einen kleinen Hinweis auf eine reale Gefahr oder eine gefährliche Phase auf Deinem Weg, vor der ich Dich warnen will. Es ist die Phase, in der Du Dein Ego erkannt hast und auf irgendeine Art und Weise die Dir entspricht daran arbeitest, weiter nach Innen zu gehen und Dich selbst zu erkennen. Dein Ego – das ja ein Eigenleben führt und sich so oft es geht, Deiner bemächtigen will – merkt nun, dass es ihm in seiner Bedeutung an den Kragen geht. Natürlich will das Ego das nicht hinnehmen und zeigt mal wieder, dass es ein Meister der Tarnung und Täuschung ist. Es versteckt sich hinter Deinen Werten, Deinen Bedürfnissen, Deiner Identität, Deinen Glaubenssätzen und Deinen Gefühlen. Je mehr Du ihm auf die Schliche kommst, desto mehr engst Du damit natürlich den Raum ein, innerhalb dessen das Ego noch unerkannt sein Wirken entfalten kann.

Soweit, so gut, doch dann kommt irgendwann der Moment, da erkennt das Ego, was das Stündlein geschlagen hat und greift es auf den perfidesten Trick zurück, um sich wieder zu verstecken und die Kontrolle zu übernehmen: Es akzeptiert plötzlich all Dein spirituelles Zeug und gaukelt Dir vor, es würde sich jetzt auch dafür begeistern. Dann wird das Ego zum spirituellen Ego - und das ist manchmal wirklich unerträglich. Der innere Beobachter jedoch könnte es leicht identifizieren: Denn es ist ganz leicht zu erkennen, wenn das Ego wieder über Spiritualität als Denkkonzept doziert. Es ist auch leicht zu erkennen, wenn das Ego anderen spirituellen Egos beibringen will, warum es selber das bessere spirituelle Ego ist. Es kommt auch vor, dass es mit drohendem Zeigefinger hinter anderen Menschen steht, die sich auf die Reise gemacht haben und flüstert: „Du bist aber mal ein schlechter Erleuchteter".

Es sind immer diese Momente, in denen wir uns darin sonnen, dass wir irgendeinen geilen, erleuchteten oder weisen Satz von uns gegeben haben – oder wenn wir uns über den Applaus oder andere Beifallsbekundungen freuen. Versteht mich nicht falsch – ich bin Trainer und ich stehe ständig auf irgendeine Art und Weise auf einer Bühne und ich mag den Beifall am Schluss auch. Es gibt überhaupt nichts dagegen einzuwenden, dass sich das Ego ab und an ein paar Streicheleinheiten abholt. Die Frage ist, ob ich das in vollem Bewusstsein über die Bedürftigkeit des Egos tue oder ob ich glaube, „ich" bekomme gerade den Applaus. Denn dann hat das Ego klammheimlich wieder die Regie übernommen und dann werden die Pointen mehr und der Inhalt flacher.

Gerade in der Phase des spirituellen Egos ist der Beobachter eine wichtige Instanz, denn sie kann das spirituelle Ego erkennen und einordnen. Daher will ich Dir noch diese Anker für Deinen inneren Beobachter mitgeben. Ich lade Dich ein, diese Anker wirklich zu üben und zu praktizieren und dann immer wieder bewusst wahrzunehmen, was in Dir passiert, wenn Du sie Dir wie ein Mantra vorsagst.

Die Anker sind:

„Guck mal, es denkt"

„Scheiß drauf" (Hatten wir schon und hilft auch hier vor allem für unangenehme Situationen)

„Gedanken sind wie Seifenblasen" (Stell Dir dabei Seifenblasen bildlich vor)

Wie kommt der Wandel in die Welt?

Vor diesem Hintergrund will ich Dir zum Abschluss des Buches noch ein paar praktische Anregungen für den persönlichen Alltag mitgeben, denn Menschen, die sich für Dinge wie Grundrechte oder Frieden einsetzen und im Sinne einer besseren Welt unterwegs sind, sowie auch viele Vorstände von Unternehmen haben etwas gemeinsam: Sie wollen etwas organisieren, dass nicht zu organisieren ist – den Wandel.

In Unternehmen gibt es für geplante Veränderungsprozesse so wohlklingende Namen wie z.B. „Change Management". Als ob Wandel oder Veränderung gemanaged oder gesteuert werden könnte. Um die Lächerlichkeit dieser Idee zu illustrieren, stellen wir uns folgendes Bild vor: Im Herbst hält der Chef-Baum (ein alter und weiser Baum) vor seinen untergebenen Bäumen ein Meeting ab, in dem er verkündet: „Freunde, der Herbst ist da. Schmeißt die Blätter ab". Ja, diese Vorstellung ist wirklich albern, doch genügend Menschen glauben, dass Wandel genau so funktioniert – mit verkopften Plänen und Motivationsreden.

Was habe ich in den letzten drei Jahren für gute Ideen gehört und die Menschen mit der Idee hatten den Eindruck, es müssten sich halt mehr Leute finden die mitmachen. Die betroffenen Leute ihrerseits sagen häufig: „Ich mache erst mit, wenn noch mehr Leute dabei sind" und warten auf eine große Bewegung, so dass am Ende wieder nichts passiert. Nein, das war weder eine gute Idee, noch ein Plan überhaupt. Das war ein frommer Wunsch und für den ist in der Regel der Nikolaus zuständig. Solche tollen Pläne, wie der Wandel angeblich passiert und diese noch tolleren Konzepten, wie die Welt nach dem Wandel aussehen soll, sind noch nie aufgegangen, doch das hält die Leute nicht davon ab, schon wieder den nächsten „Plan" zu machen – der in Wirklichkeit nichts anderes ist als ein frommer Wunsch mit Aufforderungscharakter an andere.

Warum kann ein solcher Pseudo-Plan nicht funktionieren? Weil Menschen ein tiefes Bedürfnis nach Autonomie, also nach Selbstbestimmung haben und über den ganzen Globus identisch reagieren, wenn sie mit einer Einschränkung ihrer Autonomie konfrontiert sind. Zumindest dann, wenn sie es bemerken oder wenn das Bedürfnis nach Autonomie nicht gerade überlagert wird durch etwas tieferes, wie etwa die Angst vor dem Tod. Diese Reaktion heißt in der Fachsprache „Reaktanz" und wir können das verkürzt und allgemein verständlicher mit Trotz gleichsetzen. Reaktanz ist eine Art inneres „jetzt erst recht nicht". Vor allem, weil nicht jede Person über einen möglichen Wandel gleich denkt, wird jeder nur denkbare Plan immer auch solche Leute auf der Bildfläche erscheinen lassen, die den Plan oder die Idee nicht wirklich gut finden. Der Versuch diesen Leuten den Plan oder die Idee in die Birne zu quatschen, führt zu einer gefühlten Einschränkung der Autonomie und damit garantiert zu Reaktanz. Der Plan kann gar nicht aufgehen, wenn eine genügend große Anzahl von Leuten dagegen ist und damit auch dagegen arbeiten wird – das gilt ebenso für alle möglichen Pläne und Veränderungen, die von „oben" angeordnet, beworben oder still und heimlich eingeführt werden, insofern ist Reaktanz durchaus eine gute Sicherung gegen Manipulation.

Lass uns mal ein paar Minuten die feuchten Träume von uns Aktivisten durchspielen: Angenommen die Zustände hierzulande und in der Welt spitzen sich zu und irgendwann steht die Bevölkerung wirklich einmal gegen die Mächtigen auf. Da sammeln sich dann ein paar Millionen Leute mit Mistgabeln und Baseballschlägern in Berlin, walzen alles, was sich ihnen in den Weg stellt nieder und vertreiben die „bösen Burschen" von der Regierung und den Medien aus ihren Ämtern. Was dann? Wird es dann besser? Gibt es auch nur ein Beispiel für eine Revolution bei der es danach wirklich besser wurde als vorher? Gab es auch nur eine Revolution, die nicht ihre Kinder fraß und zur Animal Farm wurde? Wir müssen dabei auch nicht nur an Extreme wie Robespierre denken und können auch harmloser fragen: Gab es bisher auch nur einen einzigen gesteuerten Kulturwandel in einem Unternehmen, bei dem es hinterher wirklich besser wurde als vorher und der Unterschied nicht nur aus noch mehr Vorschriften, Papieren, Meetings und weiterem nutzlosen Quatsch besteht?

Wandel und Veränderung lässt sich nicht organisieren oder steuern und der Grund dafür heißt vor allem Komplexität. Darüber müsste ich ein eigenes Buch schreiben, also deute ich hier nur einiges an. Doch wenn Du dieses Thema vertiefen willst, dann empfehle ich Videos von Professor Peter Kruse (gestorben 2015) und die Hörbücher von Lars Vollmer.

Was bedeutet nun Komplexität? Zunächst ist „komplex" etwas ganz anderes als „kompliziert". Ein Automotor ist kompliziert – und so ein Ding zu entwickeln, erfordert einen Haufen an Wissen aus Ingenieurswissenschaften und Naturwissenschaft. Dennoch ist der Prozess einen Automotor weiterzuentwickeln halbwegs planbar und überschaubar, so lange weiterhin irgend ein Kraftstoff in dem Motor verbrannt wird. Auch den Motor einfach nur zu zerlegen und wieder zusammen zu bauen, erfordert einen Haufen Wissen und Können. Wichtig ist eine grundlegende Erkenntnis: Es gibt für den Motor nur zwei mögliche Systemzustände - er läuft oder nicht, er ist an oder ist aus.

Das ist die Welt, die die meisten kennen und in der sie leben, doch Komplexität ist etwas völlig anderes. Dazu ein einfaches Beispiel: Zwei Menschen können zueinander genau eine Beziehung haben und drei Menschen haben drei verschiedene Beziehungen zueinander. Doch kommt noch eine vierte Person dazu sind es schon sechs Beziehungen und bei der fünften Person bereits 10. Mit jeder weiteren Person wächst die Anzahl möglicher Beziehungen exponentiell und spätestens ab 50 Personen benötigen wir ein technisches Hilfsmittel, um die Anzahl der Beziehungen noch berechnen zu können – das ist komplex. Vor allem jedoch haben Menschen nicht nur zwei Systemzustände, daher ist bei so vielen Beziehungen und unterschiedlichsten Systemzuständen kein Ereignis sicher planbar oder auch nur annähernd vorhersehbar, es ist nicht einmal bekannt, wie viele mögliche Zustände das gesamte System überhaupt annehmen kann. Wenn also jemand im Auto sitzt und mit 200 Sachen auf der Autobahn fährt, dann kann derjenige im Sinne einer komplizierten Welt glauben, alles unter Kontrolle zu haben, sobald er jedoch die Perspektive einer komplexen Welt annimmt, erkennt er, dass er nicht einmal eine Ahnung davon hat, wie viele Fahrzeuge hinter ihm fahren - selbst wenn er dauernd in den Rückspiegel schaut. Er hat auch keine Ahnung, wie viele vor ihm fahren. Derjenige hat also nicht einmal den Hauch einer Ahnung, wie viele Spieler es in seinem System Autobahn gerade gibt und wie viele Zustände dieses System möglicherweise annehmen kann. Trotzdem verhält er sich, als wäre sein Lenkrad der Joystick für die restliche Welt außerhalb seiner Blechblase.

Gehen wir nach diesem Beispiel zurück zu der Frage danach, ob eine Revolution eine echte Verbesserung der Zustände im Außen bewirken kann: Was treibt Menschen dazu an, die Dinge zu tun, die sie tun und warum tun sie sie auf die Art und Weise, wie sie es eben tun? Menschen handeln eben nicht nach dieser albernen Vorstellung, die in der Zeit der Aufklärung entwickelt wurde: Dass unser überragender Verstand die Umwelt scannt, sich selbst reflektiert und dann wohlüberlegt und vollständig rational eine Entscheidung trifft. Nach der Lektüre dieses Buches weißt Du hoffentlich, dass uns eine komplexe und unbewusste Psyche antreibt.

Wie ich in den ersten beiden Teilen des Buches beschrieben habe, steckt in der Tiefe unserer Psyche eine Art Betriebssystem, das wir als Mindset bezeichnen können. Das sind unsere Werte, unsere Haltungen, unsere Glaubenssätze und dieses Mindset - nicht eine rationale Entscheidung - führt dazu, dass wir bestimmte Dinge tun und wie wir sie tun. In unserem Mindset, das sich ohne unsere bewusste

Steuerung im Verlauf unseres Lebens gebildet hat, sind ein paar sehr zentrale Haltungen integriert, die bei den meisten Menschen in der westlichen Welt vorherrschen. Der amerikanische Physiker und ehemalige NASA Angestellte Thomas Campbell hat es einmal sehr pointiert und treffend formuliert: „Was ist der vorherrschende Geist (das Mindset) in unserer Kultur? Es ist: Greif so viel ab wie es geht und tu dafür so wenig wie möglich".

Das darf jetzt jeder für sich überprüfen, wie weit er oder sie noch gefangen ist, in dieser inneren Haltung. Doch auch wenn Du das für Dich selbst weit von Dir weisen kannst, sind die meisten Menschen da draußen so drauf. Wenn also die Mehrzahl der Menschen noch in einem solchen Mindset unterwegs ist: Was soll bei einer Revolution oder auch nur einem „Change Process" in einem Unternehmen schon herauskommen? Es wird in jedem Fall wieder ein System entstehen, in dem bestimmte Menschen begünstigt werden, weil sie sich am rücksichtslosesten mit diesem Mindset durchsetzen oder die sich dem jeweiligen System perfekt anpassen können – schöne neue Welt.

Denn psychologisch ausgedrückt ist jede Revolution ein recht putzige Angelegenheit: Da kommen die ehemaligen Opfer, erheben sich, stürzen die ehemaligen Täter, erobern die Macht und machen sich vermeintlich zum Retter – doch sie werden dabei zwangsläufig selbst zu Tätern, die die ehemaligen Täter ihrerseits zu Opfern machen. Was bitte soll dabei schon anderes herauskommen als einfach nur das neue Grauen?

Solche Opfer-, Täter- oder Retter-Dynamiken sind ebenfalls komplex und sicher nicht nur kompliziert. Wie also kommt der tatsächliche Wandel in die Welt? Die Antwort darauf ist verblüffend einfach, doch stehen uns diverse Glaubenssätze im Weg, die es nahezu unmöglich machen, die simple Antwort zu sehen: Es ist schlich und einfach Selbstorganisation. Denn dies ist seit Jahrmillionen das tragende Prinzip der Natur - und jetzt kommt mir bitte keiner und erzählt: „Das funktioniert ja nicht". Denn Du stehst mitten drin in der Selbstorganisation, die seit Millionen von Jahren wirkt und deren Ergebnis auch Du selber bist. Denn die Natur plant nicht: Sie macht einfach. Sie probiert sich aus. Sie schafft Überfluss und in den Millionen von Jahren hat der Überfluss immer ausgereicht, um das Leben weiterzuentwickeln, selbst nach großen Katastrophen oder Kataklysmen - und so bist auch Du entstanden, genau so, wie Du gerade hier stehst oder sitzt.

Wer also einen Wandel will, ganz gleich ob in der Welt oder auch nur in seinem Unternehmen, der ist gut damit beraten, immer bei sich selbst anzufangen. Nicht umsonst verehren viele Menschen den berühmten Satz, der Gandhi zugeschrieben wird: „Sei Du selbst die Veränderung, die Du Dir von der Welt wünschst".

Wir können uns als Metapher zu dieser Art des Wandels anschauen, wo die Natur das am besten hinbekommen hat. Wenn z.B. durch einen Unterwasservulkanausbruch eine neue Insel entstanden ist, die erst mal nur aus Felsen und Steinen aus Lava besteht. Oder wir betrachten die ehemaligen Industrieanlagen im Ruhrgebiet, die jetzt Ruinen und komplett von der Natur überwuchert und zurückerobert sind. Das Prinzip dabei ist immer das Gleiche: Die Natur wirft alles was sie hat auf diese Insel oder diese Industrieruine, doch natürlich kann auf einer nackten Insel oder einer Industrieruine nicht alles gedeihen, was die Natur so in Petto hat. Dennoch wächst das ein oder andere, meist etwas, das sich Pionierpflanze nennt. Solche Pionierpflanzen bereiten den Boden dafür, dass im nächsten Jahr – wenn die Natur erneut alles gibt – ein paar mehr Pflanzen gedeihen und so werden es von Jahr zu Jahr mehr, bis daraus irgendwann ein Lebensraum für Tiere entstanden ist. Im Ruhrgebiet lässt sich das schön beobachten. Da wo die alten Industrieruinen nicht von Menschen gebändigt und in ästhetische Anlagen verwandelt wurden: So sieht das Leben aus! Es macht einfach, probiert sich aus, Erfolgreiches bleibt bestehen, nicht Erfolgreiches geht unter. Das

Leben ist ein gigantischer Entwicklungsprozess und das Leben selbst entwickelt sich dabei immer weiter. Ich habe keine Ahnung wie viele Millionen Arten von Tieren und Pflanzen im Laufe der Evolution bereits ausgestorben sind. Doch die Natur an sich und das Leben existiert weiterhin - und was kümmert es die Natur, ob wir Menschen existieren oder nicht.

Wie kommt also die bessere Welt zustande, für die wir alle auf unsere eigene Art unterwegs sind? Selbst diejenigen, die Pläne haben, die mir und vielen anderen gar nicht gefallen: Wandel entsteht dann, wenn Menschen zusammen kommen und damit anfangen, etwas anders oder neu zu machen. Dabei kopieren wir einfach nur die Natur. Insofern braucht es im Wandel gar nicht wirklich die Menschen, die gute Ideen oder Pläne produzieren, sondern viel eher Menschen die wirklich etwas tun, etwas konkret auf den Weg bringen. Das ist viel wichtiger als alle Diskussionen darüber, wie etwas zu gehen hat und was ganz sicher alles schief gehen wird. In einer Firma bedeutet das zum Beispiel, dass es an der Basis eine kleine innovative Gruppe von Leuten gibt, die etwas Neues ausprobieren und weiterentwickeln - und die die Firma auch machen lässt. Im ganz großen Rahmen braucht es Menschen, die sich zu kleinen Gemeinschaften zusammen tun und genau die Welt bauen, die sie gerne hätten. Ob in der Firma oder im größeren Kontext: Das wirkt auf andere, hat Strahlkraft und führt früher oder später dazu, dass andere das auch wollen – oder eben nicht wollen und auch nicht mehr mitmachen.

Für echte Veränderung ist es daher auch nötig, dass die Menschen aus ihrer alten Welt aussteigen, sowohl in Haltung, Werten, Glaubenssätzen und allem anderen was noch zu ihrem Mindset gehört. Das bedeutet ganz handfest und materiell, die Komfortzone zu verlassen durch das Aufgeben von Abhängigkeiten, wie zum Beispiel den Job, das Haus mit Hypothek und Schulden bis hin zu jedem angeblichen Freund, der Dir immer wieder gut gemeint sagen will, wie Du zu leben hast. Es geht dabei um jede Person von der Du glaubst, Du dürftest ihr nicht widersprechen - und das bedeutet für die Allermeisten eben auch Aussteigen aus den ungesunden Beziehungen zu den eigenen Eltern. Doch die Eltern loslassen heißt nicht, sie nicht zu lieben - dazu kannst Du ja nochmal in den ersten Teil des Buches hineinlesen.

Jede Veränderung beginnt bei Dir selbst und wirklich wichtig ist immer das, was Du tust, nicht was Du erzählst. Die echte Veränderung beginnt eben nicht da draußen in der Welt, doch wenn sich jemand selbst verändert, verändert sich damit auch die Welt – erst im Kleinen, dann im Großen. Wenn jeder hierzulande in dem inneren Zustand wäre, den ich mit diesem Buch skizziere, wären wir alle nicht mehr regierbar - da könnte kommen wer wollte. Die ganzen Tricks aus der Werkzeugkiste von Massenmanipulation und Propaganda würden nicht mehr funktionieren, um Angst zu machen oder mit Versprechungen zu ködern. Das alles würde wie im Wald verhallen, weil es einfach niemanden mehr interessieren würde.

Was ist Freiheit?

Ist Freiheit, sich auf ein T-Shirt zu drucken: „,n scheiß muss ich"? Denn wenn wir ehrlich sind, es gibt immer auch Dinge, die „müssen". Damit das verständlicher wird: Es gibt ein konditionales muss und das liegt vor, wenn zwei Dinge unmittelbar miteinander verknüpft sind. Wenn Du sagst: „Ich muss um drei Uhr losgehen, wenn ich den Bus um halb vier kriegen will" - das ist ein „muss", das absolut sinnvoll formuliert ist, doch darum geht es mir hier nicht.

Als erklärendes Beispiel stellen wir uns einen jungen Mann vor: Er ist etwa 16 Jahre alt und wohnt bei seinen Eltern. Autonomie ist ihm echt wichtig und wenn Du ihm eine schlechte Zeit machen willst, dann erzähl ihm, was er zu tun hat. Was ihm weniger wichtig ist, ist Ordnung und entsprechend sieht sein Zimmer meistens aus. Der junge Mann ist nicht unordentlich – auch wenn sein Vater das durchaus so sieht - sondern die Ordnung ist ihm halt nicht so wichtig. Doch eines schönen Samstagmorgens beschließt er aufzuräumen und es sich fürs Wochenende mal so richtig schön zu machen. Er ist voll motiviert für sein Vorhaben, doch beim Frühstück schnauzt ihn sein Vater an: „Aber heute räumst Du Dein verdammtes Zimmer endlich mal auf!" Zack – vorbei ist es mit der Motivation und wir können uns den Rest der Situation mit dem Vater und auch den weiteren Zustand vom Zimmer sicher vorstellen.
Doch ist diese Reaktion ein Zeichen von Autonomie? Ein Schrei nach Freiheit? Ganz sicher nicht, sondern es ist einfach nur Reaktanz – ein vollautomatisches, inneres Muster von Bockigkeit. Da stellt sich eine sehr existenzielle Frage, ob jemand überhaupt von sich sagen kann, dass er frei ist, wenn diese vermeintliche Freiheit lediglich eine Aneinanderreihung unbewusster innerer Programme ist?

Wenn Du schon auf einer Demo warst und es kam jemand von der Polizei auf euch zu und hat erst mal nichts anderes gemacht, als Dich und die Leute um Dich herum gebeten, etwas mehr Abstand einzuhalten. Hast Du dann gesagt: „Jetzt erst recht nicht" – und war das ein Akt der Selbstermächtigung oder einfach nur popeliger Trotz? Ja, ich weiß – das ist jetzt wieder provokativ und könnte auch mal wieder weh tun. Ab und an im Leben tut es halt weh, um zu einer Erkenntnis zu gelangen: Wir reden hier über nichts geringeres, als das, was Du für Deine Freiheit hältst und was möglicherweise doch wieder nur unbewusste Programme sind. Wenn am Ende jedoch die echte Freiheit winkt, die weitgehend frei ist von solchen Automatismen, ist das den anfänglichen Schmerz wert, um diese unbewussten Programme zu überwinden oder umzuschreiben.

Echte Freiheit ist, wenn Du bereit bist Dein Vorhaben auch dann zu verfolgen, wenn es Dir plötzlich jemand befiehlt. Also den Schritt zur Seite zu machen, nicht weil der Polizist es so verlangt, sondern weil Du es ihm vielleicht sogar schenkst, als Angebot von Wertschätzung. Wenn Du die Küche aufräumst, weil Du selbst gern eine saubere Küche magst und nicht weil Deine Frau schon nörgelt. Wenn Du diesen Teil in Dir erkannt hast, dann bist Du wirklich frei und zwar frei von unbewussten Programmen, die Dein Leben noch viel mehr steuern, als jede staatliche Gewalt oder die Anweisungen von irgendwelchen Autoritäten.

Unsere Kultur ist leider so verliebt in Ergebnisse, dass wir gerne übersehen, wie wichtig die Motivation hinter den Dingen ist. Dabei geht es um die Frage: „Gehe ich einen Schritt zur Seite, weil der Polizist es so angeordnet hat" oder: „Gehe ich den Schritt zur Seite, obwohl er es angeordnet hat". Räume ich mein Zimmer auf, weil es der Vater fordert oder räume ich es auf, obwohl er es fordert. Die tatsächliche Qualität vom Ergebnis wird auch dementsprechend sein. Leider machen wir uns in unserer Kultur viel zu wenig Gedanken um die Qualität. Wir schauen lieber oberflächlich auf das Verhalten und das formale Ergebnis, doch nicht auf den Prozess und die innere Haltung. Auch dazu findest Du schon im ersten Teil einige Anregungen, die Du nun auch nochmal aus einer ganzheitlichen Perspektive betrachten kannst.

Medien, Deine geistige Nahrung

Nachdem ich mich in diesem Buch über drei Teile hinweg bemüht habe, Dich geistig zu entgiften und Dir zu helfen, in die Selbstbestimmung zu kommen, will ich Dir zum Schluss noch etwas mit auf den Weg geben, was Deine geistige Nahrung betrifft. Genau wie unser Organismus Nahrung benötigt, braucht auch unser Geist immer wieder neue Energielieferungen, also geistige Nahrung - und das steht als Metapher für Inspiration. Wenn Du Dir bewusst machst, dass alle Informationen die Du aufnimmst, wie Nahrung für Deinen Geist sind, erkennst Du, warum es wichtig sein könnte sich nicht mehr mental zu vergiften mit geistigem Fastfood oder anderem Schrott.

Mit geistigem Fastfood meine ich übrigens nicht zwangsläufig die BILD, sondern ich meine generell all die Medien, die hauptsächlich voneinander abschreiben und nicht einmal prüfen, ob das Zeug, das der Typ geschrieben hat, von dem ich abschreibe, überhaupt der Wahrheit entspricht. Ein paar Sachen will ich also auch noch zu diesem Thema sagen und empfehle Dir dazu einige Videos und andere coole Quellen.

Starten wir wieder mit einer Frage. Was ist Dir wichtiger: Dein Leben oder die Aufrechterhaltung Deines Weltbildes?

Das ist schon eine gemeine Frage, die Dich jedoch nach der Lektüre des ersten Teils dieses Buches nicht mehr sonderlich schockieren sollte – oder verstehst Du die Frage nicht? Ich beziehe mich hier auf ein interessantes Phänomen in vielen Fällen, wenn Menschen meinen oder behaupten, etwas nicht zu verstehen: Häufig geht es gar nicht um das Verstehen, sondern vielmehr um die Schwierigkeiten, die Konsequenzen oder die Bedeutung einer Sache zu akzeptieren. Also - Weltbild oder Leben?

Ich gebe Dir ein Beispiel, damit eindeutig klar wird, was ich meine: Du beabsichtigst eine Flugreise zu unternehmen und zwar zu einem sehr weit entfernten Ziel. Du sitzt in der Halle des Flughafens und wartest auf Deinen Flug. Als der endlich aufgerufen wird, spricht Dich jemand an und meint, dass es besser ist, wenn Du genau diesen Flieger nicht besteigst: Es könnte lebensgefährlich sein. Du hast jedoch von Deiner Fluglinie das Bild als der besten und sichersten Linie der Welt, mit den besten und erfahrensten Kapitänen im Cockpit und überhaupt dem besten Ruf der Welt. In Deinem Kopf streiten jetzt zwei Anteile und die Frage ist, welche Seite sich durchsetzt. Der eine Teil glaubt an die Unfehlbarkeit der Fluglinie und für ihn ist es einfach nicht möglich, dass wahr ist, was der Typ gerade gesagt hat – dieser Teil von Dir will Dich daher mit allerlei inneren Überzeugungsakten dazu bringen, in den Flieger zu steigen. Der andere Teil von Dir spürt deutlich die Angst um das eigene Leben, wenn das Ding tatsächlich mitten im Flug abstürzen sollte - eine grauenhafte Vorstellung. Genau darauf zielt meine Frage ab: Wer setzt sich durch? Oder anders ausgedrückt, welcher Aspekt der Persönlichkeit oder welcher innere Anteil ist für Dich wichtiger? Derjenige, der um sein Leben fürchtet oder der Teil, der sonst zugeben müsste, dass seine inneren Bilder oder Vorstellungen von der besten Fluglinie der Welt vielleicht doch nicht ganz so zutreffend sind?

Du steigst also womöglich auf gut Glück in den Flieger und wirst dann schon sehen, was tatsächlich wahr ist, nur dass es dann – wenn der Typ am Flughafen die richtige Ahnung hatte – nicht mehr möglich ist, an Deinem sicheren Ende noch irgendwas zu ändern: Wenn der Flieger abstürzt, dann war Dir das Bild einer tadellosen Fluggesellschaft, mit tadellosen Fliegern und bestem Personal wichtiger als Dein Leben.

Wäre Dir wirklich Dein Leben wichtiger gewesen, hättest Du Dich ja zumindest mit dem Typen mal ein paar Minuten unterhalten können, um dann zu einer Entscheidung zu kommen, die zumindest eine informierte Entscheidung gewesen wäre. Aber so? Einfach in den Flieger zu steigen, weil das innere Bild von der tollen Fluggesellschaft so mächtig war, dass es nicht möglich war, es zu erschüttern und für ein paar Minuten kritisch zu hinterfragen? Die Aufrechterhaltung der Vorstellungen war also wichtiger als das eigene Leben.

Auch wenn es vielen Menschen überhaupt nicht bewusst war, dieses Beispiel mit der Fluggesellschaft ist vergleichbar mit der Situation angesichts der Corona-Impfung. Denn es gab von Anfang an genügend Hinweise von renommierten Leuten, die vor dieser sogenannten Impfung gewarnt haben. Es hätte jeder wissen können, welche Gefahr – oder gar Lebensgefahr - dieses Zeug aus Sicht von bestimmten Ärzten und Wissenschaftlern darstellt. Doch auch hier war vielen Menschen die Aufrechterhaltung ihres Weltbildes wichtiger als das eigene Leben: Denn wenn mir mein Leben tatsächlich wichtig ist und ich höre oder bekomme mit, dass mich jemand vor etwas warnen will, dann höre ich ihm doch zumindest ein paar Minuten zu und entscheide dann, wie ich weiter damit vorgehe.

Wirkt der Typ wie ein Flughafenmitarbeiter oder doch eher wie jemand, der sich auf Kosten anderer einen Scherz erlaubt – oder der sich mit Blick auf mein Ticket erster Klasse ein kostenloses Upgrade erhofft, wenn ich nicht mitfliege? Was auch immer tatsächlich vor sich geht, leider ist das Weltbild bei 80% der Menschen geprägt durch folgende unumstößliche Grundannahmen oder Glaubenssätze:

Es gibt keine Verschwörungen

Den Anordnungen von Autoritäten ist immer unbedingt Folge zu leisten, vor allem in Bereichen und Strukturen, die starken gesetzlichen Kontrollen unterliegen

Meine gewohnten Medien sagen immer die Wahrheit

Meine Regierung will wirklich immer nur mein Bestes

Ich bin clever, aufmerksam und kann Menschen gut einschätzen, deswegen kann mich keiner verarschen

Der letzte Satz ist übrigens der Wichtigste und die Identifikation mit ihm führt dazu, dass Menschen alles ablehnen, was an kritischen Informationen mit unbequemen Konsequenzen an sie herandringen könnte. Darum führen sie nicht einmal für zwei Minuten ein Gespräch mit dem Typen am Flughafen. Ein Gespräch in dem Du vielleicht herausfindest, dass er der Flugzeugmonteur ist, der vor 15 Minuten noch bei der Wartung des Fliegers mit seinem Chef darum gestritten hat, dass er die Maschine nicht guten Gewissens in die Luft lassen will - oder dass es sich wirklich einfach nur um irgendjemand handelt, der meint ihn habe gerade die Erleuchtung wie ein Blitz getroffen, dass die Maschine abstürzen wird. Nach einem solchen Gespräch kannst Du jedoch ganz anders entscheiden, ob Du einsteigen und darauf spekulieren willst, dass diese angebliche Erleuchtung ein ziemlich großer Mumpitz ist.

Bei der Impfung war es genauso: Nur zwei Minuten in einem Video einem Typen zuhören und feststellen, dass er ein renommierter Fachmann und Experte ist und tausende Ärzte ausgebildet hat. Das ist doch Grund genug ihm weiter zuzuhören und mal zu schauen, ob andere auch so kritisch sind. Doch wenn das eigene Weltbild wichtiger ist und Du keine Ahnung hast, wer die Faktenchecker finanziert, dann ist der Weg zum Russisch-Roulette der experimentellen Gentherapie nicht weit.

Ich kann also zum Abschluss dieses Buches gar nicht genug dazu einladen, sich immer wieder mit der Qualität der Informationen zu beschäftigen, mit denen Du Deinen Geist fütterst. Denn auch die Qualität Deines spirituellen Weges ist entscheidend davon geprägt, welche Informationen Dir zur Verfügung stehen. Der Grad Deiner Selbstermächtigung wiederum bestimmt, wie weit Du bereit und in der

Lage bist, unterschiedliche und widersprüchliche Informationen tatsächlich SELBST zu ordnen und zu bewerten - vor allem vor dem Hintergrund, wenn es um das eigene (Über-)Leben geht.

In der letzten Zeit gab es viele Möglichkeiten auf einen Schwindel hereinzufallen, wenn Du nicht hinterfragst, wie sehr Du mit dem von den Medien vermittelten Weltbild identifiziert bist. Zuerst durch Corona, dann durch die Klimapanik und heute durch den Krieg in der Ukraine. Morgen werden wir vielleicht durch einen vorgetäuschten Alienangriff oder überirdische Zeichen am Himmel überzeugt werden, einer Eine-Welt-Regierung zuzustimmen. Selbst spirituelle Lehrmeister sind nicht davor gefeit, übers Ohr gehauen zu werden und Teil einer Massenpsychose zu werden, das beste Beispiel ist der Dalai Lama. Warum hat der sich nicht zumindest mal mit einem Fachmann unterhalten, der halbwegs kritisch ist? Es wäre für den Dalai Lama sehr leicht gewesen, z.B. mit Prof. Bhakdi zu sprechen. Der ist sogar Buddhist und die beiden hätten sicher ein interessantes Gespräch gehabt, das ich auch echt gerne gesehen hätte – viel lieber jedenfalls, als ein TV-Duell von Präsidentschaftskandidaten.

Ich halte es für wichtig, dass Du auf Deinem Weg zur Augenhöhe auch inhaltlich auf Augenhöhe bist, doch das bist Du mit dem, was ich „Mainstream" nenne, schlicht und ergreifend nicht. Denn dort erhältst Du nur eine stark verkürzte Fassung, in der wesentliche Dinge fehlen, die dazu nötig wären, Dir einen halbwegs brauchbaren Blick auf die Dinge im Weltgeschehen zu ermöglichen. Es ist ganz simpel: Wenn Du täglich auf Lügen hereinfällst und auf dieser Basis Entscheidungen triffst, kannst Du so selbstreflektiert sein, wie Du willst - Du bist auf dieser Grundlage garantiert nicht selbstbestimmt.

Daher wird es Zeit, dass Du Dich auch inhaltlich selbst auf die Suche machst! Die täglich neuen Nachrichten bieten dazu immer wieder neue Inhalten und ich kann Dir hier nur Empfehlungen mit auf den Weg geben. Wichtig ist: Mach Dir selbst ein Bild! Doch das ist nicht einfach, ganz im Gegenteil – es ist hoch komplex. Eins ist jedoch sicher: Niemand wird Dir irgendwo „die Wahrheit" erzählen, sondern Du wirst immer nur Perspektiven sehen - also Teilausschnitte und Interpretationen. Journalisten berichten grundsätzlich nicht über die Realität, sondern sie erzeugen mit ihren Berichten in den Köpfen der Leser (oder Zuschauer) ein Bild, das für die Realität gehalten wird – und geben das inzwischen auch sehr offen zu!

Also geht es auf diesen letzten Seiten um die geistige Nahrung, mit der wir uns alle nähren oder eben vergiften: Der Kabarettist Volker Pispers hat einmal in 8 Minuten klar gemacht, warum das hierzulande mit den Medien so ein Problem ist. Vereinfacht ausgedrückt, weil z.B. im Print-Bereich sämtliche wesentlichen Veröffentlichungen in der Hand einiger weniger Familien sind. Da wären z.B. die BILD, die WELT und andere Organe aus dem Springer Konzern. Wer bei der BILD einen Arbeitsvertrag unterschreibt, verpflichtet sich damit automatisch, immer positiv über die USA, die NATO und über Israel zu schreiben, egal wie viele tausend Menschen diese drei Kriegsnationen gerade mal wieder weggebombt haben. Das müsste doch eigentlich klar machen, woher da der Wind weht. Dann ist da z.B. die Familie Mohn (bzw. Liz Mohn – auch eine aus Merkels Kaffeekränzchen) und die stehen hinter Bertelsmann. Dem Konzern Bertelsmann gehört alles, was mit RTL zu tun hat, sowie Verlagsprodukte wie Stern, auch der Spiegel und noch so einiges mehr, was in Deutschland als „Qualitätsjournalismus" verkauft wird. In wessen Interesse schreiben wohl diese Leute?

Bleibt der gute alte öffentlich-rechtliche Rundfunk. Die nächste Illusion. Hast Du Dich schon damit beschäftigt, wie dort Entscheidungen gefällt werden? An der Spitze der Rundfunkanstalten sitzen Intendanten, die zunächst Richtlinien für den Sender bestimmen, das engt schon mal die Perspektive ein. Der Intendant selbst wird bestimmt durch den Verwaltungsrat des Senders – der setzt sich aus Personen aus „gesellschaftlich relevanten Gruppen" zusammen, die vor allem mit der Verteilung der Sitze im jeweiligen Landesparlament (bzw. Bundestag beim ZDF) zusammenhängen. Wer also gerade die politische Mehrheit hat, stellt auch die Mehrheit im Verwaltungsrat der Sendeanstalten. Erwartest Du von einem solchen Sender eine allzu kritische Berichterstattung über die Regierung? Nicht wirklich, oder?

Also lass die Illusion los und vergiss die Idee, dass auch nur einer von ihnen Dir ein auch nur ansatzweise vollständiges Bild vermittelt! Als Einstieg in Deine Desillusionierung empfehle ich Dir daher ein Video aus der ZDF Satiresendung „Die Anstalt", die auf YouTube manchmal als „verbotene Folge" bezeichnet wird. Das ist natürlich Käse, denn die Folge wurde nicht wirklich verboten. Es wurde lediglich eine gerichtliche Verfügung über einen kurzen Ausschnitt der Sendung erwirkt, der seitdem nicht mehr im Rahmen der ZDF Mediathek gezeigt werden darf. Auf YouTube liegt das Ding jedoch zigfach herum. Wenn Du als Stichwort „die Anstalt" und „Medien" eingibst, müsstest Du es schon haben. Wenn Du danach einfach mal bei Google ein aktuelles politisches Thema eingibst und Dir die Ergebnisse von Google anschaust, weißt Du Bescheid. Wenn Du in der Lage sein willst, Dir selbst ein Bild zu machen, musst Du Dir daher gezwungenermaßen alle möglichen Seiten anschauen und dann selbst entscheiden, was Du für halbwegs plausibel hältst.

Wenn Du danach noch starke Nerven hast, empfehle ich Dir das Thema mit einem Vortrag von Uwe Krüger zu vertiefen, den er zu seiner Doktorarbeit gemacht hat: Das wird ausreichen, um Dir endgültig die Illusion zu nehmen, dass Du informiert würdest. Leider werden wir in Tagesschau, Heute-Journal, Stern, Spiegel, Zeit, Süddeutsche, etc. schon lange nicht mehr informiert. Vielmehr werden wir dort manipuliert, alles was unsere Regierung verzapft, gut zu finden und zu glauben - und alle Leute, die nicht so stromlinienförmig und gleichgeschaltet sein möchten, werden auch noch in irgendwelche Ecken gestellt. Die harmloseren sind dann „Verschwörungstheoretiker", die extremeren sind dann „Neurechte" oder „Querfrontler" und gegen alles, was wirklich anders und interessant ist, wird die alles vernichtende Keule des „Antisemiten" als ultimative Waffe ausgepackt.

Schau Dir das ganze Spektrum an, soweit es für Dich erreichbar ist und dann beobachte mal, wer welche Inhalte bringt und wer was weglässt- und warum! Schau also nicht nur ARD und ZDF, sondern dazu auch ausländische Sender – möglichst solche aus nicht NATO-Staaten, wie früher z.B. Russia Today. Bist Du jetzt erschrocken? Sind das nicht ganz böse Propagandisten? Himmel – ja und ARD und ZDF sind es auch. Das Auslandsfernsehprogramm der Russen ist inzwischen in der EU verboten – na, warum wohl? Wichtig ist doch nur eines zu wissen: Die „bösen anderen Sender" sagen Dir auch nicht die Wahrheit. Doch das beanspruchen sie häufig auch gar nicht für sich, sondern sie zeigen Dir einfach nur den Teil, den die anderen weglassen. Mit dieser Perspektive kannst Du Dich vielleicht auch entspannen, wenn Du mal zum Feindsender herüberschaust.

Gerade in der Corona-Zeit sind etliche solcher angeblich umstrittenen alternativen Medien richtig bekannt geworden oder haben ihre Reichweite immens vergrößert. Ähnlich verhält es sich auch mit einigen alternativen oder besser freien und unabhängigen Nachrichtenkanälen im Netz. Dazu gehören z.B. die Nachdenkseiten von Albrecht Müller, der ein enger Vertrauter von Willy Brandt war. Es gibt viele unterschiedliche alternative Medien und sie alle machen irgendwo an wichtigen Stellen aus einer bestimmten Perspektive gute Arbeit. Es lohnt sich sich in jedem Fall auch deren Inhalte anzuschauen, aber denke immer daran: Entscheide selber, was Du glaubst und was nicht – und Falschnachrichten können überall auftauchen.

Ich zähle hier mal einige alternative Medien auf, doch die Liste erhebt keinen Anspruch auf Vollständigkeit. Das heißt vor allem Dingen: Sollte ich jemanden vergessen haben, nehmt es bitte nicht persönlich!

Reitschuster

Die Achse des Guten

Tichys Einblick

Rubikon (existiert noch als Verlag, das Magazin wurde jedoch 2023 eingestellt)

Apolut (ehemals KenFM)

Multipolar Magazin

Anti Spiegel

NuoViso bzw. NuoFlix

Stichpunkt Magazin

Diese Informationsquellen bieten einen guten Einstieg und von dort aus führen viele Wege zu weiteren interessanten YouTubern und Bloggern. Auch auf dem bislang wenig zensierten Messenger Telegram haben sich in den letzten Jahren einige hundert Kanäle gegründet, die teilweise sehr spezifische Themengebiete behandeln. Wenn Du Deine Berührungsängste überwinden kannst und einfach mal nachschaust, was Dich dort erwartet, kannst Du Deine eigene Perspektive enorm erweitern – bist jedoch auch gefordert, eigenständig zu sortieren, was Du für wahr und relevant hältst.

Mir geht es nicht darum, Dir zu beweisen, dass Dir diese alternativen Medien die absolute Wahrheit vermitteln. Sie zeigen einfach das, was Du im Mainstream nicht siehst und laden Dich ein, ein komplexeres Gesamtbild im Auge zu behalten - dann wirst Du selber Deinen weiteren Weg finden.

Interessanterweise sind es gerade die Mainstream-Medien, die einen Anspruch auf Wahrheit erheben und Dich davor warnen, mit anderen Quellen und freien Medien überhaupt nur in Berührung zu kommen. Inzwischen werden sogar schon Rechtsmittel auf den Weg gebracht, um die „richtigen Informationen" zu schützen oder Dich vor den falschen Informationen zu bewahren – das könnte einem kritischen Menschen ja auch seltsam vorkommen.

Warten wir es einfach ab und derweil überlege gut, mit welchem geistigen Gift Du Dich weiterhin schädigen willst! Du kannst Dich zumindest zum Teil immunisieren, indem Du Dir klar machst, dass wirklich alles, was Du da siehst, keine Information ist, sondern blanke Unterhaltung. Diese Sichtweise schafft Distanz und hilft auch schon ein wenig. Lass Dir nur nicht weiter Dein wertvolles Gehirn mit Propaganda vermüllen. Denke selbst! Du bist ein freier Mensch und musst nicht jeden Quatsch glauben oder mitmachen!

Informiere Dich nicht zu Tode

Wie ich eben dargestellt habe, ist es sinnvoll, sich in verschiedenen Quellen zu informieren und vor allem auch Informationen abseits des sogenannten „Mainstream" in Betracht zu ziehen. Doch mache Dir bewusst, dass auch die sogenannten „alternativen Medien" genau die selben Gefahren beinhalten, wie jedes andere Medium auch.

Gerald Hüther hat sich in seinem Buch „Wir informieren uns zu Tode" mit diesem Phänomen beschäftigt und sagt in aller Kürze: Wissen löst keine Probleme. Das ist womöglich noch immer schwer zu akzeptieren, wenn Du möglicherweise auf den Glaubenssatz konditioniert bist, dass Du zuerst Wissen benötigst um ein Problem zu lösen. Das war vielleicht früher tatsächlich mal so. In einer Welt, die weniger komplex und weniger dynamisch war. Doch heutzutage ist sehr viel Wissen, das Du Dir gerade angeeignet hast bereits veraltet, wenn Du es nur halbwegs verstanden hast. Heutzutage tauchen jeden Tag aufs neue Probleme auf, zu denen es noch gar kein Wissen gibt. In einer komplexen und dynamischen Welt gilt es, sich von diesen alten Handlungsstrategien zu lösen und es zu machen wie die Natur. „Versuch und Irrtum" nennt sich der Fachausdruck dafür. Das heißt nichts anderes, als dass Du es einfach machen musst und damit aufhörst erst Stunden oder Tage zu grübeln, welche Einflüsse alle zu bedenken sind. Bei den meisten Dingen in dieser Welt ist die Komplexität so hoch, dass Du fern einen Ahnung davon bist, welche Einflussfaktoren es alles gibt. Wenn Du wirklich etas lernen willst, dann musst Du etwas tun. Du brauchst eine konkrete Erfahrung und das Ergebnis einer Erfahrung lässt sich nicht im Vorhinein besprechen, anlesen oder durch Nachdenken herbeiführen. Wenn Du etwas haben willst, das Du noch nie hattest, musst Du etwas tun, das Du noch nie getan hast. So lange Du tust, was Du kennst, erhältst Du auch, was Du kennst. Das ist eines meiner Leitmotive seit langer Zeit.

Was hast Du also davon, wenn Du Dir das x-te Video anschaust, in dem zwar über eine Stunde lang erzählt wird, doch 99% davon weißt Du bereits und das eine Prozent hättest Du Dir bei Deinem Wissensstand auch an drei Fingern abzählen können. Was soll das? Was willst Du mit dem dritten oder vierten Buch aus einer Richtung, über die Du Dich schon gut informiert hast? Ob es juristische Einschätzungen sind, Abhandlungen über Zensur oder was auch immer: Wozu brauchst Du ein weiteres Buch darüber? Damit Du bei der nächsten sinnlosen Inhaltsdiskussion mit jemandem, der z.B. nicht an Zensur glaubt, erzählen kannst, welche ganz schlauen Leute auch der Ansicht sind, dass hierzulande und anderswo auf der Welt zensiert wird? Glaubst Du wirklich, dass der andere dann sagt: „Ach so! Ja, stimmt – jetzt wo Du das so sagst!". Mal ehrlich – hast Du das schon jemals erlebt?

Wenn Dich dieser Aspekt der Kommunikation interessiert und Du wissen willst, wie Du anderen wirklich näher kommst und Verbindung aufbaust, auch wenn ihr inhaltlich völlig anderer Meinung seid, kannst Du auch noch mein Buch „Kommunicorona" lesen. Da geht es nicht um Fachwissen zu irgendeinem strittigen Thema, sondern um Grundlagen zur Kommunikation und Begegnung mit Menschen. Ein weiteres Buch von mir, das auch dazu gemacht ist, dass Du wachsen kannst und Dinge lernst, die Dir im Alltag – sogar im ganzen Leben – von Nutzen sein können.

Mit dem Wissen, das Du nun hast, kannst Du Dich von all diesen vermeintlichen Informationen verabschieden, die Dich vergiften und sie nur noch aus einer gesunden Distanz zur Kenntnis nehmen. Mache Dir bewusst, dass all diese Inhalte im Grunde lediglich Angstpornos sind. Mit jedem weiteren Buch oder Video oder Artikel über Klaus Schwab, Bill Gates und Konsorten saugst Du das Gift ein, das vor allem Dir selbst schadet und vor allem machst Du genau das gleiche, wie die Leute, die Du vermeintlich bekämpfst: Du arbeitest mit Angst. Daraus kann nichts Neues und Positives entstehen.

Wie wäre es dagegen, wenn Du all das, was Du in diesem Buch gelesen hast, einfach jeden Tag lebst und Du in Zukunft wirklich immer mehr selbstermächtigt handelst? Brauchst Du dann noch x Millionen anderer Leute, mit denen Du gemeinsam nach Berlin ziehst, um die korrupte Truppe dort mit Mistgabel und Baseballschläger vom Hof zu jagen? Wohl eher nicht, denn wirklich selbstermächtigt reicht es Dir dann vielleicht schon, wenn Du einfach Deine Idee vom Leben mit ein paar Gleichgesinnten umsetzt. Stell Dir vor, das würden mehr und mehr Menschen einfach genau so machen. Braucht es dann x Millionen in Berlin, um Wandel hervorzubringen?

Konzentriere Dich von jetzt an darauf, wie es ist, in jedem Moment präsent zu sein und verbunden mit dem, was Du gerne in dieser Welt hättest. Dann kannst Du ganz entspannt damit aufhören, in jedem Moment aus der Angst heraus zu leben und permanent im Kampfmodus gegen irgendwelche Kräfte zu sein. Was meinst Du, mit welcher Methode Du auch länger und gesünder lebst?

Alles in allem gilt es jetzt eine Entscheidung zu treffen, denn der Weg zu einem nachhaltigen eigenen und selbstbestimmten Wandel vollzieht sich in vier Schritten:

1. Erkenntnis

2. Entscheidung

3. Handlung

4. Erfahrung und Reflexion

Das sind genau die Schritte, die ich ganz zu Beginn des Buches ausführlich beschrieben habe. Schon allein durch das Lesen solltest Du etliche Erkenntnisse gesammelt haben, wenn Du die Übungen in Teil zwei ausprobiert hast auch erste neue Erfahrungen. Was nun fehlt ist die Entscheidung, es wirklich zu wollen, sich für den eigenen Weg zu interessieren, sich zu begeistern und diesen Weg nachhaltig zu gehen. Es ist nur eine Entscheidung, doch es ist Deine Entscheidung. Triff sie jetzt - und dann mach Dich auf den Weg.

Ein großes Abenteuer liegt vor Dir und ich wünsche Dir dabei alles Gute!

Das Medienhaus **Stichpunkt Media** bietet eine Plattform für herausragende Journalisten, Autoren, Künstler und Werke. Mit einem offenen Ansatz jenseits der Grenzen von E- und U-Genres schafft **Stichpunkt Media** Raum für Musik, Kunst und Literatur, die nicht nur ästhetischen Genuss bietet, sondern durch ihre Botschaften tiefgreifende, nachhaltige Wirkung entfaltet. Der Fokus liegt dabei auf Kreativität und kulturellem Austausch, der über die reine Kunst hinausgeht und bleibenden Eindruck hinterlässt.